山东省职业教育教学

信息技术教育应用

第三版

编著　张雪萍
编委　陈会秋　穆红霞
　　　郭军华　于　萍
　　　王伟娟　朱丽波
　　　吕莎莎

中国石油大学出版社

图书在版编目（CIP）数据

信息技术教育应用/张雪萍编著.—3 版.—东营：中国石油大学出版社，2018.8
ISBN 978-7-5636-6030-8

Ⅰ.①信… Ⅱ.①张… Ⅲ.①计算机辅助教学－高等职业教育－教材 Ⅳ.①G434

中国版本图书馆 CIP 数据核字（2018）第 099814 号

书　　名：信息技术教育应用（第三版）
编　　著：张雪萍

责任编辑：刘玉兰（电话 0532-86981535）
封面设计：赵志勇

出 版 者：中国石油大学出版社
　　　　　（地址：山东省青岛市黄岛区长江西路 66 号　邮编：266580）
网　　址：http://www.uppbook.com.cn
电子邮箱：eyi0213@163.com
印 刷 者：沂南县汇丰印刷有限公司
发 行 者：中国石油大学出版社（电话 0532-86983437）
开　　本：185 mm×260 mm
印　　张：16.75
字　　数：429 千
版 印 次：2018 年 8 月第 3 版　2018 年 8 月第 1 次印刷
书　　号：ISBN 978-7-5636-6030-8
印　　数：1-3000 册
定　　价：39.80 元

版权所有，翻印必究。举报电话：0532-86981535
本书封面覆有带中国石油大学出版社标志的激光防伪膜。
本书封面贴有带中国石油大学出版社标志的电码防伪标签，无标签者不得销售。

前　　言

我国《基础教育课程改革纲要（试行）》明确指出："大力推进信息技术在教学过程中的普遍应用，促进信息技术与学科课程的整合，逐步实现教学内容的呈现方式、学生的学习方式、教师的教学方式和师生互动方式的变革，充分发挥信息技术的优势，为学生的学习和发展提供丰富多彩的教育环境和有力的学习工具。"

《信息技术教育应用》是小学教育专业的公共基础课，旨在帮助师范学生掌握信息技术教育应用的基本知识与基本技能，为作为未来教师应用信息技术提升工作效能、促进自身专业能力发展打下基础。《小学教师专业标准（试行）》《中小学教师信息技术应用能力标准（试行）》等文件都对教师信息技术应用能力提出了相关的标准和要求。2017 年，我们申报了山东省职业教育教学改革研究项目"小学教育专业《信息技术》模块化教学改革与实践"（项目编号：2017238），本教材是教学改革项目的成果之一。

本书采用模块化结构，分为 5 个模块，共 10 章。模块一：走进信息化教学，讲授信息技术教育应用的发展以及信息时代对教师专业能力的要求。模块二：信息化办公，讲授目前中小学常用的办公软件、教学软件。模块三：信息化教学资源，讲授信息化教学资源的获取，信息化教学资源的加工、处理。模块四：教学软件设计与制作，讲授多媒体课件的设计与制作、微课的设计与制作。模块五：小学信息技术课程教学，讲授小学信息技术课程的教学任务、教学内容、教学方法。

本教材具有以下特点：

（1）教材体系与教学内容新颖。教材内容体系建构以《中小学教师信息技术应用能力标准（试行）》为重要依据，同时吸取了信息化教学改革的新成果，如微课的设计与制作等。

（2）教材设计以学习者为中心。每章有"知识地图"和"学习目标"，让学习者学习之前先对本章有整体了解；工具软件的学习采用实例教学，实例包括【实例效果】【实例分析】【跟我做】，让学习者可以轻松完成实例的制作；实例之后的【知识窗】是拓展知识，【创新园】是以任务驱动的方式对本小节知识的综合运用和创新提高。

（3）紧密结合小学的教学实际。教材中大部分教学案例、应用实例来源于小学一线教师和编者多年教学经验的积累，实例丰富，且具有较强的操作性和实际应用价值。

本书编写分工：第1章、第2章、第6章由张雪萍编写，第3章、第4章由陈会秋编写，第5章由朱丽波编写，第7章由于萍、张雪萍、吕莎莎编写，第8章由郭军华编写，第9章由穆红霞编写，第10章由王伟娟编写。全书由张雪萍整体设计、通稿和审稿。书中的教学案例由秦菲菲、鲁成美、张金秋提供，在书中的实例素材收集和整理中，马欣、徐永贵、李霞、关翠玉做了大量工作，在此一并致谢。

在编写本教材时，参考和引用了诸多专家、学者的论著，主要来源已在参考文献中列出，如有疏漏，恳请谅解。在此向文献资料的作者们表示诚挚的谢意。

张雪萍

2018年5月

目 录

模块一 走进信息化教育

第 1 章 信息技术与教育概述 2
1.1 信息技术与信息时代 2
1.1.1 信息与数据 2
1.1.2 信息技术 3
1.1.3 信息时代 4
1.2 信息技术教育应用的发展与前沿 5
1.2.1 我国信息技术教育应用的发展 5
1.2.2 信息技术教育应用的前沿 6
1.3 信息时代的教育变革 8

第 2 章 信息化教学环境与教师专业能力 10
2.1 信息化教学环境 10
2.1.1 信息化教学环境组成 11
2.1.2 典型的信息化教学环境 11
2.2 信息化教学环境对教师的专业能力发展的影响 15
2.2.1 信息化教学环境下教师角色的转变 15
2.2.2 信息时代教师应具备的专业能力 16

模块二 信息化办公

第 3 章 编辑制作教学文档 21
3.1 熟悉 Word 2013 工作界面 22
3.2 短文档的编辑与排版 23
3.3 图文混排 31
3.4 制作表格 36
3.5 长文档排版 40
3.6 制作综合文档 46

第 4 章 班级信息管理与学生成绩分析 50
4.1 认识 Excel 2013 51
4.1.1 Excel 2013 的窗口界面 51
4.1.2 几个基本概念 51
4.2 创建班级学生信息表 52
4.3 美化学生信息表 56
4.4 计算统计学生成绩 61
4.5 排序、筛选、分类汇总学生成绩 65

4.6　使用图表分析学生成绩 69
第 5 章　**信息化教学工具** 71
　5.1　信息化教学工具概述 72
　　5.1.1　信息化教学工具概念 72
　　5.1.2　信息化教学工具分类 72
　5.2　备课制作类工具的教学应用 75
　　5.2.1　101 教育 PPT 的功能特点 76
　　5.2.2　101 教育 PPT 的安装 76
　　5.2.3　使用 101 教育 PPT 制作课件 76
　5.3　思维导图工具的教学应用 80
　　5.3.1　思维导图工具简介 80
　　5.3.2　思维导图工具的教学应用 80
　5.4　信息化评价工具的教学应用 85
　　5.4.1　问卷星的教学应用 86
　　5.4.2　游戏化评价工具的教学应用 92

模块三　信息化教学资源

第 6 章　**信息化教学资源的获取** 97
　6.1　信息化教学资源概述 98
　　6.1.1　信息化教学资源的概念 98
　　6.1.2　信息化教学资源的特点 98
　　6.1.3　信息化教学资源的类型 99
　6.2　信息化教学资源的检索 99
　　6.2.1　信息化教学资源的检索工具 100
　　6.2.2　信息化教学资源检索应用实例 101
　6.3　音视频教学资源的下载 105
　　6.3.1　音频文件下载 106
　　6.3.2　视频文件下载 107
　　6.3.3　动画资源的下载 109
　6.4　信息化教学资源的管理 110
　　6.4.1　本地资源管理 110
　　6.4.2　云盘存储管理 111
第 7 章　**信息化教学资源的加工与处理** 114
　7.1　图像资源的加工与处理 115
　　7.1.1　初识 Photoshop CS6 115
　　7.1.2　图像的简单处理 117
　　7.1.3　合成图像 124
　　7.1.4　绘制图像 128
　　7.1.5　修复图像 132
　　7.1.6　添加文字 135
　7.2　声音资源的加工与处理 138

7.2.1 数字音频文件格式 139
  7.2.2 音频资源的加工与处理 139
 7.3 视频资源的加工与处理 144
  7.3.1 常用数字视频文件的格式 144
  7.3.2 视频资源的加工与处理 145
 7.4 制作动画资源 149
  7.4.1 初始 Flash CS6 149
  7.4.2 制作动画元素 152
  7.4.3 制作逐帧动画 159
  7.4.4 制作形状补间动画 163
  7.4.5 制作传统补间动画 166
  7.4.6 制作引导层动画 171
  7.4.7 制作遮罩层动画 173

模块四 教学软件设计与制作

第8章 多媒体课件的设计与制作 176
 8.1 多媒体课件概述 176
  8.1.1 多媒体课件的概念 176
  8.1.2 多媒体课件的应用 177
  8.1.3 多媒体课件的制作流程 178
 8.2 PowerPoint 2013 基础 179
  8.2.1 PowerPoint 2013 工作界面 180
  8.2.2 PowerPoint 2013 文档视图方式 180
  8.2.3 演示文稿的基本操作 181
  8.2.4 简单应用实例 183
 8.3 制作小学数学课件 184
  8.3.1 创建演示文稿，制作课件封面 185
  8.3.2 编辑课件内容 186
  8.3.3 设置动画效果 188
  8.3.4 制作交互型练习 191
 8.4 制作小学语文课件 192
  8.4.1 创建演示文稿 设置课件背景 193
  8.4.2 编辑课件内容 195
  8.4.3 设置动画效果 199
  8.4.4 设置课件交互 200
 8.5 制作小学说课课件 201
  8.5.1 创建演示文稿，设置幻灯片外观 202
  8.5.2 编辑课件内容 203
  8.5.3 设置幻灯片超链接 204

第9章 微课的设计与制作 206
 9.1 微课概述 207

- 9.1.1 微课的概念 207
- 9.1.2 微课的教学功能 207
- 9.1.3 微课的类型 207
- 9.1.4 微课的组成 208
- 9.2 微课制作流程 208
  - 9.2.1 微课选题 208
  - 9.2.2 设计脚本 209
  - 9.2.3 准备素材 210
  - 9.2.4 录制微课 210
  - 9.2.5 后期处理 210
- 9.3 微课视频的录制 210
  - 9.3.1 使用 Camtasia Studio 8 库内视频录制片头部分 211
  - 9.3.2 使用智能手机拍摄制作导入部分 214
  - 9.3.3 使用 Camtasia Studio 8 录屏制作讲解部分视频 215
  - 9.3.4 使用 Camtasia Studio 8 制作片尾部分 217
- 9.4 微课视频的后期处理 221
  - 9.4.1 剪辑微课视频 221
  - 9.4.2 合成微课视频 222
  - 9.4.3 添加微课标注 224
  - 9.4.4 设置视频变焦 225
  - 9.4.5 添加转场效果 226
  - 9.4.6 添加微课字幕 228
  - 9.4.7 生成微课视频 231

模块五 小学信息技术课程教学

第 10 章 小学信息技术课程教学 235
- 10.1 小学信息技术课程概述 236
  - 10.1.1 我国信息技术教育的发展历程 236
  - 10.1.2 小学信息技术课程目标与教学内容 236
- 10.2 小学信息技术课程的特点与教学设计 240
  - 10.2.1 小学信息技术课程的特点 240
  - 10.2.2 小学信息技术课程的教学设计内容 242
- 10.3 小学信息技术课程的教学方法 244
  - 10.3.1 讲授法 244
  - 10.3.2 广播演示法 246
  - 10.3.3 任务驱动教学方法 247
  - 10.3.4 研究性学习法 249
  - 10.3.5 启发式教学 251
  - 10.3.6 基于问题的教学模式 252
- 10.4 小学信息技术课程教案的编写 254

参考文献 260

模块一 走进信息化教育

第 1 章 信息技术与教育概述

第 2 章 信息技术与教师专业发展

第 1 章　信息技术与教育概述

知识地图

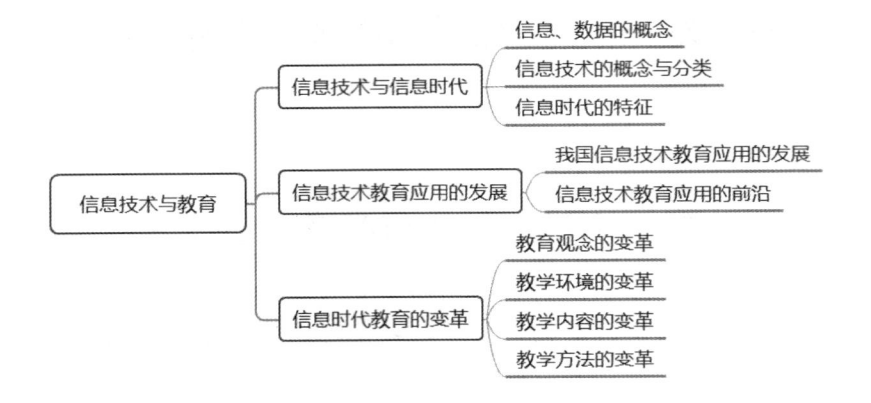

```
                          ┌─ 信息、数据的概念
          ┌─ 信息技术与信息时代 ─┼─ 信息技术的概念与分类
          │                └─ 信息时代的特征
          │
信息技术与教育 ─┼─ 信息技术教育应用的发展 ─┬─ 我国信息技术教育应用的发展
          │                      └─ 信息技术教育应用的前沿
          │
          │                   ┌─ 教育观念的变革
          └─ 信息时代教育的变革 ─┼─ 教学环境的变革
                              ├─ 教学内容的变革
                              └─ 教学方法的变革
```

学习目标

1. 理解信息、数据、信息技术的含义
2. 能说出信息时代的基本特征
3. 能阐述我国信息技术教育应用的发展过程
4. 了解信息技术教育应用发展的前沿
5. 能够阐述信息时代教育的变革

1.1　信息技术与信息时代

1.1.1　信息与数据

1. 信息

信息是现代社会普遍使用的一个概念。信息无处不在，刮风下雨、春华秋实，表达了天气和季节变化的信息；喜怒哀乐表现出人的情感活动信息；手机、电视、计算机网络承载着更加丰富的信息。目前，人们普遍认为，这些用语言、文字、符号、场景、图像和声音等方式表达的新闻、消息、情报和数据等内容都是信息。

信息是事物运动的状态与方式，是物质的一种属性。这是具有最大的普遍性的定义。关于信息的定义，许多专家学者从不同的角度给出了不同的定义，比较典型的有：信息论的创始人、美国数学家香农认为，信息是能够用来消除不确定性的东西。控制论创始人、美国数学家维纳认为，信息是我们在适应外部世界、感知外部世界的过程中与外部世界交换的内容。也就是说，我们通过感官接收到的外部事物及其变化都含有信息。

一般认为，信息是在自然界、人类社会和人类思维活动中普遍存在的一切物质和事物的属性。

2. 数据

所谓数据是指存储在某种媒体上可以加以鉴别的符号资料。这里所说的数据不仅是文字、字母和数字等，还包括图形、图像、音频、视频等多媒体数据。

数据是信息的一种表现形式。信息有多种表现形式，如手势、眼神、声音或图形等方式都可以表达信息，但数据是通过能书写的信息编码表示信息，它能够被记录、存储和处理，从中挖掘出更深层的信息，因此，数据是信息的最佳表现形式。但是，数据不等于信息，数据只是信息表达方式的一种。

3. 信息和数据的关系

数据是信息的具体表现形式，是信息的载体。信息是对数据进行加工后得到的结果，它可以影响人们的行为、决策或对客观事物的认识。

1.1.2 信息技术

1. 信息技术的概念

根据信息技术使用的目的、范围、层次不同，人们对信息技术有不同的表述方式。全国科学技术名词审定委员会对信息技术的界定包含两个含义：（1）信息技术是指有关数据与信息的应用技术，主要包括数据与信息的采集、表示、处理、安全、传输、交换、显现、管理、组织、存储、检索等。（2）信息技术是利用电子计算机、遥感技术、现代通信技术、智能控制技术等获取、传递、存储、显示和应用信息的技术。很多学者认为，信息技术分为物化形态和智能形态，即"一方面是信息的承载技术，是有形的物质设备、工具手段；另一方面是信息的再生技术，包括信息的产生、发送、传输、接收、变换、识别、控制等应用技术，是无形的、非物质的智能形态的方法与技能"。

2. 信息技术的分类

依据不同的分类标准，信息技术有不同的分类方式，下面是几种常见的分类。

（1）按照表现形态的不同，信息技术可分为硬件技术（物化技术）和软件技术（非物化技术）。前者是指信息设备及其功能，如计算机、电子白板等，后者是指有关信息获取与处理的各种知识、方法与技能，如数据统计技术、计算机软件技术等。

（2）按照人们使用信息设备的不同，信息技术可分为电话技术、电报技术、广播技术、电视技术、卫星技术、计算机技术、网络技术等。

（3）按照工作流程的基本环节的不同，信息技术可分为信息获取技术、信息传递技术、信息存储技术、信息加工技术以及信息标准化技术。

目前，计算机技术和网络通信技术是信息技术的核心技术，其不仅影响着社会经济结构和经济效益，而且在教育领域中广泛应用并产生了深刻的影响。

1.1.3 信息时代

进入 21 世纪，随着计算机与网络通信技术的普及，信息技术对整个社会的影响力越来越大，并逐步上升到一个重要地位。信息量、信息传播的速度、信息处理的速度以及信息应用的程度等都在以几何级数的方式增长，"全球化""信息时代"已经成为 21 世纪的代名词。信息时代呈现出以下几个方面的特征：

1. 信息技术在各领域的广泛应用

信息技术作为先进生产力的代表，在各个领域广泛应用，是社会发展的强大动力，对社会文化和精神文明产生着深刻的影响。目前计算机仿真技术、多媒体技术、虚拟现实技术、远程通信技术等的发展和应用，使人们克服了时空障碍，拓展了人们的认知能力、生产能力和创造能力，同时也在加深信息技术应用的深度和广度。

2. 信息素养是信息时代公民必备的基本素质

"信息素养主要包括信息意识、信息知识、信息能力、信息道德等"，"也是指运用信息解决问题的能力，是基于网络获取、分析、生成、使用和创造信息的综合素质"。从技术应用层面上来说，"信息素养是应用信息技术知识和技能解决生产和生活中实际问题的能力和对技术的意识、态度，以及对应该承担的社会责任的理解"。目前，在中小学开展了信息技术教育课程，并将信息技术与学科课程融合，培养学生的信息素养，提高学生的整体素质。在信息时代，每个人既是信息的受者也是信息的传者，这就要求人们既要具备获取信息、理解信息、处理信息的能力，又要具备创造信息、发布信息的能力。因此，信息素养是面对信息社会的每个公民必须具备的能力，它既是适应信息社会的能力，也是信息社会人类生存的基本能力。

3. 开放与共享是信息社会的重要机制

随着信息技术的发展，"开放与共享"已经从理论发展为实践模式，最有代表性的是开源软件和共享协议。在教育领域，"开放与共享"的思想也得到了广泛的认可与应用，如开放教育、开放课程、开放图书馆等教育信息资源共享模式。其中，以"让人人享有优质教育"为目标的开放教育，与远程通信技术相结合，实现了更大范围内的资源共享。

4. 适应变化与终身学习是信息社会发展的不竭动力

在信息时代，科技日新月异，知识总量呈几何级数增长，知识更新速度大大加快，与此同时，知识的陈旧率也随之加快，"知识折旧定律"提出，如果一年不学习，你所拥有的全部知识就会折旧 80%。信息时代的人们不但要学会适应这种变化，更要以终身学习要求自己，及时更新、增补新的知识，不断地发展自己、完善自己，在信息时代的浪潮中争得先机，推动信息社会科学发展。

【拓展阅读】

信息素养是一个内容丰富的概念，它不仅包括利用信息工具和信息资源的能力，还包括选择、获取、识别信息，加工、处理、传递信息并创造信息的能力。师范生的信息素养是师范院校的学生根据社会信息环境和信息发展的要求，在接受学校教育和自我提高的过程中形成的对信息活动的态度，以及利用信息和信息手段去解决问题的能力。它既应该包括师范生对信息基本知识的了解，对信息工具使用方法的掌握以及在未来的教学中所具备的信息知识的学习，还应该包括对信息道德伦理的了解与遵守。具体来说，它主要包括四个方面：

1. 信息意识。信息意识即人的信息敏感程度，是人们对自然界和社会的各种现象、行为、理论观点等从信息角度的理解、感受和评价。通俗地讲，面对不懂的东西，能积极主动地去寻找答案，并知道到哪里、用什么方法去寻求答案，这就是信息意识。信息时代处处蕴藏着各种信息，能否很好地利用现有信息资料，是人们信息意识强不强的重要体现。使用信息技术解决工作和生活问题的意识，是信息技术教育中最重要的一点。

2. 信息知识。信息知识既是信息科学技术的理论基础，又是学习信息技术的基本要求。通过掌握信息技术的知识，才能更好地理解与应用它。它不仅体现着师范生所具有的信息知识的丰富程度，还制约着他们对信息知识的进一步掌握。

3. 信息能力。信息能力包括信息系统的基本操作能力，信息的采集、传输、加工处理和应用的能力，以及对信息系统与信息进行评价的能力等。这也是信息时代重要的生存能力。身处信息时代，如果只是具有强烈的信息意识和丰富的信息知识，而不具备较高的信息能力，还是无法有效地利用各种信息工具去搜集、获取、传递、加工、处理有价值的信息，不能提高学习效率和质量，无法适应信息时代对未来教师的要求。信息能力是信息素质诸要素的核心，师范生必须具备较强的信息能力，不然难以在信息社会中生存和发展下去。

4. 信息道德。培养学生具有正确的信息伦理道德修养，要让学生学会对媒体信息进行判断和选择，自觉地选择对学习、生活有用的内容，自觉抵制不健康的内容，不组织和参与非法活动，不利用计算机网络从事危害他人信息系统和网络安全、侵犯他人合法权益的活动。这也是师范生信息素质的一个重要体现。

信息素养的四个要素共同构成一个不可分割的统一整体。信息意识是先导，信息知识是基础，信息能力是核心，信息道德是保证。师范生作为信息时代的教师，提高他们的信息素养，也是教育的最基本的需要。

（来自：郑华安，教育信息化与师范生信息素养的培养 《教书育人》2005（17））

1.2 信息技术教育应用的发展与前沿

1.2.1 我国信息技术教育应用的发展

随着教育信息化的大力推进，在中小学开展信息技术教育，把信息技术引入学科教学，以及培养学生的创新精神和实践能力等，在学校教育教学中应用信息技术已经成为教育改革与发展的有效途径。

按照信息技术教育应用发展的规模和速度划分，我国经历了20世纪80年代的探索阶段、20世纪90年代的扩大试验阶段以及90年代末至今的加速发展阶段。按照不同时期所强调的内容不同，我国信息技术教育应用可划分为计算机教育阶段、计算机辅助教学阶段和信息技术与学科课程整合阶段。

1. 计算机教育阶段（20世纪80年代初~80年代末）

这一阶段的主要特点：计算机作为教育内容。

国家主要举措：1982年，教育部开展中小学计算机教育实验工作，开始了中小学计算机教育；1983年，教育部制定了高中计算机选修课教学大纲，内容为计算机基本工作原理和BASIC程序设计语言；1987年，在《普通中学电子计算机选修课教学大纲（试行）》中增加了文字处理、数据库和电子表格等应用软件的内容。

2. 计算机辅助教学阶段（20世纪80年代末~90年代末）

这一阶段的主要特点：计算机作为教育工具。

国家主要举措：1986~1990年，我国计算机辅助教学工作主要是组织力量开发教育软件，开展计算机辅助教学，同时制定了《教育软件评审标准》，对教育软件的开发进行引导；20世纪90年代后期，教育工作者对计算机辅助教学中存在的问题进行了反思并积极探索信息技术在教育领域的新发展。

3. 信息技术与学科整合阶段（20世纪90年代末至今）

这一阶段的主要特点：在学科教学中创造性地使用信息技术。

国家主要举措：1998年，全国中小学计算机教育研究中心将"计算机与各学科课程融合"列入"九五"重点课题的子课题；2000年，时任教育部部长陈至立第一次从政府的角度提出"信息技术与其他课程融合"的概念，引发全国性的信息技术与学科课程的融合；20世纪90年代末至今，信息技术与学科课程融合的内涵与目标逐渐清晰，即"营造信息化教学环境、实现新型教与学方式、变革传统教学结构"。

信息技术在教育领域应用的前两个阶段主要是作为教育内容和教育工具，经过了几十年的发展，信息技术教育应用仍处于小范围的实验阶段，推广效果并不理想，在课堂教学方式以及教学软件的设计与开发等方面也存在问题，因此，教育工作者在对计算机教育应用进行反思的同时，也在积极探索在教育领域中如何创造性地使用信息技术。到信息技术与学科课程整合阶段，在教学中强调利用信息技术营造能支持情境创设、启发思考、信息获取、资源共享、多重交互、自主探究、协作学习等多方面要求的信息化教学环境，这也是实现一种既能发挥教师主导作用，又能充分体现学生主体地位的以"自主、探究、合作"为特征的教与学方式。具体来说，信息技术与学科教学整合是指将信息技术、信息资源与学科教学有机结合，通过在各学科教学中有效地应用信息技术，促进教学内容呈现方式、学生学习方式、教师教学方式和师生互动方式的变革，为学生创造生动的信息化学习环境，使信息技术成为学生认知、探究和解决问题的工具，培养学生的信息素养及利用信息技术自主探究、解决问题的能力，提高学生学习的效率。

1.2.2 信息技术教育应用的前沿

近年来，随着移动技术、云计算、智能终端新技术、新应用的不断涌现，信息技术逐渐向信息通信技术发生演变，促进社会各个领域不断发展，对教育业产生了深远的影响。

1. 虚拟仿真技术的教学应用

虚拟仿真是用一个虚拟的系统模拟另一个真实的系统的技术，是仿真技术和虚拟技术相结合的产物。虚拟仿真技术为教学提供了形象逼真、细致生动的虚拟环境，提供了情景化的学习界面、人机交互的模拟学习体验，有助于改善教学环境、优化学习过程、增强学习效果。如在教学中，一些具有时间性、可变性、距离性、抽象性且用其他技术手段很难观察和验证的事物，可以用虚拟仿真技术进行模拟教学；再比如，仿真物理、化学、地理实验可以代替传统教学环境中很难或者需要花费很大代价才能实现的实验。利用仿真技术开展技能训练，如驾驶技术训练等。

2. 基于云计算的教学应用

云计算是在分布式计算、并行计算、网格计算的基础上提出的一种新型计算模型，它提供了可靠安全的数据存储、强大的计算能力和方便快捷的互联网服务，是下一代网络计算平台的核心技术。云计算的基本原理：用户所处理的数据并不存储在本地，而是存储在互联网上的数据中心，由提供云计算服务的机构负责管理和维护这些数据中心的正常运转，并保证有足够强的计算能力和足够的存储空间供用户使用。用户在任何时间、任何地点，用任何可以连接至互联网的终端设备都可以访问这些服务。

云计算在教育领域中的迁移被称为"教育云"，是未来教育信息化的基础架构，包括了教育信息化所必需的一切硬件计算资源。这些资源经虚拟化之后，向教育机构、教育从业人员和学员提供一个良好的平台，该平台的作用就是为教育领域提供云服务。

1）云计算实现教育信息资源的开放与共享

在云时代，将本地的教育资源上传到云计算平台，转化为云服务，同时，云计算提供者可以轻松地扩展虚拟环境，提供更大的带宽或计算资源。这样，我们可以轻松地获取别人的教育资源，也可以将自己的资源与别人分享，实现教育资源的开放和共享。

如百度云提供的百度网盘是个人云存储服务，您可以把自己的资源、文件上传到云端永久保存，并且可以在云端进行一系列操作。

2）云计算为学习者构建个人网络学习空间

学习者可以通过云计算提供的环境、资源和服务，自主选择学习内容和学习方式，进行个性化的网络学习。这种全新的学习方式被称为"云学习"。如使用百度云，可以将所有类型的文件（包括文档、电子表格、演示文稿、视频、相片等）与好友、团队或整个网络分享，为网络学习者提供丰富的网络学习资源和良好的学习平台。

3）以云为平台，为教学提供服务

随着信息资源的不断增长，云计算平台也越来越多，满足了教学服务的多元化需求。很多学校都在利用云计算平台进行教学，如利用 Google Earth（谷歌地球）社区开展地理课教学。Google Earth 是由 Google 公司开发的一款虚拟地球仪软件，它把卫星图像、地图、百科全书和飞行模拟器整合在一起，布置在一个地球的三维模型上。下载安装 Google Earth 程序之后，只要在搜索框中输入城市的名字，就可以出现该城市的卫星地图，并根据需要进行放大、缩小、定位等操作。

3. 移动学习

随着 WiFi、蓝牙、3G、4G 甚至 5G 等无线通信技术和网络技术的迅猛发展，立体无线网络环境的形成，以及智能手机、MP4、掌上助手（PDA）、平板电脑等电子移动终端设备的日益普及，移动技术逐渐渗透到人们的工作、学习、生活的各个领域，一个全新的移动学习时代已经到来。

4. 基于网络的开放学习

科思公司总裁约翰·钱伯斯认为，"网络促进教育公平"，而基于网络的开放内容则加速推动了教育公平。在网络上提供了大量课程资源和学习资源，丰富开放内容在教育领域已经成为一种潮流。MOOC（Massive Open Online Course，大规模开放在线课程）正在成为新的教学实践。目前，国外已形成了哈佛大学与麻省理工学院的 edX、斯坦福大学的 Coursera 和 Udaciy 三大知名 MOOC 平台，全球上百所大学相继开设了 1 000 余门课程，上千万学生选修了他们的课程。受此影响，我国的 MOOC 也迅速兴起，2013 年可谓是中文 MOOC 元年。北京大学、清华大学加入 MOOC 三大组织之一的 edX；复旦大学、上海交通大学加入 Coursera。而且，本土化的中文 MOOC 联盟平台正在形成，来自上海市的 30 多所高校成立了"高校课程共享中心",随后,包括北京大学、清华大学、上海交通大学在内的九校联盟也建立了高水平的在线课程平台,学生可跨校在选修平台上学习通识类课程并加入学分。

MOOC 涵盖的是一个全新的、震动了高等教育界的在线课程类型,是一种对于囊中羞涩的学生很好的课程方式,这是因为这些课程对任何地方的任何学生都是免费开放的。

1.3 信息时代的教育变革

信息技术在教育中的普及和应用,使得传统教育教学受到强烈冲击,引起教育观念、教育内容、教育手段、教育方式的重大变革。也使得全民教育、优质教育、个性化学习和终身学习的目标得以实现。

1. 教育观念的变革

信息技术应用于教育使得传统的教育观念发生了变革,主要包括:(1)现代教学观。教师不仅要传授学生知识,而且要教会学生学习,即"授人以鱼不如授人以渔"。(2)现代师生观。学生不再是被动地接受知识,而成为认知的主体、意义的主动建构者。教师也演变成学生意义建构的指导者、帮助者、激励者和设计者,师生之间是民主平等的关系。(3)现代人才观。现代教育应该是培养出智慧型、创造型人才,而不是传统教育的知识型、模仿型人才。(4)学习时空观。学习不再受时间限制,也不再受空间限制,学习者可以随时随地地学习,实时或非实时地学习。

这些现代教育观对于提高全民素质、推动当前教育体制改革有重要指导作用。

2. 教学环境的变革

从黑板加粉笔的教学工具到幻灯、投影、计算机等现代教育媒体,现代教育媒体的兴起不仅丰富了知识的呈现形式,而且从感官上调动了学生的积极性。今天的课堂上,交互式电子白板、触摸式一体机、电子书包的应用已经屡见不鲜,虚拟仿真技术、虚拟现实技术也大大促进了学生对知识的理解,提高了学生的自主学习能力。

3. 教学内容的变革

我们正处在信息爆炸的时代,信息快速地膨胀。一方面,人类的知识正在以前所未有的速度增长,其中一个重要的结果就是学校教育中要传授的知识和技能越来越多,每个社会成员在一生中需要学习的东西也越来越多,教育教学的内容也大幅度增长。另一方面,作为教学内容的知识和技能,在侧重点方面也发生了变化,信息鸿沟问题、信息孤岛问题迫切需要学校与社会不仅要注重知识的传授,更要注重培养学生的信息素养,关注搜集信息的能力,积累解决问题的办法。

4. 教学方法的变革

探索新的学习方式和教学方法,是教育研究亘古不变的话题。随着计算机网络技术、新媒体技术在教育中的应用延伸,多媒体教室、电子白板、触摸一体机、录播教室、电子书包等在学校的应用,使有利于学生自主学习的教学方法迅速发展。有了技术、媒体、理念的支撑,教学方法便由传统的讲授法、演示法向案例教学法、问题探究法、任务驱动法、讨论法等转变,突出体现了学生的主体地位,不断激发学生学习的主动性和积极性,培养其善学好思的思维。网络学习、个人化学习、合作学习、活动学习、研究型学习、自主性学习等新的学习方式已经出现，并逐渐被绝大多数教师所接受。

面对信息化社会，教学各个环节的改变都迫在眉睫，世界各国都在投入大量的人力和财力，加强教师信息素养的培养，把其作为教育信息化的重要组成部分，以期通过教师信息素养的提升来改进教学方式、提高教学能力，最终实现教育的变革。

【实践体验】

1. 登录本课程的网络教学平台 http://wlkc.zbnc.edu.cn/meol/homepage/common/，进行在线学习。

2. 下载手机APP"优慕课"，选择自己喜欢的课程进行学习。

【思考与讨论】

结合实际，你认为信息技术在教育中的应用使得教育发生了哪些变革？

第 2 章 信息化教学环境与教师专业能力

知识地图

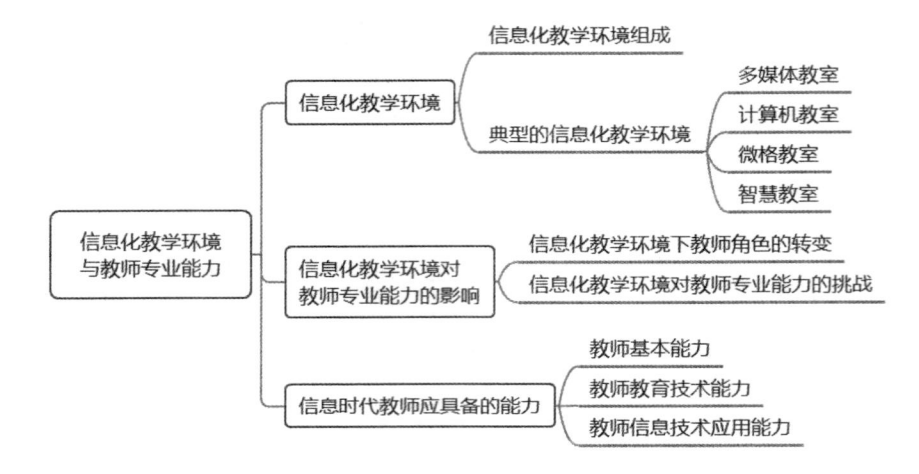

```
                            ┌── 信息化教学环境组成
              ┌─ 信息化教学环境 ─┤                    ┌── 多媒体教室
              │                 └── 典型的信息化教学环境─┤── 计算机教室
              │                                         ├── 微格教室
信息化教学环境 ─┤                                         └── 智慧教室
与教师专业能力   │
              │  信息化教学环境对    ┌── 信息化教学环境下教师角色的转变
              ├─ 教师专业能力的影响 ─┤
              │                    └── 信息化教学环境对教师专业能力的挑战
              │
              │                          ┌── 教师基本能力
              └─ 信息时代教师应具备的能力 ─┤── 教师教育技术能力
                                         └── 教师信息技术应用能力
```

学习目标

1. 知道信息化教学环境的组成部分
2. 了解典型信息化教学环境的组成和功能
3. 会使用常用的信息化教学设备
4. 理解信息化教学环境下教师的角色的转变
5. 熟悉小学教师应具备的基本能力
6. 熟悉小学教师应具备的教育技术能力
7. 熟悉小学教师应具备的信息技术应用能力

2.1 信息化教学环境

随着信息技术的不断发展，信息化已成为全球经济、社会发展的显著特征。信息化就是充分利用信息技术，开发利用信息资源，促进信息交流和知识共享，提高经济增长质量，推动经济、社会发展转型的历史进程。

信息化融入教育领域即教育信息化。教育信息化是指在教育与教学的各个领域中，积极开发并充分应用信息技术和信息资源,培养信息社会需要的人才,以推动教育现代化进展。

2.1.1 信息化教学环境组成

信息化教学环境相对于传统的班级教学环境,其内涵包含并远远超越了传统教学环境的范畴。在以网络技术和多媒体技术为核心的信息化环境中,信息化教学环境主要包括以下三个基本组成部分:

(1)硬件设施。硬件设施是信息化教学环境的基础,主要包括物理空间环境和虚拟网络环境,如多媒体计算机、多媒体教室、网络教室、远程教学系统、微格教室、智慧教室等。

(2)软件资源。软件资源是相对于硬件设施而言,存在并作用于硬件基础上的,为教和学提供的多样化、可共享的资源,主要包括可用电脑播放的课件、学习资源库、网络学习平台、数字化学习支持系统、网上图书馆及相关的学习工具等。

(3)通信技术。通信技术是学习者实现数字化学习、网络交流及远程协商讨论的保障,主要包括电话通信和网络通信。

2.1.2 典型的信息化教学环境

1. 多媒体教室

多媒体教室是指将多种教学媒体播放、控制、管理的技术与设备集成在教室内,以利于开展多媒体组合教学活动的教学环境,它是当前许多学校开展教学活动的主要场所。学校的多媒体教室既包括传统教学媒体(如黑板、挂图、书本、模型、标本等),也包括现代教学媒体(如投影仪、扩音器、录音机、多媒体计算机等)。教室根据一定的教学设计理念,将多媒体教室中的各种教学媒体按照媒体特性优化组合,组织开展教学活动。图 2-1 所示是典型的多媒体教室。

图 2-1 典型的多媒体教室

1)多媒体教室的组成

多媒体教室根据其教学媒体数量的多少、质量的高低、教学功能的差异,可分为简易型、标准型、多功能型、学科型几个档次,不同档次的多媒体教室组成要素不同。

(1)简易型。简易型多媒体教室主要由多媒体计算机、实物展示台、数码(液晶)投影机、屏幕和电视机等设备组成。

(2)标准型。标准型多媒体教室主要由投影机、录像机、影碟机、录音机、话筒、调音台、功率放大器与音箱、多媒体计算机、实物展示台、数据/视频大屏幕投影机、视频切换器等设备组成。如图 2-2 所示即为一个标准型多媒体教室的设备系统框图。

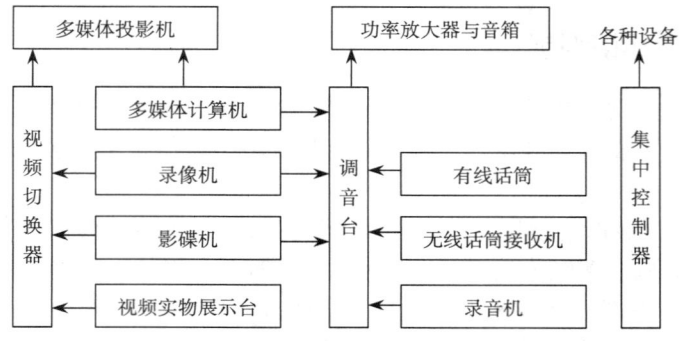

图 2-2 标准型多媒体教室的设备系统框图

（3）多功能型。多功能型在标准型配置的基础上增加了录像设备及学习反应信息测试分析系统。

① 录像设备。在教室装配有 2~3 台的摄像机，用于摄录师生的教学活动过程。摄像机信号传送到中心控制室供记录存储，或同时传至其他教学场所供教学观摩。

② 学习反应信息测试分析系统。该系统能让全体学生在座位上通过应答器对教师提出的问题做选择性的回答，并可以通过计算机实时收集与分析学生的学习反应信息，帮助教师及时、全面地了解学生的整体和个别情况，实现教学的个性化。

（4）学科型。该类型在简易或标准配置的基础上增加一些满足学科教学特殊需要的设备（如生物教学中需要的彩色显微摄像装置等），这样就构成了某一学科专用的多媒体教室。

2）多媒体教室的功能

多媒体教室能够有效地辅助教室开展教学活动，提高教学效率，其主要功能可以概括为以下几点：

（1）展示实物投影。教室可以利用实物投影展示台投影实物，以及各类幻灯片、投影片、照片、图片等。

（2）播放幻灯片投影教材。教师可利用高质量的投影机/计算机和高亮度的投影机，将幻灯片、投影片、演示文稿直接投影到银幕上。

（3）广播与录音。教师可用有线话筒或无线话筒讲课，话筒拾取声音送入调音台，经调音台再送入扩音机（功率放大器），最后由音箱播出；可用录音机和 CD 机播放录音教材，并可利用录音机记录教师的讲课内容。

（4）电视广播和录像重播。教师可利用录像机播放录像带电视教材，或利用影碟机播放光盘教材，一路信号送到监视器进行监视，另一路信号送到电视投影机投影到银幕上；教师还可以将录像机与校园闭路电视网连接，用来接收闭路电视节目进行电视教学。

（5）开展新型教学模式的教学实验与研究。教师可方便、灵活地实施多媒体组合教学，探索新型的教学模式，优化教学过程，提高教学质量与效率。

2. 计算机教室

计算机教室是以教师机为服务器、以学生机为终端、以教室局域网（能接入互联网，有线、无线均可）为基础而组成的网络信息化教学环境。

1）计算机教室的组成

计算机网络教室的硬件组成主要有路由器、服务器、多媒体学生机（带耳机/话筒）、录像机、影碟机、摄像机、多媒体控制机、大屏幕投影系统和音响系统等。如图 2-3 所示是一个常见的计算机教室。

图 2-3 计算机教室

2）计算机教室的功能

（1）广播教学。将教师机的电脑屏幕画面和语音等多媒体信息（如教学课件等）实时广播给全体、群组或单个学生。

（2）屏幕监视。教师可实时监视每个学生的电脑屏幕，观察学生的学习情况，这样教师不用离开座位便可在机上观看学生对计算机的操作情况，可对单一、群组或全体学生进行多画面和单一循环监视。

（3）遥控辅导。教师可远程接管选定的学生机，控制学生机的键盘和鼠标，对学生远程遥控，辅导学生完成学习操作，进行"手把手"式交互式辅导教学。在此过程中，教师可随时锁定或允许学生操作计算机的键盘和鼠标。

（4）分组讨论。教师可对教室内的学生进行任意分组，每个小组的学生通过文字、语音、电子白板进行交流，教师可随时插入任意小组，并参与讨论，小组内允许多个学生同时交谈示范。

（5）学生示范。教师在进行屏幕监视和遥控辅导时可使用转播教学功能，教师可选定一台学生机作为示范，该学生机的屏幕及声音可转播给其他学生，由学生代替教师进行示范教学，增加学生对教学的参与感，提高学习的积极性。

（6）电子举手。学生使用电子举手功能可随时呼叫教师。教师对举手的学生通过语音和文字随时应答和查看。

（7）文件传送。教师可以将本机应用软件、文本文件、图片等数据传送给指定的一个、一组、全体学生。

（8）电子黑屏。教师可以对单个、部分或全部学生进行黑屏肃静，锁定屏幕和键盘，达到让学生专心听课的效果。

（9）远程命令。远程命令功能允许教师远程运行、关闭学生计算机的应用软件。

3. 微格教室

微格教室，即小型的教室，它是一种利用现代视听设备（摄像机、录像机等），专门训练学生掌握某种技能、技巧的小规模教学活动。一般用于师范院校的学生和在职教师教学技能训练的模拟教学活动。图 2-4 就是微格教室的结构图。

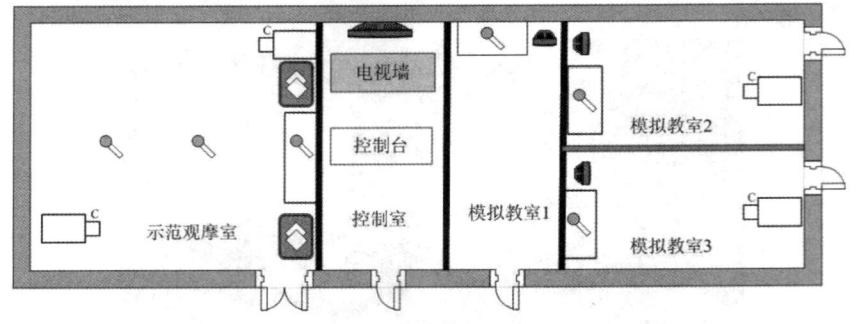

图 2-4 微格教室结构图

1）微格教学系统的构成

微格教学系统一般由微格教室、控制室和观摩室构成。

（1）微格教室。微格教室是开展模拟训练的场所，配置进行模拟教学的各种教学设备，话筒、摄像机用于拾取模拟教学过程的画面和声音，摄像机由控制室进行控制，电视机用语音重放已录信号，供同步评价分析。

（2）控制室。控制室配有录像控制系统、监视系统、电视特技切换设备、调音台、实施编辑系统、录制系统、信号切换分配系统等设备。

（3）观摩室。观摩室主要用于教师现场评述，或让较多学生同时观摩和分析，也可作为班级教学实况摄像的场所。

2）微格教学系统的功能

（1）教师培训。通过微格教室的录制播放功能，受训者能够看到自己上课的场景，以便发现自己的不足之处，在以后的授课过程中改正，并能从中发现更适合自己的教学方式。

（2）示范课录制。课堂实景录制的优秀教师示范视频对于受训者可谓获益匪浅，学校可以安排优秀教师针对某一技能或者某一课程进入其中演示并录制下来，由学习者进行多次观看，学习其中的亮点，提高自己的教学水平。实景录制的演示视频比一般的讲解视频或者文字更加有效。

（3）教研评价。学校管理人员可以通过对教师进行听课，记录其授课过程中的优缺点，课后进行讨论、评价、学习，提高学校教师的整体教学水平。

（4）资料留存。学校可以利用微格教室的录制功能，将学校的重要的精品课程、专家讲座、会议活动等事件录制成视频文件，留存档案，方面以后观看和查询。

（5）全校转播。微格教室还能够和学校的校园电视台系统相结合，把微格教室内的演示课程、会议活动、专家讲座等场景向全校的师生进行转播，方便更多的人收看，解决教室的空间大小对到场观看人数的限制问题。

4. 智慧教室

智慧教室是近年来一些学校开设探索建设的新型教学环境，它采用各种新兴技术，包括传感技术、网络技术、人工智能技术、大数据与学习分析技术等，对课堂教学过程进行智能感知与数据采集，形成海量数据，并对教与学过程进行智能化的分析，以评估教师的教学成效与学生的学习进展，预测未来表现及发现潜在问题，为教学管理与决策提供"智慧"。

智慧教室是一个还在不断发展中的概念。目前中小学实践中的智慧教室主要以电子书包为载体，以翻转课堂为教学模式，通过网络整合传统教学流程的课前、课中、课后、课外各环节，使用移动互联教学平板学习终端，实现中小学师生的教、学、考、练、测、评全过程的信息化教学和个性化学习。

基于电子书包的智慧教室有硬件系统和软件系统两部分：智慧教室的硬件主要由学生学习终端、教师教学终端、充电柜、交互智能平板、云数据中心服务器、无线路由器、终端桌椅等组成。智慧教室软件主要包括翻转课堂支持系统、教师终端软件、学生终端软件、云资源服务中心、学习空间、教学空间平台等。图 2-5 所示是目前中小学智慧教室常见的场景设计。

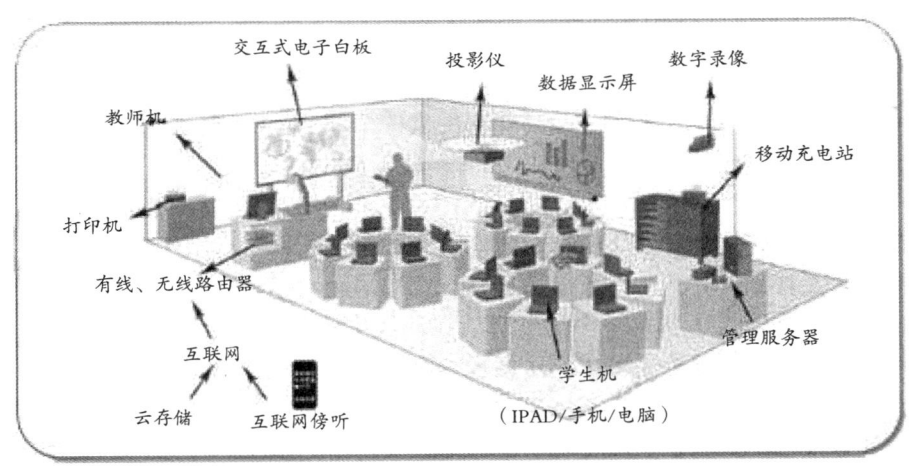

图 2-5　智慧教室场景设计

智慧教室能够让教师开展各种网络化、个性化的教学活动，包括教师的课前准备、课中互动、课后作业布置与批改、课后教学反思和学情分析；学生的课前预习、课中互动、课堂练习与测试、课后作业与答疑、课外拓展和探究等等。

2.2　信息化教学环境对教师的专业能力发展的影响

2.2.1　信息化教学环境下教师角色的转变

教育信息化对教育领域带来一系列的变革，作为"传道、授业、解惑"的教师，其教育观念、教育任务及教学技能等方面必将随着信息化的发展发生重大改变以适应现代教育。

1. 教师观念的转变

在长期以来的传统教学中，教师是权威的主导者，学生是被动的接受者，以教师"讲"为中心的教学形式已不能适应信息化的教学环境。信息化教学环境要求教师转变教育观念，由传统课堂教学的知识灌输者转变为学生学习过程的引导者、学生意义建构的促进者、学生的良师益友及学习顾问。教师要从关注"如何让学生听懂知识"转到"如何引导学生发现知识并通过有效的学习方法掌握知识"上来，指导学生了解并掌握获取所需知识的途径，并根据认知的需要选择、处理、利用信息，使学生逐渐由被动的知识接受者转变为主动的知识探究者。

2. 教师任务的更新

在信息化环境下，教师不仅需要掌握现代化的信息技术手段，更需要用全新的理念重新审视和指导教育的各个环节。教师要结合学生特点及教学内容合理设计教学过程，利用网络及多媒体手段来丰富课堂内容，调动学生兴趣，做学习过程的设计者；课堂也不再只是教师的讲授，而是学生的自主学习、合作学习活动，教师应做课堂的领航者及合作学习的组织者。另外，网络资源及学习环境的多样化，要求教师还应担任学习环境的管理者，创设适合教学内容的学习环境，引导学生正确利用学习资源，对教学中出现的问题能及时加以解决，并设计学习环境中的各种活动等。

3. 教师技能的扩展

以前，中小学课程统一内容、统一教材、统一参考书，教师遵照教材及教学参考书被动地教学，影响了其创造力的发挥。如今，新课程倡导科学、民主、开放的课程理念，课程内容的弹性增大，教材、教学参考书为教师留有的发挥余地加大，这就需要教师积极主动地探索新知识、新方法，发挥个人的主观能动性，做现代教育所需要的课程开发者。

《基础教育课程改革纲要（试行）》中指出："大力推进信息技术在教学过程的普遍应用，促进信息技术与学科课程整合，逐步实现教育内容的呈现方式、学生的学习方式、教师的教学方式和师生的互动方式的变革，充分发挥信息技术的优势，为学生的学习和发展提供丰富多彩的教育环境和有力的学习工具。"这就要求在现代化教学中，教师必须了解信息技术的优势和不足，并结合学科教学的需要，将信息技术有机融合在学科教学中，借助信息技术实现更有效的教学。

除此之外，教师不应只是"教书匠"，还应是"教育研究者"。在结合自身教育实践的基础上，发现教育问题，并创造性地解决问题，做一个不断超越自我的研究型教师。

2.2.2 信息时代教师应具备的专业能力

信息化环境下教师角色的变化并不意味着其重要性的淡化，相反，为了满足信息时代对人的创新能力的需求，促进学生的全面发展，信息社会对教师能力提出了更高的要求。教师应该适应信息时代的发展需要，不断提高自身水平，使自己成为一名优秀教师。下面我们将从我国对教师的基本能力要求、教育技术能力要求、信息技术应用能力要求三个方面阐述信息时代教师应具备的能力。

1. 我国对教师基本能力的要求

为促进教师专业发展，建设高素质教师队伍，教育部于 2012 年研究制定了《幼儿园教师专业标准（试行）》《小学教师专业标准（试行）》和《中学教师专业标准（试行）》（以下简称《专业标准》）。《专业标准》是国家对幼儿园、小学和中学合格教师专业素质的基本要求，是教师实施教育教学的基本规范，是引领教师专业发展的基本准则，是进行教师培养、准入、培训、考核等工作的重要依据。

《专业标准》不仅要求教师秉持师德先行、学生为本、能力为重、终身学习的基本理念，而且从专业理念与师德、专业知识、专业能力三个维度对教师的能力做出了规定，要求教师将《专业标准》作为开展教育教学实践、提升专业发展水平的行为准则。

2. 我国对中小学教师教育技术能力的要求

为提高中小学教师教育技术能力水平，促进教师专业能力发展，教育部于 2004 年 12 月颁布了《中小学教师教育技术能力标准（试行）》，该标准主要从意识与态度、知识与技能、应用与创新、社会责任四个层次对中小学教学人员、中小学管理人员、中小学技术支持人员的教育技术能力提出要求。具体体系结构如图 2-6 所示。

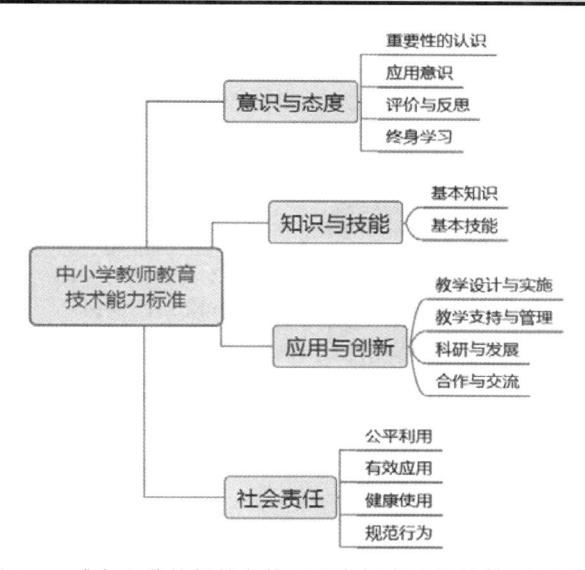

图 2-6 《中小学教师教育技术能力标准（试行）》体系结构

该标准主要内容包括以下四个方面：

（1）应用教育技术的意识与态度。包括教育技术需求意识、教育技术应用与创新意识、对教育技术的敏感性与洞察力以及对教育技术的兴趣与态度等。

（2）教育技术的知识与技能。包括教育技术的基本理论与方法、基本操作技能、信息检索、加工与表达、信息安全与评价等。

（3）教育技术的应用与创新。包括教学设计、教学实践、信息技术与课程整合、自主学习与协作学习等。

（4）应用教育技术的社会责任。包括信息利用及传播有关的道德、法律、人文关怀等。

该标准在知识和能力、应用和创新两个维度对各相关人员提出较为具体的技术要求，要求其不但要具备一些基本知识，掌握基本操作技能，还要有信息加工、资源管理和评价能力，更要具有创新应用、合作交流的能力，这与现代科技社会对人的发展要求相吻合。

3. 我国对教师信息技术应用能力的要求

信息技术应用能力是信息化社会的教师必备的专业能力。为全面提升中小学教师信息技术应用能力，促进信息技术与教育教学深度融合，教育部于 2014 年 5 月颁布了《中小学教师信息技术应用能力标准（试行）》（以下简称《能力标准》）。考虑到我国中小学校信息技术实际条件的不同与师生信息技术应用情境的差异，《能力标准》对教师在教育教学和专业发展中应用信息技术提出了基本要求和发展性要求。其中，应用信息技术优化课堂教学的能力为基本要求，主要包括教师利用信息技术进行讲解、启发、示范、指导、评价等教学活动应具备的能力；应用信息技术转变学习方式的能力为发展性要求，主要针对教师在学生具备网络学习环境或相应设备的条件下，利用信息技术支持学生开展自主、合作、探究等学习活动所应具有的能力。

《能力标准》根据教师教育教学工作与专业发展主线，将信息技术应用能力区分为技术素养、计划与准备、组织与管理、评估与诊断、学习与发展五个维度。其基本内容见表 2-1。

表 2-1 《中小学教师信息技术应用能力标准（试行）》的基本内容

维度	I. 应用信息技术优化课堂教学	II. 应用信息技术转变学习方式
技术素养	1. 理解信息技术对改进课堂教学的作用，具有主动运用信息技术优化课堂教学的意识	1. 了解信息时代对人才培养的新要求，具有主动探索和运用信息技术变革学生学习方式的意识
	2. 了解多媒体教学环境的类型与功能，能够熟练操作常用设备	2. 掌握互联网、移动设备及其他新技术的常用操作，了解其对教育教学的支持作用
	3. 了解与教学相关的通用软件及学科软件的功能及特点，并能熟练应用	3. 探索使用支持学生自主、合作、探究学习的网络教学平台等技术资源
	4. 通过多种途径获取数字教育资源，掌握加工、制作和管理数字教育资源的工具与方法	4. 利用技术手段整合多方资源，实现学校、家庭、社会相连接，拓展学生的学习空间
	5. 具备信息道德与信息安全意识，能够以身示范	5. 帮助学生树立信息道德与信息安全意识，培养学生的良好行为习惯
计划与准备	6. 依据课程标准、学习目标、学生特征和技术条件，选择适当的教学方法，找准运用信息技术解决教学问题的契合点	6. 依据课程标准、学习目标、学生特征和技术条件，选择适当的教学方法，确定运用信息技术培养学生综合能力的契合点
	7. 设计有效实现学习目标的信息化教学过程	7. 设计有助于学生进行自主、合作、探究学习的信息化教学过程与学习活动
	8. 根据教学需要，合理选择与使用技术资源	8. 合理选择与使用技术资源，为学生提供丰富的学习机会和个性化的学习体验
	9. 加工制作有效支持课堂教学的数字教育资源	9. 设计学习指导策略与方法，促进学生的合作、交流、探索、反思与创造
	10. 确保相关设备与技术资源在课堂教学环境中正常使用	10. 确保学生便捷、安全地访问网络和利用资源
	11. 预见信息技术应用过程中可能出现的问题，制定应对方案	11. 预见学生在信息化环境中进行自主、合作、探究学习可能遇到的问题，制定应对方案
组织与管理	12. 利用技术支持，改进教学方式，有效实施课堂教学	12. 利用技术支持，转变学习方式，有效开展学生自主、合作、探究学习
	13. 让每个学生平等地接触技术资源，激发学生的学习兴趣，保持学生的学习注意力	13. 让学生在集体、小组和个别学习中平等获得技术资源和参与学习活动的机会
	14. 在信息化教学过程中，观察和收集学生的课堂反馈，对教学行为进行有效调整	14. 有效使用技术工具收集学生学习反馈，对学习活动进行及时指导和适当干预
	15. 灵活处置课堂教学中因技术故障引发的意外状况	15. 灵活处置学生在信息化环境中开展学习活动发生的意外状况
	16. 鼓励学生参与教学过程，引导学生提升技术素养并发挥其技术优势	16. 支持学生积极探索使用新的技术资源，创造性地开展学习活动
评估与诊断	17. 根据学习目标科学设计并实施信息化教学评价方案	17. 根据学习目标科学设计并实施信息化教学评价方案，并合理选取或加工、利用评价工具
	18. 尝试利用技术工具收集学生学习过程信息，并能整理与分析，发现教学问题，提出针对性的改进措施	18. 综合利用技术手段进行学情分析，为促进学生的个性化学习提供依据
	19. 尝试利用技术工具开展测验、练习等工作，提高评价工作效率	19. 引导学生利用评价工具开展自评与互评，做好过程性和终结性评价
	20. 尝试建立学生学习电子档案，为学生综合素质评价提供支持	20. 利用技术手段持续收集学生学习过程及结果的关键信息，建立学生学习电子档案，为学生综合素质评价提供支持

续表 2-1

维度	I. 应用信息技术优化课堂教学	II. 应用信息技术转变学习方式
学习与发展	21. 理解信息技术对教师专业发展的作用，具备主动运用信息技术促进自我反思与发展的意识	
	22. 利用教师网络研修社区，积极参与技术支持的专业发展活动，养成网络学习的习惯，不断提升教育教学能力	
	23. 利用信息技术与专家和同行建立并保持业务联系，依托学习共同体，促进自身专业成长	
	24. 掌握专业发展所需的技术手段和方法，提升信息技术环境下的自主学习能力	
	25. 有效参与信息技术支持下的校本研修，实现学用结合	

作为未来教师的师范生，要牢固掌握信息技术知识和技能，在今后的工作中充分利用信息技术优势，注重信息技术与教育的全面融合，促进教育公平和实现优质教育信息资源广泛共享，提高教育质量和建设学习型社会，培养高素质人才，加快我国由教育大国向教育强国迈进。

【课后阅读】

《小学教师专业标准（试行）》

《中小学教师信息技术应用能力标准（试行）》

【思考与讨论】

1. 在信息化教学环境中，传统意义上的教师具备的能力已经不能满足当今社会发展的需求，那么信息社会中的教师将面临哪些问题？同学之间结成小组（3~5人）进行讨论。

2. 对照教育部 2014 年发布的《中小学教师信息技术应用能力标准（试行）》，你还需要学习哪些方面的知识与技能？

模块二　信息化办公

第 3 章　编辑制作教学文档

第 4 章　班级信息管理和学生成绩分析

第 5 章　信息化教学工具应用

第 3 章　编辑制作教学文档

知识地图

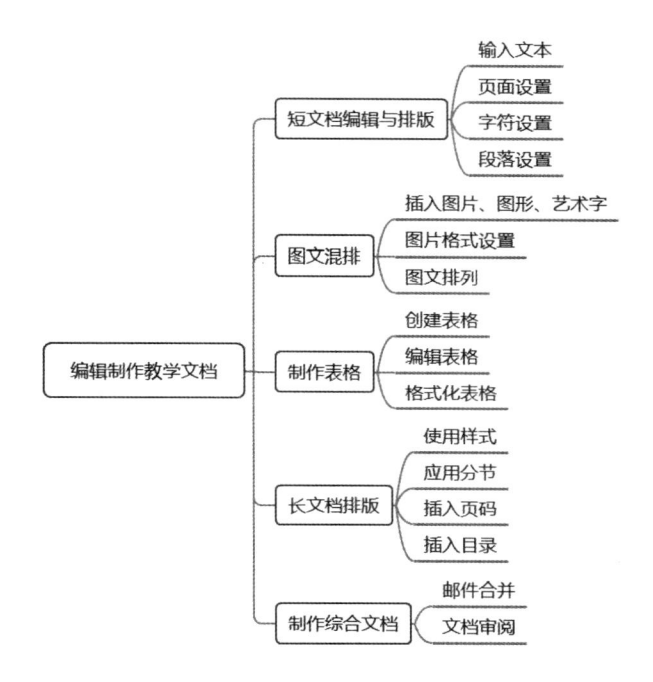

```
                              ┌─ 输入文本
              ┌─ 短文档编辑与排版 ─┼─ 页面设置
              │                 ├─ 字符设置
              │                 └─ 段落设置
              │
              │           ┌─ 插入图片、图形、艺术字
              ├─ 图文混排 ─┼─ 图片格式设置
              │           └─ 图文排列
              │
              │           ┌─ 创建表格
编辑制作教学文档 ─┼─ 制作表格 ─┼─ 编辑表格
              │           └─ 格式化表格
              │
              │           ┌─ 使用样式
              │           ├─ 应用分节
              ├─ 长文档排版 ─┼─ 插入页码
              │           └─ 插入目录
              │
              │           ┌─ 邮件合并
              └─ 制作综合文档 ─┴─ 文档审阅
```

学习目标

1. 掌握 Word 2013 的基本编辑、排版操作
2. 掌握图形图像的插入、编辑及格式设置方法，会进行图文混排
3. 掌握创建、编辑和格式化表格的方法，会制作常用教学表格
4. 掌握样式、节、页眉/页脚、插入目录等高级编辑操作，会进行论文、讲义等长文档的排版
5. 会使用 Word 2013 合并邮件的功能制作通知书、奖状等多份文档
6. 会使用 Word 2013 的审阅功能批改学生的电子作业
7. 能灵活利用 Word 2013 处理综合性教育教学文档

教学文档是指导和设计教学运行、记载教学运行过程及其结果、总结教学经验等各类资料的总称。

对小学教师而言，教学文档主要包括：教学计划、课程标准、教学设计、教学改革实施方案、课程表、学生信息记录、教学任务书、工作总结、课题报告及其他教学资料。

教学文档的编辑最常用的工具就是 Word 2013，中文版 Word 2013 是微软公司推出的中文版 Office 2013 软件套装的重要组成部分，它具有强大的文本编辑和文件处理功能，是实现无纸化办公和网络办公不可或缺的应用软件之一。

本章通过几个具体实例，介绍如何利用 Word 2013 对常用教学文档的编辑与排版。

3.1 熟悉 Word 2013 工作界面

运行 Word 2013 程序，即可进入其工作界面。Word 2013 工作界面主要包括标题栏、功能区、文档编辑区、状态栏和任务窗格，如图 3-1 所示。

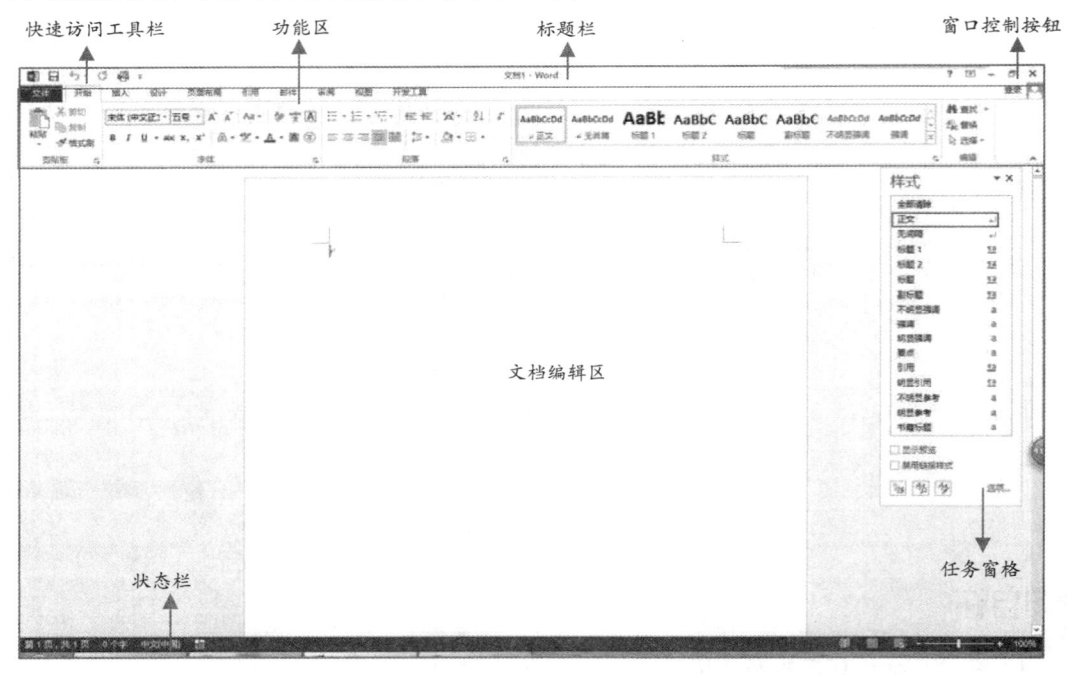

图 3-1 Word 2013 的工作界面

1. 标题栏

标题栏位于窗口的最上方，从左到右依次为控制菜单图标、快速访问工具栏、正在操作的文档名称、程序名称和窗口控制按钮。

2. 功能区

Word 2013 以工具按钮的形式将常用的命令显示在功能区，通过对工具按钮的操作，可以快速地执行操作命令，从而提高工作效率。

功能区默认在标题栏的下方，默认中包括"文件""开始""插入""设计""页面布局""引用""邮件""审阅"和"视图"九个选项卡。单击某个选项卡即可展开它，如图 3-2 所示。

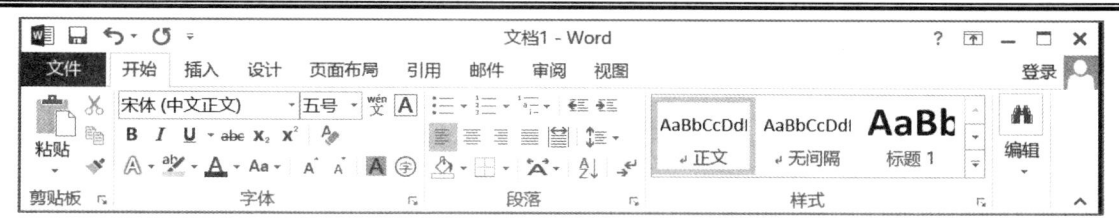

图 3-2 Word 2013 功能区

此外，当在文档中选中图片、艺术字或表格等对象时，功能区将显示与对象设置相关的上下文选项卡。例如，在 Word 中选中图片时，功能区会增加"图片工具/格式"选项卡，如图 3-3 所示。

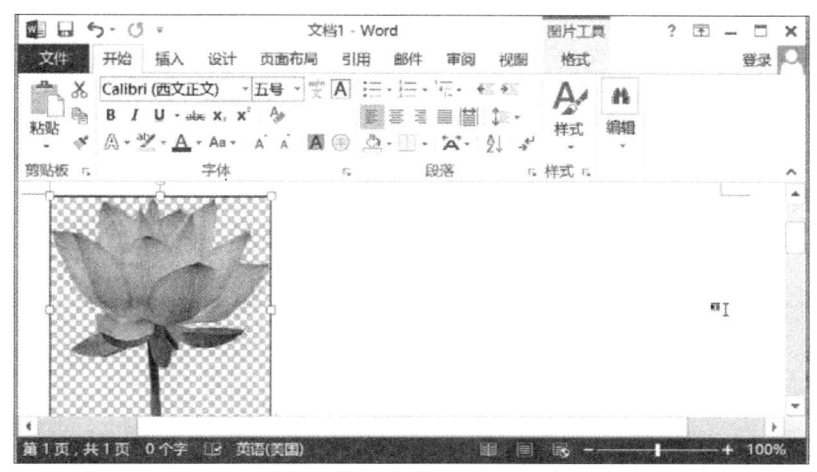

图 3-3 与图片相关的上下文选项卡

3．文档编辑区

文档编辑区位于窗口的中央，默认以白色显示，是输入文字、编辑文档、处理图片和查阅文档的区域，在文档窗口四周分布着标尺和滚动条以及上下翻页按钮。

4．任务窗格

任务窗格是 Word 2013 程序中提供常用命令的窗口。它的位置默认在文档窗口的右侧，您可以一边使用这些命令，一边继续处理文件。在需要的时候，任务窗格会自动显示，当然您也可以随时打开和关闭它。

5．状态栏

状态栏位于 Word 窗口的底部，状态栏左侧用于显示文档当前页数/总页数、字数、输入语言以及输入状态等信息。状态栏的右侧有视图切换按钮和显示比例调节工具。

3.2 短文档的编辑与排版

所谓的短文档，主要是指页数较少、内容以文字为主、格式要求比较简单的文档。制作这类文档主要包括输入文本、页面设置、字符格式设置、段落格式设置等基本操作。

实例 1 编辑教育短文，《创客教育的本质》

【实例效果】

利用 Word 2013 的基本编辑、排版功能，使文章结构清晰、重点突出、方便阅读、整体美观。原文及排版后效果如图 3-4、图 3-5 所示。

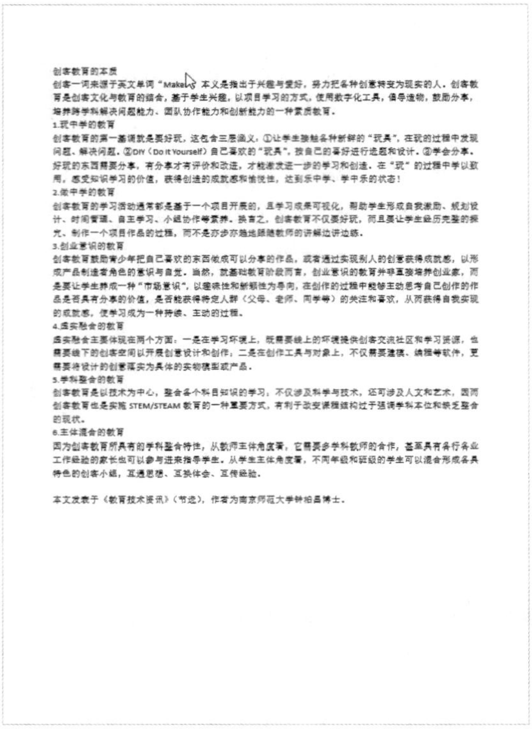

创客教育的本质

创客一词来源于英文单词“Maker”，本义是指出于兴趣与爱好，努力把各种创意转变为现实的人。创客教育是创客文化与教育的结合，基于学生兴趣，以项目学习的方式，使用数字化工具，倡导造物，鼓励分享，培养跨学科解决问题能力、团队协作能力和创新能力的一种素质教育。

1.玩中学的教育

创客教育的第一基调就是要好玩，这包含三层涵义：①让学生接触各种新鲜的“玩具”，在玩的过程中发现问题、解决问题。②DIY（Do It Yourself）自己喜欢的“玩具”，按自己的喜好进行选题和设计。③学会分享。好玩的东西需要分享，有分享才有评价和改进，才能激发进一步的学习和创造。在“玩”的过程中学以致用，感受知识学习的价值，获得创造的成就感和愉悦性，达到乐中学、学中乐的状态！

2.做中学的教育

创客教育的学习活动通常都是基于一个项目开展的，且学习成果可视化，帮助学生形成自我激励、规划设计、时间管理、自主学习、小组协作等素养。换言之，创客教育不仅要好玩，而且要让学生经历完整的探究、制作一个项目作品的过程，而不是亦步亦趋地跟随教师的讲解边讲边练。

3.创业意识的教育

创客教育鼓励青少年把自己喜欢的东西做成可以分享的作品，或者通过实现别人的创意获得成就感，以形成产品制造者角色的意识与自觉。当然，就基础教育阶段而言，创业意识的教育并非直接培养创业家，而是要让学生养成一种“市场意识”，以趣味性和新颖性为导向，在创作的过程中能够主动思考自己创作的作品是否具有分享的价值，是否能获得特定人群（父母、老师、同学等）的关注和喜欢，从而获得自我实现的成就感，使学习成为一种持续、主动的过程。

4.虚实融合的教育

虚实融合主要体现在两个方面：一是在学习环境上，既需要线上的环境提供创客交流社区和学习资源，也需要线下的创客空间以开展创意设计和创作；二是在创作工具与对象上，不仅需要建模、编程等软件，更需要将设计的创意落实为具体的实物模型或产品。

5.学科整合的教育

创客教育是以技术为中心，整合各个科目知识的学习，不仅涉及科学与技术，还可涉及人文和艺术，因而创客教育也是实施 STEM/STEAM 教育的一种重要方式，有利于改变课程结构过于强调学科本位和缺乏整合的现状。

6.主体混合的教育

因为创客教育所具有的学科整合特性，从教师主体角度看，它需要多学科教师的合作，甚至具有各行各业工作经验的家长也可以参与进来指导学生。从学生主体角度看，不同年级和班级的学生可以混合形成各具特色的创客小组，互通思想、互换体会、互传经验。

本文发表于《教育技术资讯》（节选），作者为南京师范大学钟柏昌博士。

图 3-4 《创客教育的本质》原文

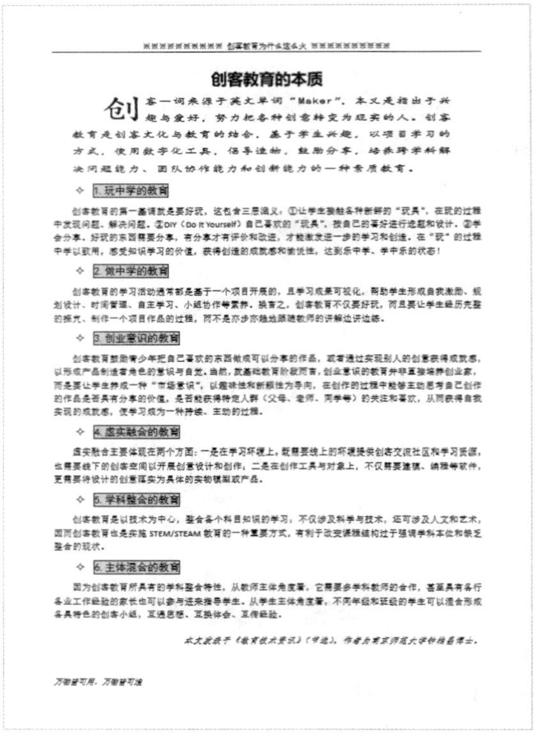

※※※※※※※※※※ 创客教育为什么这么火 ※※※※※※※※※※

创客教育的本质

创客一词来源于英文单词“Maker”，本义是指出于兴趣与爱好，努力把各种创意转变为现实的人。创客教育是创客文化与教育的结合，基于学生兴趣，以项目学习的方式，使用数字化工具，倡导造物，鼓励分享，培养跨学科解决问题能力、团队协作能力和创新能力的一种素质教育。

◇ 1. 玩中学的教育

创客教育的第一基调就是要好玩，这包含三层涵义：①让学生接触各种新鲜的“玩具”，在玩的过程中发现问题、解决问题。②DIY（Do It Yourself）自己喜欢的“玩具”，按自己的喜好进行选题和设计。③学会分享。好玩的东西需要分享，有分享才有评价和改进，才能激发进一步的学习和创造。在“玩”的过程中学以致用，感受知识学习的价值，获得创造的成就感和愉悦性，达到乐中学、学中乐的状态！

◇ 2. 做中学的教育

创客教育的学习活动通常都是基于一个项目开展的，且学习成果可视化，帮助学生形成自我激励、规划设计、时间管理、自主学习、小组协作等素养。换言之，创客教育不仅要好玩，而且要让学生经历完整的探究、制作一个项目作品的过程，而不是亦步亦趋地跟随教师的讲解边讲边练。

◇ 3. 创业意识的教育

创客教育鼓励青少年把自己喜欢的东西做成可以分享的作品，或者通过实现别人的创意获得成就感，以形成产品制造者角色的意识与自觉。当然，就基础教育阶段而言，创业意识的教育并非直接培养创业家，而是要让学生养成一种“市场意识”，以趣味性和新颖性为导向，在创作的过程中能够主动思考自己创作的作品是否具有分享的价值，是否能获得特定人群（父母、老师、同学等）的关注和喜欢，从而获得自我实现的成就感，使学习成为一种持续、主动的过程。

◇ 4. 虚实融合的教育

虚实融合主要体现在两个方面：一是在学习环境上，既需要线上的环境提供创客交流社区和学习资源，也需要线下的创客空间以开展创意设计和创作；二是在创作工具与对象上，不仅需要建模、编程等软件，更需要将设计的创意落实为具体的实物模型或产品。

◇ 5. 学科整合的教育

创客教育是以技术为中心，整合各个科目知识的学习，不仅涉及科学与技术，还可涉及人文和艺术，因而创客教育也是实施 STEM/STEAM 教育的一种重要方式，有利于改变课程结构过于强调学科本位和缺乏整合的现状。

◇ 6. 主体混合的教育

因为创客教育所具有的学科整合特性，从教师主体角度看，它需要多学科教师的合作，甚至具有各行各业工作经验的家长也可以参与进来指导学生。从学生主体角度看，不同年级和班级的学生可以混合形成各具特色的创客小组，互通思想、互换体会、互传经验。

本文发表于《教育技术资讯》（节选），作者为南京师范大学钟柏昌博士。

万物皆可用，万物皆可造

图 3-5 《创客教育的本质》排版后效果

【实例分析】

编辑制作该文档，首先是输入文档内容、设置页面，然后对字体、字号、段落格式进行设置，对要突出显示的部分添加边框、底纹、项目符号，为了使页面更加美观，添加了页眉、页脚。

【跟我做】

1）新建文档

启动 Word 2013，进入新建文档状态，保存文档为“创客教育的本质.docx”。

2）输入文档内容

选择合适的输入方法，输入文档内容，Word 2013 默认字体为宋体、五号，输入完成后，页面如图 3-4 所示。

3）页面设置

编辑一篇文档，首先要考虑对页面进行设置，确定好纸张大小、页边距等，方便后期进行编辑、打印。

（1）设置纸张大小。单击功能区“页面布局”选项卡“页面设置”组中的“纸张大小”按钮，弹出下拉列表，如图 3-6 所示，从中选择一种合适的纸张尺寸。也可以选择“其他页面大小”，弹出“页面设置”对话框（图 3-7），在对话框中定义纸张“宽度”和“高度”。

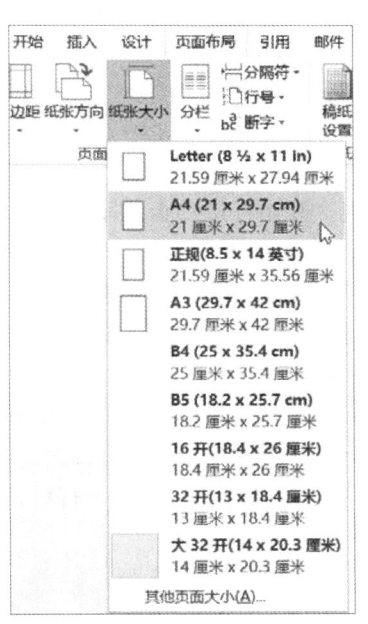

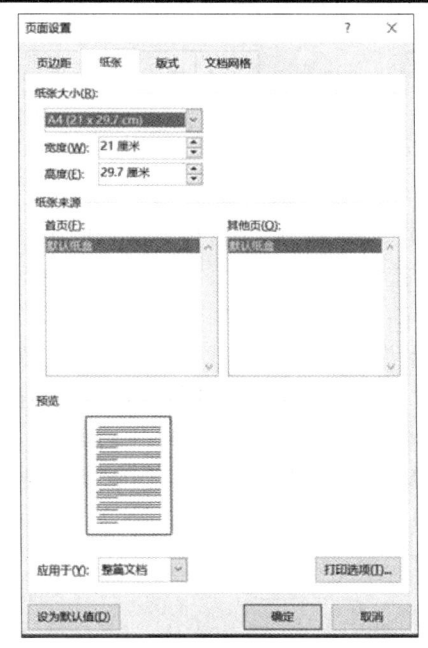

图 3-6 "纸张大小"下拉列表　　　　图 3-7 "页面设置"对话框"纸张"选项卡

（2）设置页边距。单击"页面布局"选项卡"页面设置"组中的"页边距"按钮，弹出下拉列表，如图 3-8 所示，从中选择一种合适的页边距。也可以选择"自定义边距"，弹出"页面设置"对话框（图 3-9），在对话框中定义上、下、左、右边距。

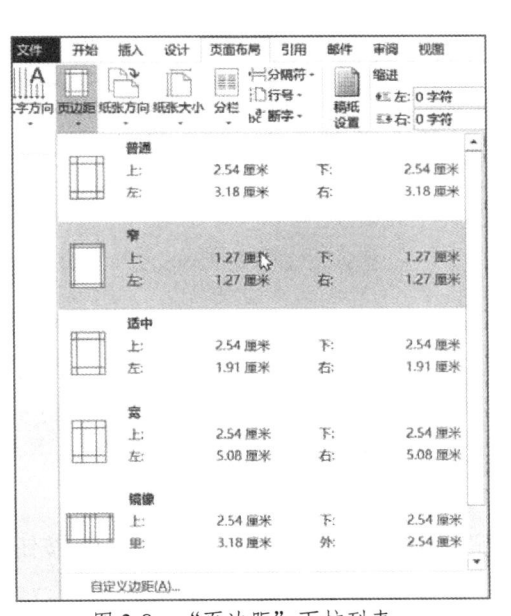

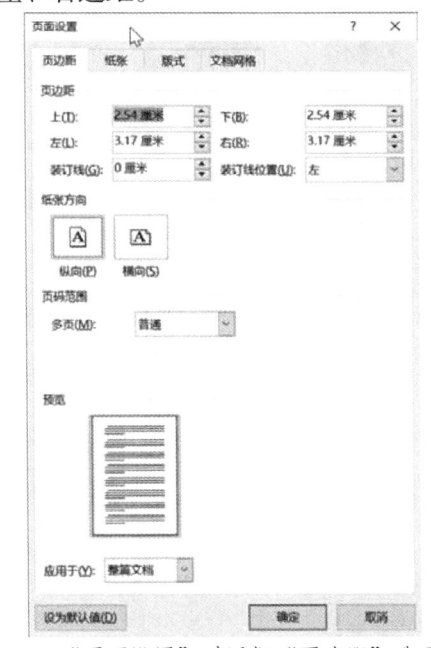

图 3-8 "页边距"下拉列表　　　　图 3-9 "页面设置"对话框"页边距"选项卡

4）设置字符格式

（1）设置标题字符格式。选中短文标题"创客教育的本质"，单击"开始"选项卡"字体"组中相应的命令按钮，将标题设为微软雅黑、小二号、加粗，如图 3-10 所示。

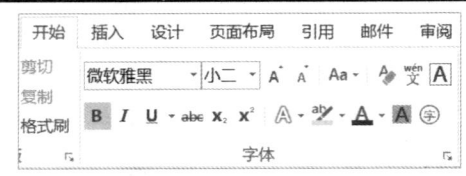

图 3-10 "字体"组命令按钮

（2）设置第一段字符格式。选中第一段内容，单击"开始"选项卡"字体"组右下角的扩展功能按钮，弹出"字体"对话框，如图 3-11 所示。在对话框中设置字体为楷体、五号；切换至"高级"选项卡，将"字符间距"/"缩放"项中字符间距缩放值调整为 125%。

（3）设置小标题格式。选中第一个小标题"玩中学的教育"，将字体设置为黑体、小四号。使用"剪贴板"组中的格式刷快速格式化其他小标题。

说明：格式刷是一种快速应用格式的工具。选中已格式化的文本，单击格式刷，鼠标变成刷子形状，拖动鼠标选择另一文本即可应用前面选中的文本格式。如果需要连续使用格式刷，双击格式刷即可。

（4）设置最后一句格式。将文档最后一句话设置为仿宋、五号、倾斜、右对齐。

图 3-11 "字体"对话框　　　　　图 3-12 "段落"对话框

5）设置段落格式

（1）设置标题居中。选中标题，单击"开始"选项卡"段落"组中的"居中"按钮，使标题居中。

（2）设置所有段落格式。选中文中所有段落，单击"开始"选项卡"段落"组右下角的扩展功能按钮，将打开"段落"对话框，如图 3-12 所示。在"缩进和间距"选项卡中，将"特殊格式"设置为"首行缩进"2 字符。

（3）设置第一段段落格式。选中第一段，在"段落"对话框中设置多倍行距为 1.25 倍行距。

6）设置首字下沉

将光标定位到第一自然段，单击"插入"选项卡"文本"组中的"首字下沉"按钮，在下拉列表框中选择"首字下沉选项"，弹出"首字下沉"对话框，如图 3-13 所示。选择"下沉"，设置下沉行数为 2 行，其他采用默认值，编辑效果如图 3-14 所示。

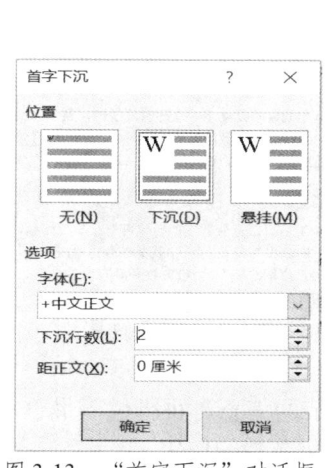

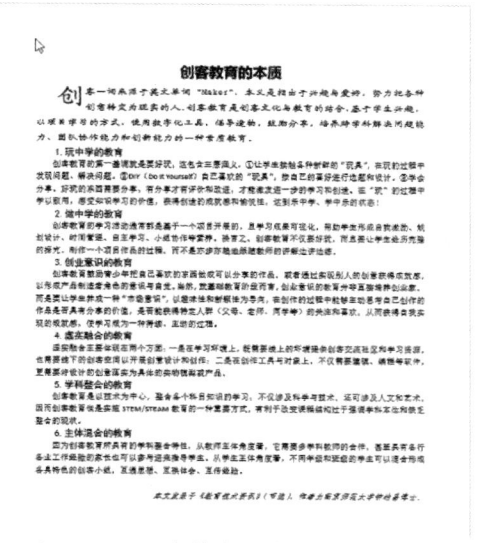

图 3-13 "首字下沉"对话框　　图 3-14 设置字符和段落格式后的效果

7）设置边框和底纹

为了突出显示小标题，分别给 6 个小标题添加单实线边框和茶色底纹。

分别选中 6 个小标题，单击"开始"选项卡"段落"组中的"边框"按钮，在下拉列表中选择"边框和底纹"命令，弹出"边框和底纹"对话框，如图 3-15 所示。

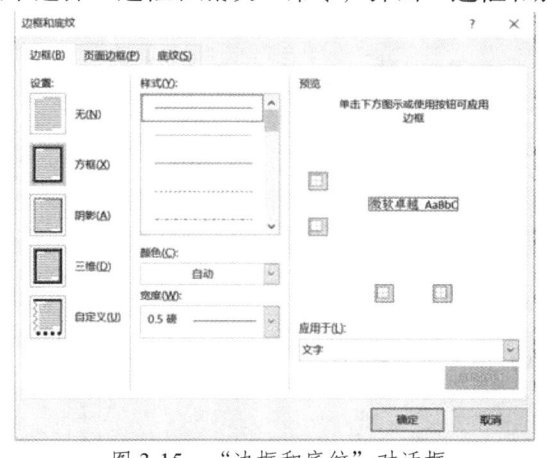

图 3-15 "边框和底纹"对话框　　图 3-16 小标题添加边框和底纹后的效果

（1）设置边框。在"边框"选项卡中选择"方框"，样式为"单实线"，应用于"文字"。

（2）设置底纹。切换至"底纹"选项卡，在"填充"中选择"茶色，背景 2，深色 10%"，应用于"文字"。

设置完毕效果如图 3-16 所示。

说明：边框和底纹可以应用于文字或段落，当有表格时还可应用于表格或单元格。

8）添加项目符号和编号

给6个小标题添加项目符号。

分别选中6个小标题,单击"开始"选项卡"段落"组"项目符号"按钮右侧的下三角,出现的下拉列表如图 3-17 所示,选择合适的项目符号。也可以选择"定义新项目符号",弹出"定义新项目符号"对话框,添加其他符号。设置完成,效果如图3-18 所示。

图 3-17　项目符号下拉列表　　　　图 3-18　添加项目符号效果

9)编辑页眉/页脚

页眉位于页面顶部,可以添加一些关于书名或者章节的信息。页脚位于最下端,通常显示文档页码等信息。对页眉/页脚进行编辑,可以起到美化文档的作用。

(1)编辑页眉。单击"插入"选项卡"页眉和页脚"组中的"页眉"按钮,从下拉列表中选择一种适当的页眉样式,或选择"编辑页眉"命令,进入页眉编辑状态,选项卡也自动切换为"页眉和页脚工具/设计",如图 3-19 所示。在页眉中输入"※※※※※※※※※ 创客教育为什么这么火 ※※※※※※※※※",单击"关闭页眉和页脚"按钮。

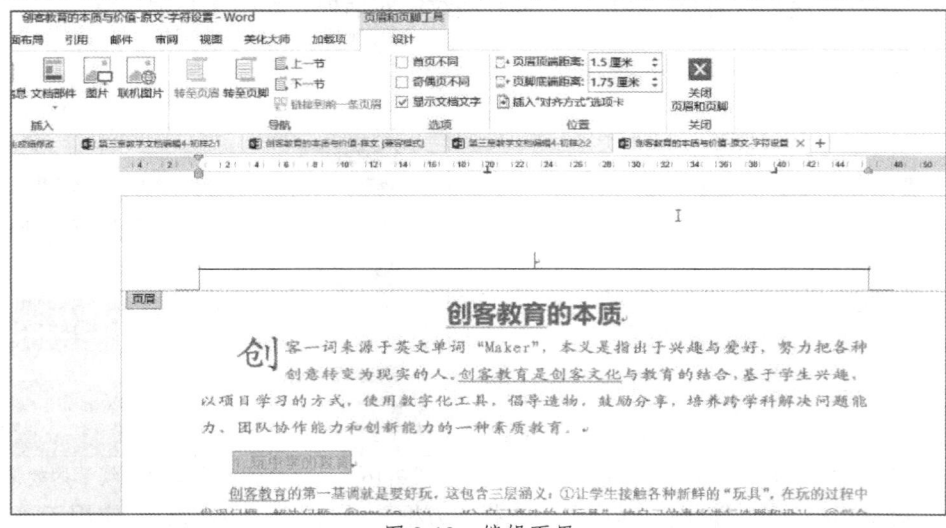

图 3-19　编辑页眉

(2)编辑页脚。单击"插入"选项卡"页眉和页脚"组中的"页脚"命令,从下拉列表中选择一种适当的页脚样式,或选择"编辑页脚"命令,进入页脚编辑状态,选项卡也自动切换为"页眉和页脚工具/设计"。在页脚中输入"万物皆可用,万物皆可造",并设置为斜体,单击"关闭页眉和页脚"按钮。

注意:页眉/页脚与正文不可同时编辑。页眉/页脚处于编辑状态时,不能编辑正文,只有关闭页眉/页脚编辑状态时才可编辑正文。

至此，整篇短文档编辑完成，再次保存文件。

【知识窗】

1）显示和隐藏段落标记

如果文档中已显示着段落标记，单击"开始"选项卡"段落"组中的"显示/隐藏段落标记"按钮，段落标记便隐藏了。如果需要显示段落标记，再次单击"显示/隐藏段落标记"按钮即可。

2）添加编号

（1）首先输入"1."，接着输入一段文本，再按 Enter 键，下一个编号就被插入。

（2）要结束编号，按两次 Enter 键即可。

（3）单击"开始"选项卡"段落"组"编号"按钮右侧的三角，在出现的下拉菜单中选择合适的编号，也可以选择"定义新编号格式"，弹出"定义新编号格式"对话框，如图 3-20 所示。在对话框中可设置编号样式、字体、对齐方式。

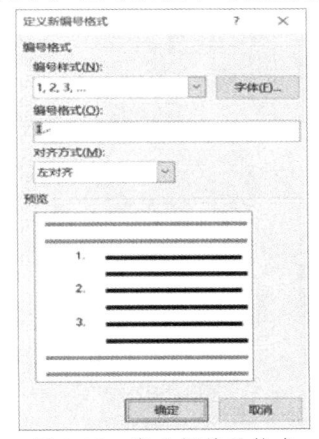

图 3-20　定义新编号格式　　　　　　　　图 3-21　查找

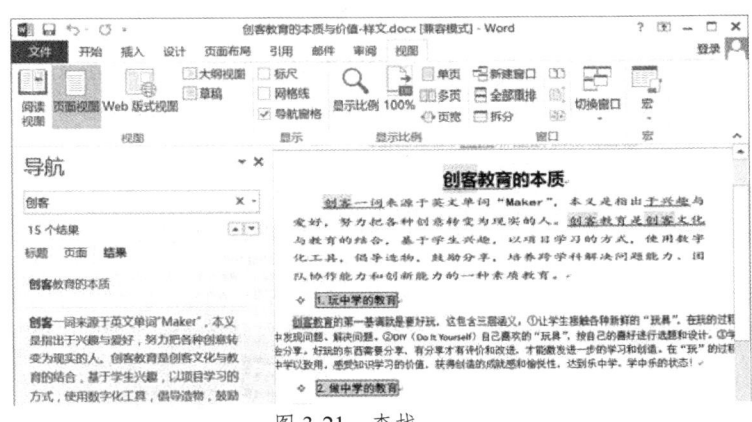

3）查找与替换

（1）查找文本。选中"视图"选项卡"显示"组中的"导航窗格"，在文档左侧将出现"导航"窗格，可以帮助用户快速查找。如在搜索栏输入"创客"，文档就会快速定位到包含该关键词的内容，如图 3-21 所示。

（2）替换文本。当发现文档中的某个字或词全部输错了，可以通过"替换"功能进行批量修改，具体操作如下：

① 将光标插入点定位到文档起始处，然后在"导航"窗格中单击搜索框右侧的下拉按钮，在弹出的下拉菜单中选择"替换"命令，弹出"查找和替换"对话框，如图 3-22 所示。

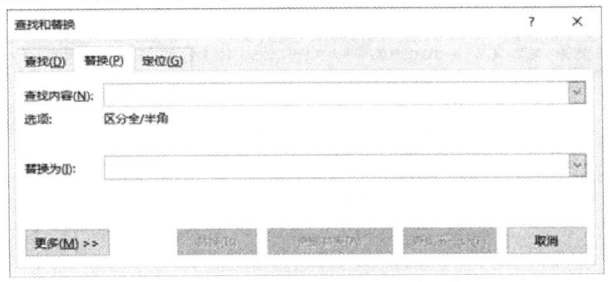

图 3-22　"查找和替换"对话框

② 在“查找内容”框中输入要被替换的文字，然后在“替换为”框中输入要替换成的文字，单击“替换”按钮，将要替换的文本被选取。再次单击“替换”按钮，则选取的文本被替换，并且下一处需要替换的文本会自动被选取。

③ 如果不需要替换该文本，可单击“查找下一处”按钮，寻找下一处需要替换的文本。

④ 如果需要全部替换，单击“全部替换”按钮即可，系统会弹出一个提示框，说明所替换的文本个数。

说明：应用“查找和替换”对话框不仅可对文字进行查找和替换，还可以查找指定的格式、段落标记、分页符和其他项目等，有时还可以用于删除文中多处不需要的相同字符（将替换目标设为空即可）。

【创新园】

将短文档“校园节约倡议书”进行编辑排版。原文如图 3-23 所示，编辑排版后效果如图 3-24 所示。

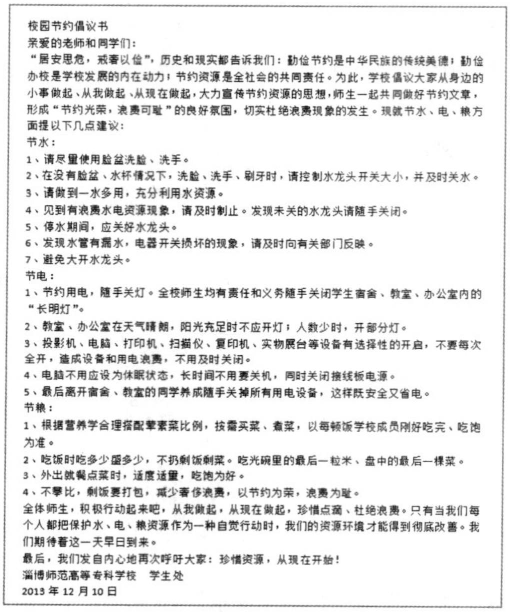

校园节约倡议书
亲爱的老师和同学们：
“居安思危，戒奢以俭”，历史和现实都告诉我们：勤俭节约是中华民族的传统美德；勤俭办校是学校发展的内在动力；节约资源是全社会的共同责任。为此，学校倡议大家从身边的小事做起、从我做起、从现在做起，大力宣传节约资源的思想，师生一起共同做好节约文章，形成“节约光荣，浪费可耻”的良好氛围，切实杜绝浪费现象的发生。现就节水、电、粮方面提以下几点建议：
节水：
1、请尽量使用脸盆洗脸、洗手。
2、在没有脸盆、水杯情况下，洗脸、洗手、刷牙时，请控制水龙头开关大小，并及时关水。
3、请做到一水多用，充分利用水资源。
4、见到有浪费水电资源现象，请及时制止。发现未关的水龙头请随手关闭。
5、停水期间，应关好水龙头。
6、发现水管有漏水，电器开关损坏的现象，请及时向有关部门反映。
7、避免大开水龙头。
节电：
1、节约用电，随手关灯。全校师生均有责任和义务随手关闭学生宿舍、教室、办公室内的“长明灯”。
2、教室、办公室在天气晴朗，阳光充足时不应开灯；人数少时，开部分灯。
3、投影机、电脑、打印机、扫描仪、复印机、实物展台等设备有选择性的开启，不要每次全开，造成设备和用电浪费，不用及时关闭。
4、电脑不用应设为休眠状态，长时间不用要关机，同时关闭接线板电源。
5、最后离开宿舍、教室的同学养成随手关掉所有用电设备，这样既安全又省电。
节粮：
1、根据营养学合理搭配荤素菜比例，按需买菜、煮菜，以每顿饭学校成员刚好吃完、吃饱为准。
2、吃饭时吃多少盛多少，不扔剩饭剩菜。吃光碗里的最后一粒米、盘中的最后一棵菜。
3、外出就餐点菜时，适度适量，吃饱为好。
4、不攀比，剩饭要打包，减少奢侈浪费，以节约为荣，浪费为耻。
全体师生，积极行动起来吧，从我做起，从现在做起，珍惜点滴、杜绝浪费。只有当我们每个人都把保护水、电、粮资源作为一种自觉行动时，我们的资源环境才能得到彻底改善。我们期待着这一天早日到来。
最后，我们发自内心地再次呼吁大家：珍惜资源，从现在开始！
淄博师范高等专科学校　学生处
2013 年 12 月 10 日

图 3-23　“校园节约倡议书”原文

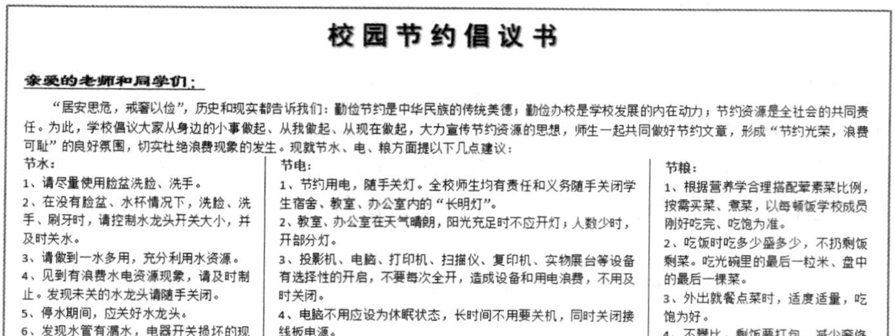

校园节约倡议书

亲爱的老师和同学们：

“居安思危，戒奢以俭”，历史和现实都告诉我们：勤俭节约是中华民族的传统美德；勤俭办校是学校发展的内在动力；节约资源是全社会的共同责任。为此，学校倡议大家从身边的小事做起、从我做起、从现在做起，大力宣传节约资源的思想，师生一起共同做好节约文章，形成“节约光荣，浪费可耻”的良好氛围，切实杜绝浪费现象的发生。现就节水、电、粮方面提以下几点建议：

节水：
1、请尽量使用脸盆洗脸、洗手。
2、在没有脸盆、水杯情况下，洗脸、洗手、刷牙时，请控制水龙头开关大小，并及时关水。
3、请做到一水多用，充分利用水资源。
4、见到有浪费水电资源现象，请及时制止。发现未关的水龙头请随手关闭。
5、停水期间，应关好水龙头。
6、发现水管有漏水，电器开关损坏的现象，请及时向有关部门反映。
7、避免大开水龙头。

节电：
1、节约用电，随手关灯。全校师生均有责任和义务随手关闭学生宿舍、教室、办公室内的“长明灯”。
2、教室、办公室在天气晴朗，阳光充足时不应开灯；人数少时，开部分灯。
3、投影机、电脑、打印机、扫描仪、复印机、实物展台等设备有选择性的开启，不要每次全开，造成设备和用电浪费，不用及时关闭。
4、电脑不用应设为休眠状态，长时间不用要关机，同时关闭接线板电源。
5、最后离开宿舍、教室的同学养成随手关掉所有用电设备，这样既安全又省电。

节粮：
1、根据营养学合理搭配荤素菜比例，按需买菜、煮菜，以每顿饭学校成员刚好吃完、吃饱为准。
2、吃饭时吃多少盛多少，不扔剩饭剩菜。吃光碗里的最后一粒米、盘中的最后一棵菜。
3、外出就餐点菜时，适度适量，吃饱为好。
4、不攀比，剩饭要打包，减少奢侈浪费，以节约为荣，浪费为耻。

全体师生，积极行动起来吧，从我做起，从现在做起，珍惜点滴、杜绝浪费。只有当我们每个人都把保护水、电、粮资源作为一种自觉行动时，我们的资源环境才能得到彻底改善。我们期待着这一天早日到来。

最后，我们发自内心地再次呼吁大家：珍惜资源，从现在开始！

淄博师范高等专科学校 学生处

2017 年 12 月 10 日

图 3-24　“校园节约倡议书”排版效果

温馨提示：
（1）应用"页面布局"中的"纸张方向"/"横向"；
（2）应用"页面布局"中的"分栏"/"三栏"。

3.3 图文混排

Word 2013 不仅有强大的文字处理功能，还可以在文档中插入图片、艺术字、文本框等图形对象，将文字与图形对象混合排版，即图文混排。图文混排使文档图文并茂，更有感染力，因此广泛应用于各个领域，最为常见的是一些杂志、报纸、海报等。下面以制作一份简易的学校小报纸为例介绍图文混排的操作。

实例 2　制作"淄师简介"图文混排小报

【实例效果】

在"淄师简介"文本文档中插入学校相关的图片、艺术字、文本框等图形对象，并进行相应设置，使内容更有说服力，文档更加美观。效果如图 3-25 所示。

图 3-25　"淄师简介"图文混排效果

【实例分析】

通过插入功能在文档中不同位置插入图片、艺术字、文本框，通过"图片工具/格式"上下文选项卡进行相应的位置设置、效果设置，使文档美观协调。

【跟我做】

1）文档基本编辑

（1）打开给定的 Word 文档"淄师简介.docx"，如图 3-26 所示。

（2）页面设置。将纸张设为 A4 纸，横向，上、下、左、右边距都设置为 2.5 厘米。

图 3-26 "淄师简介"原文

（3）设置字符、段落格式。将第一段字体设置为宋体、小四号，段落设置为首行缩进 2 字符，1.5 倍行距；第二段字体设置为宋体、五号、斜体。

（4）分栏。单击"页面布局"选项卡"页面设置"组中的"分栏"按钮，在下拉列表中选择"更多分栏"命令，弹出"分栏"对话框，如图 3-27 所示。调整栏宽和间距。

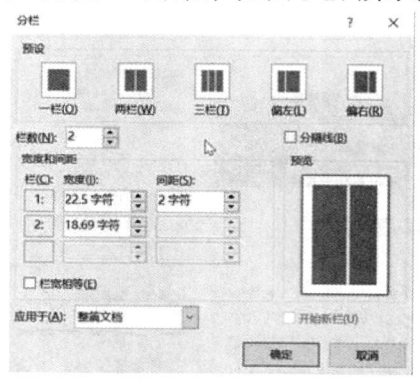

图 3-27 "分栏"对话框

（5）插入文本框。选中第三段文字，单击"插入"选项卡"文本"组中的"文本框"按钮，在下拉列表中选择"绘制竖排文本框"，调整适当位置，效果如图 3-28 所示。

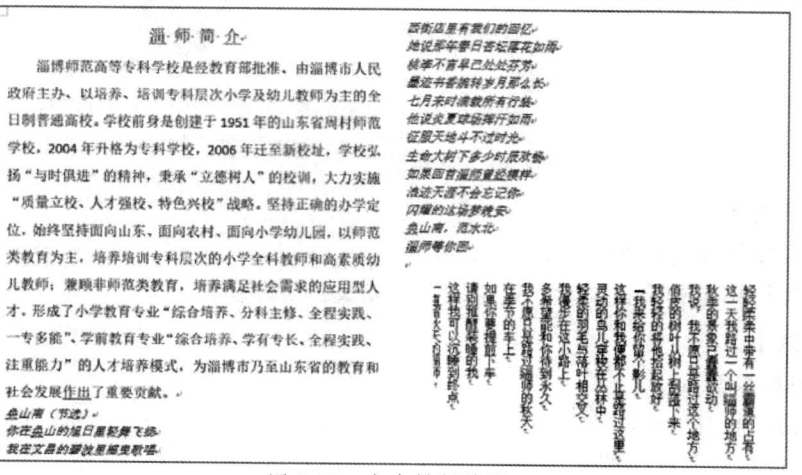

图 3-28 文本排版效果

2）插入、编辑图片

（1）插入图片。将光标定位到文档中需要插入图片的位置，单击"插入"选项卡"插图"组中的"图片"按钮，弹出"插入图片"对话框，如图 3-29 所示。选择要插入的图片，单击"插入"按钮，即可在文档光标所在处插入选取的图片。

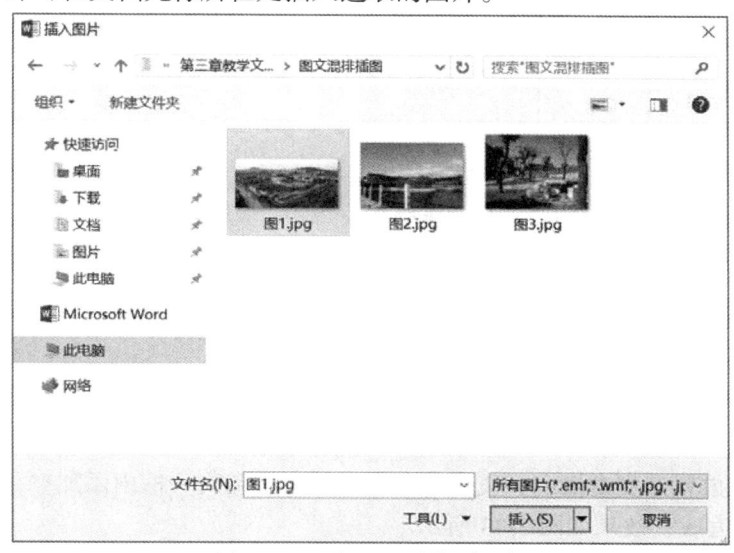

图 3-29 "插入图片"对话框

按上述方法，在文档的开始插入图 1，在第二段插入图 2，在第三段插入图 3。

（2）设置图片格式。单击需要编辑的图片，单击"图片工具/格式"选项卡，此时，功能区如图 3-30 所示。

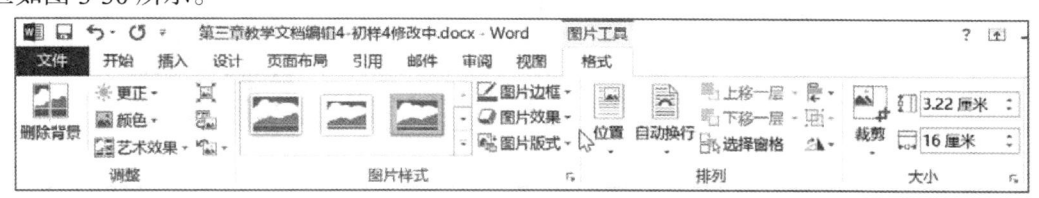

图 3-30 "图片工具/格式"选项卡

"调整"组：可以删除图片背景，调整图片颜色、亮度、对比度、饱和度等。

"图片样式"组：可以应用内置样式，也可以设置阴影、映像、柔滑边缘等效果。

"排列"组：可以调整图片的位置、设置环绕方式等。

"大小"组：可以调整图片大小和裁剪等。

在本实例中，将图 1、图 2 使用内置的柔滑边缘效果，将图 3 裁剪为椭圆形状，设置图片边框。

（3）图文混排。单击选中文档中的图片，单击"图片工具/格式"选项卡"排列"组中的"位置"按钮，弹出下拉列表，如图 3-31 所示。选择"其他布局选项"，打开"布局"对话框，如图 3-32 所示。

将文中图 1 设置为：嵌入文本行中，将图 2 设置为：中间居右，四周型环绕文字。

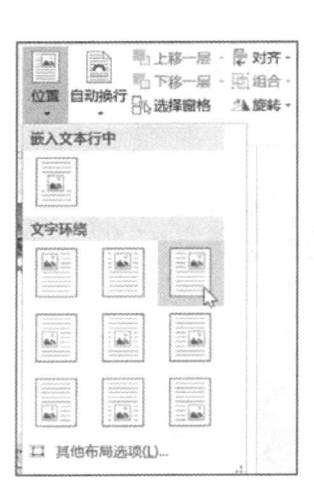

图 3-31　图片"位置"下拉列表　　　　图 3-32　"布局"对话框

由于图 3 要放置在文本框内，我们可以通过回车键在文本框内添加空行，将图片放置在适当位置。设置完成，效果如图 3-33 所示。

图 3-33　图文混排效果

说明：图片插入后默认是嵌入文本行中，通过"布局"对话框可以将图片设置为嵌入型、四周型、紧密型、穿越型、上下型、衬于文字下方和浮于文字上方七种环绕方式。

3）插入、编辑艺术字

（1）插入艺术字。单击"插入"选项卡"文本"组中的"艺术字"按钮，在下拉列表中选择一种合适的艺术字效果，文档编辑区会出现艺术字输入框，如图 3-34 所示。

在文本框中，输入需要编辑的文字"掌上淄师"，然后设置字体和字号。单击空白位置，该艺术字将被插入光标所在的位置，鼠标按住艺术字边框，将其拖到图 1 上方。

用同样的方法，在图 2 上放置艺术字"奂山南（节选）"，在图 3 上放置艺术字"九月的风"。

图 3-34　艺术字文本输入

（2）编辑艺术字。双击文本框可以更改艺术字文字内容。"绘图工具/格式"选项卡如图 3-35 所示，在此可以设置形状样式、艺术字样式、环绕方式等。

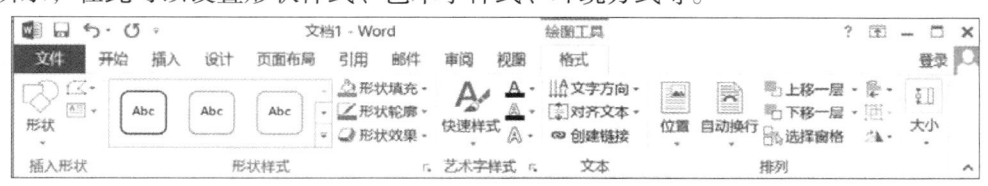

图 3-35　艺术字"绘图工具/格式"选项卡

该实例中添加艺术字效果如图 3-25 所示。

至此，"淄师简介"图文混排小报制作完毕，保存文档。

【知识窗】

在 word 文档中除了插入图片、艺术字、文本框外，还可以插入图形，绘制出各种样式的形状，如线条、椭圆、旗帜等。

1）插入自选图形

单击"插入"选项卡"插图"组中的"形状"按钮，在弹出的下拉列表中选择需要的绘图工具，此时鼠标指针呈十字状，在需要绘制图形的位置按住鼠标左键不放，拖动鼠标即可绘制出所需形状。

说明：在绘制图形过程中，按住 Shift 键可以绘制出特殊图形，如绘制矩形时按住 Shift 键可绘制出正方形，绘制椭圆时按住 Shift 键可以绘制出圆形。

2）编辑自选图形

插入图形后，在功能区将显示"绘图工具/格式"选项卡，通过该选项卡的相应组，可以对自选图形设置大小、填充、轮廓、效果等。也可以在图形上右击，在弹出的快捷菜单中选择"添加文字""编辑顶点"等命令。

【创新园】

在图 3-36 所示的 Word 文档"名人的读书故事.docx"中插入图片、艺术字、图形，进行图文混排，排版后效果如图 3-37 所示。

图 3-36　《名人的读书故事》原文　　　　图 3-37　《名人的读书故事》图文混排效果

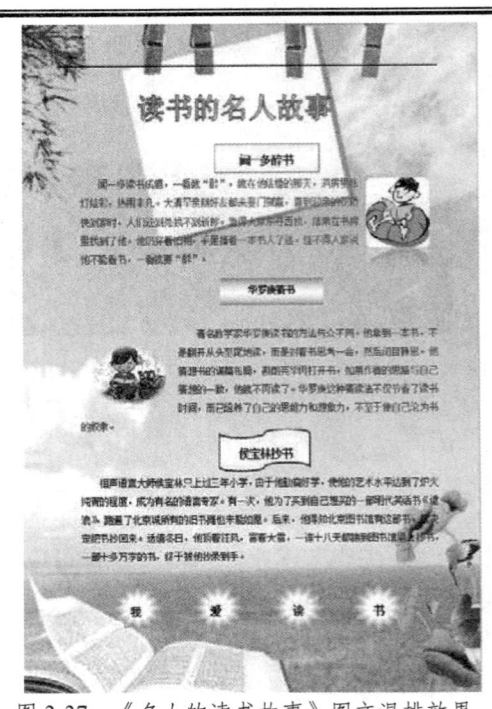

3.4　制作表格

由于表格具有分类清晰、简明、直观等优点，一个简单的表格远比一大段文字更能说明问题。在 Word 文档中常常会使用、制作、编辑各种类型的表格。在 Word 2013 中，不仅可以随心所欲地绘制表格，还可以对表格进行编辑和格式化，使表格美观、大方、布局合理。

实例 3　制作毕业生情况介绍表

利用 Word 强大的表格绘制和编辑功能，创建一份毕业生情况介绍表，为就业推荐做好准备。

【实例效果】

表格效果如图 3-38 所示。

【实例分析】

毕业生情况介绍表是一个不规则的表格，如果全部利用绘制功能来创建表格，会比较麻烦。这里我们首先在不规则的表格中找出规则的部分，利用 Word 提供的插入表格功能先创建规则表格，对于不规则的部分，再利用表格的编辑功能进行编辑修改。

图 3-38　毕业生情况介绍表

【跟我做】

1）创建表格文档

新建 Word 文档，在第一行输入标题"XXXX学校毕业生情况介绍"。

2）插入表格

单击"插入"选项卡"表格"组中的"表格"按钮，在下拉列表中选择"插入表格"命令，打开"插入表格"对话框，如图 3-39 所示。在对话框中设置列数为 2，行数为 14，单击"确定"按钮，即可创建 14 行 2 列的表格，如图 3-40 所示。

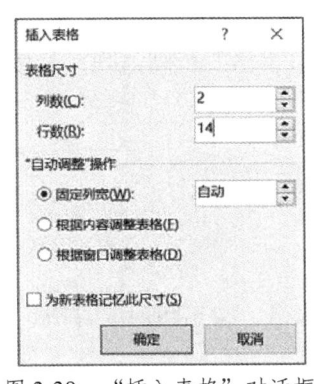

图 3-39　"插入表格"对话框　　　　　图 3-40　插入表格效果

3）编辑表格

将光标定位到表格中，功能区显示"表格工具/布局"选项卡，如图3-41所示。

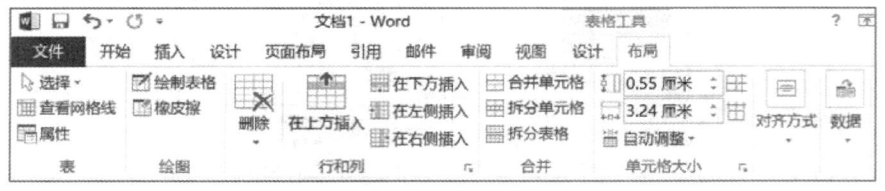

图3-41 "表格工具/布局"选项卡

（1）调整行高、列宽。将鼠标移到表格中间的竖线上，按住鼠标左键向左拖动，缩小第1列的宽度。将鼠标放到最后一行的横线上，按住鼠标左键向下拖动，加大行高。

（2）绘制表格线。单击"表格工具/布局"选项卡，单击"绘图"组的"绘制表格"命令，鼠标变成铅笔状，在表格相应位置进行绘制，添加适当的表格线。

（3）合并单元格。选中需要合并的单元格，如贴照片处，单击"表格工具/布局"选项卡"合并"组中的"合并单元格"按钮，将选中的多个单元格合并为一个单元格。

编辑修改后表格效果如图3-42所示。

图3-42 编辑后表格

4）输入表格内容

在表格中输入相应的文字内容，设置合适的字体，再次调整表格的行高与列宽，使表格协调美观。

5）保存表格

保存文件为"毕业生情况介绍表.docx"。

【知识窗】

1）创建表格

Word 2013有多种创建表格的方法，包括插入表格、绘制表格、文本转换成表格、Excel电子表格、快速表格。

（1）使用虚拟表格。单击"插入"选项卡"表格"组中的"表格"按钮，在下拉列表中会有一个10列8行的虚拟表格，此时，移动鼠标选择表格的行、列数，单击鼠标左键即可生成具有相应行、列的表格。

（2）绘制表格。在上述下拉列表中选择"绘制表格"命令，鼠标指针将变成铅笔状，将鼠标定位到要插入表格的起始位置，按住鼠标左键并拖动，在文档区会出现一个虚线框，松开鼠标即可绘制出表格外框，然后按照此方法绘制表格内的横线、竖线和斜线。绘制完成，再次单击"绘制表格"命令或按 Esc 键退出绘制状态。

（3）使用"插入表格"对话框。单击"插入"选项卡"表格"组中的"表格"按钮，在下拉列表中选择"插入表格"命令，会弹出"插入表格"对话框，在对话框中设置行数、列数，单击"确定"按钮即可。

2）编辑表格

（1）调整表格的行高、列宽。将鼠标指针指向需要更改其宽度或高度的列或行的边框上，直到指针变为双箭头形状，然后拖动边框，直到得到所需要的宽度为止。

如果需要多行或多列具有同样的高度或宽度，则先选定这些行或列，然后选择"表格工具/布局"选项卡"单元格大小"组中的"分布行"或"分布列"命令。

（2）增加行或列。选定将要在其上方插入新行的行，或选定将要在其左侧插入新列的列，单击"表格工具/布局"选项卡"行和列"组中的"在上方插入""在下方插入""在左侧插入""在右侧插入"按钮即可。

（3）删除单元格、行或列。选定需要删除的单元格、行或列，单击"表格工具/布局"选项卡"行和列"组中的"删除"按钮，在出现的下拉菜单中选择相应的删除命令。

3）格式化表格

（1）应用表格样式。选定需要格式化的表格，单击"表格工具/设计"选项卡，在"表格样式"组中单击要选择的表格样式，即可应用于当前表格，如图 3-43 所示。

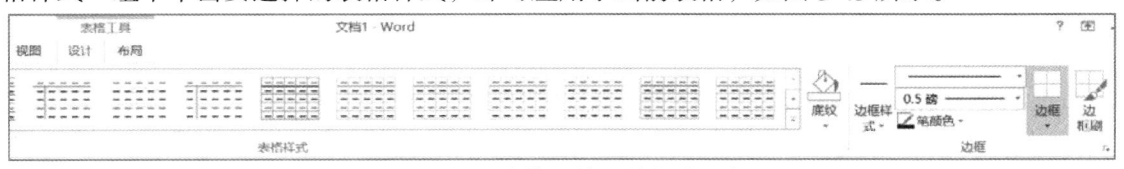

图 3-43 "表格工具/设计"选项卡

（2）为表格设置边框和底纹。单击"表格工具/设计"选项卡"边框"组中的"边框"按钮，或单击"边框"组右下角的扩展功能按钮，打开"边框和底纹"对话框，如图 3-44 所示。

图 3-44 "边框和底纹"对话框

在“边框”选项卡中设定表格的边框类型、线型、颜色和线条宽度，然后切换至“底纹”选项卡设置所需的底纹效果。

（3）在后续页上重复表格标题。当表格的内容超过一页时，我们希望在后续表格中自动重复该表格的标题行，以增强表格的可读性，可以采用下面的操作方法：

选择需要在后续表格中作为标题重复出现的一行或多行（选定内容必须包括表格的第一行），然后单击“表格工具/布局”选项卡中的“重复标题行”命令即可。

【创新园】

根据各班实际课程安排，绘制编辑一份本班课程表，可参照图 3-45 所示的效果。

______班课程表

科目 星期 / 节次		星期一	星期二	星期三	星期四	星期五
上午	1					
	2					
	3					
	4					
	午休					
下午	5					
	5					

图 3-45　课程表

3.5　长文档排版

长文档一般是指篇幅比较长，格式设置比较复杂的文档，如研究论文、课题报告等。这类长文档一般要求有封面、目录、正文、参考文献等部分，每一部分的设置要求不一样，如封面一般不需要页眉和页码，目录页码一般使用大写罗马数字，正文页码往往使用阿拉伯数字，且奇偶页不同。

本节通过编辑排版一本讲义教材为例来介绍目录的插入、分节页码及奇偶页不同格式页码的插入。

实例 4　《计算机辅助教学讲义》的编辑排版

在利用 Word 2013 的基本编辑功能的基础上，利用高级编辑功能对给定的教材讲义进行编辑排版。

【实例效果】

讲义文档内容包括目录和正文，目录页码采用大写逻辑数字，正文页码使用阿拉伯数字，奇数页页码右对齐，偶数页页码左对齐。效果如图 3-46 和图 3-47 所示。

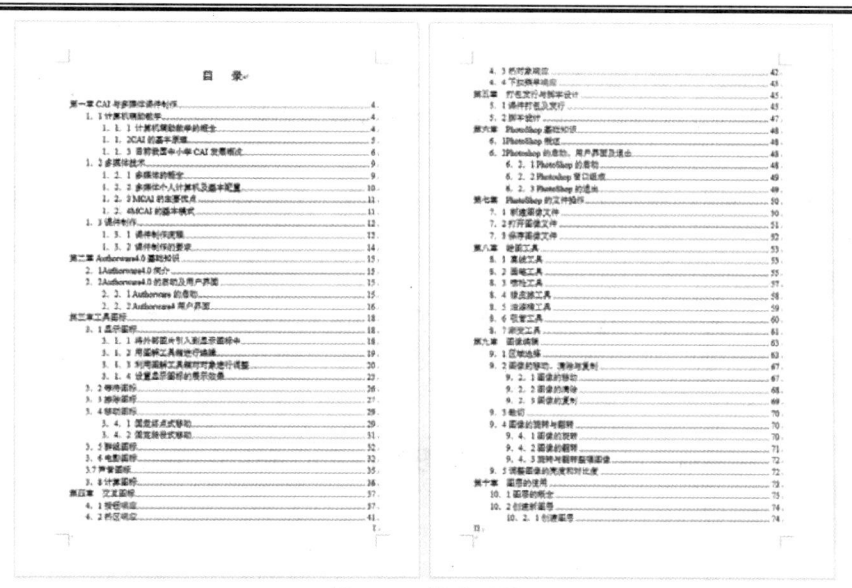

图 3-46 讲义目录

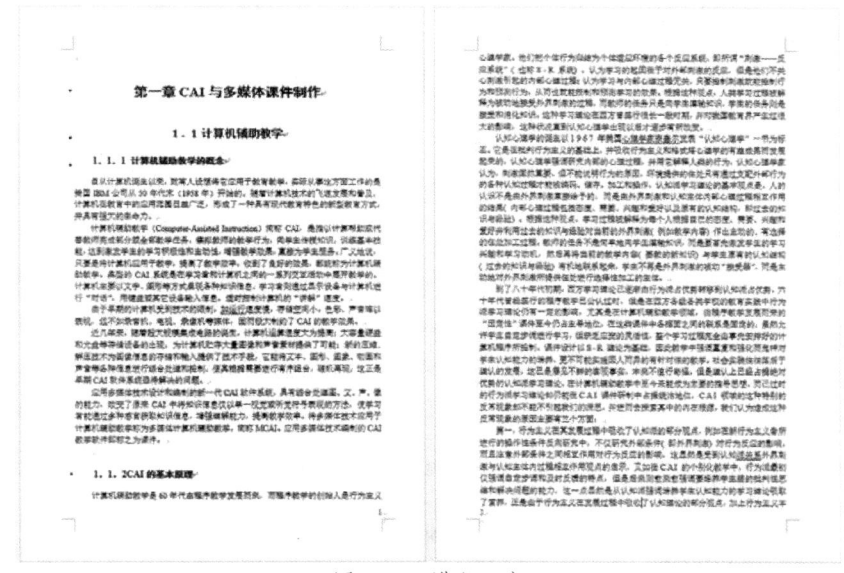

图 3-47 讲义正文

【实例分析】

该文档的排版有三个重点，一是使用和修改样式，二是插入及更新目录，三是将文档根据不同版面设置划分为多个节，在不同的节设置不同的页眉/页脚，主要是页码。要完成以下任务：

（1）把文档分为两节，目录和正文各为一节。
（2）目录部分的页码采用罗马数字，正文部分的页码采用阿拉伯数字。
（3）奇数页的页码在右侧，偶数页的页码在左侧。

【跟我做】

1）文档基本编辑

（1）打开文档。打开输入完成后的"计算机辅助教学讲义"文档。

（2）页面设置。单击"页面布局"选项卡"页面设置"组右下角的扩展功能按钮，打开"页面设置"对话框，设置上、下、左、右页边距分别为 2.5 cm、2.5 cm、2.5 cm、2 cm。

（3）设置字体、段落格式。将文档正文字体设置为宋体、五号，单倍行距，首行缩进 2 字符。

（4）输入"目录"。在正文前先空出几行，在第一行居中输入"目录"两个字（目的是先空出目录的位置）。

2）使用标题样式

将文档中三个级别（章、节、小节）的标题分别设为"标题 1""标题 2""标题 3"样式。

（1）使用内置样式。选中要使用样式的文字，单击"开始"选项卡"样式"组中的"标题 1"按钮，如图 3-48 所示。

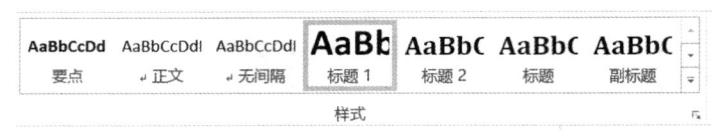

图 3-48　"开始"选项卡"样式"组

（2）修改样式。若直接使用内置样式不合适，可以根据需要进行修改。

单击"样式"组右下角的扩展功能按钮，弹出"样式"窗格，单击该"样式"右侧的下拉按钮，弹出下拉菜单，如图 3-49 所示。在下拉菜单中选择"修改"命令，弹出"修改样式"对话框，如图 3-50 所示。

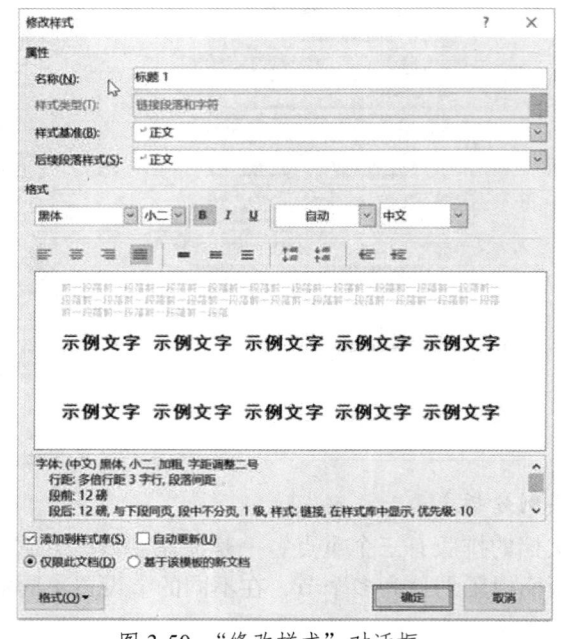

图 3-49　"样式"窗格　　　　图 3-50　"修改样式"对话框

按照上述方法将"标题 1"设置为黑体、小二号，三倍行距，居中；"标题 2"设置为宋体、小三号，二倍行距，居中；"标题 3"设置为黑体、小四号，首行缩进 2 字符，单倍行距。

（3）应用样式。选中要使用样式的文字，在"样式"窗格中单击要使用的样式名称即可。

3）添加目录

（1）插入目录。将光标定位到要插入目录的位置，单击"引用"选项卡"目录"组的"目录"按钮，在下拉菜单中选择"自定义目录"命令，打开"目录"对话框，如图 3-51 所示。

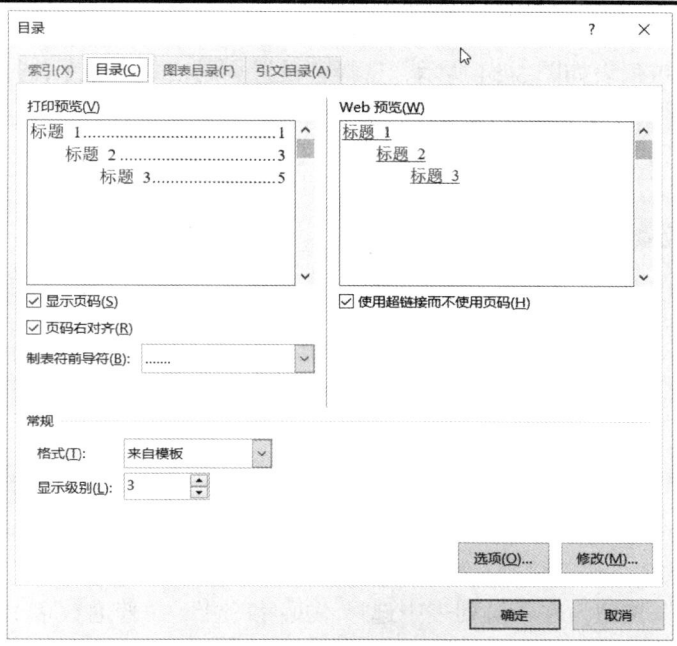

图 3-51 "目录"对话框

在对话框的"目录"选项卡的"Web 预览"区取消"使用超链接而不使用页码"项，其他选项采用默认值，单击"确定"按钮插入目录。

（2）编辑目录。根据需要设置目录的字符格式和段落格式。

4）文档分节

将光标定位到目录末尾位置，单击"页面布局"选项卡"页面设置"组中的"分隔符"按钮，在下拉列表中选择"分节符"/"奇数页"，插入分节符并在下一奇数页开始新节，将文档分成两节。

5）插入目录部分页码

（1）插入奇数页页码。将光标定位在目录部分的奇数页，单击"插入"选项卡"页眉和页脚"组中的"页码"按钮，在下拉列表中选择"页面底端/普通数字 3"（即页码右对齐），进入页眉页脚编辑状态，功能区显示"页眉和页脚工具/设计"选项卡，在"选项"组中勾选"奇偶页不同"，如图 3-52 所示。

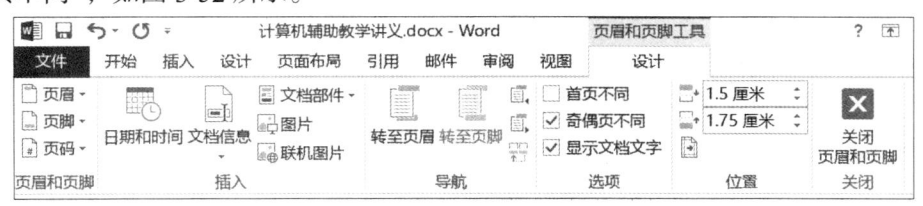

图 3-52 "页眉和页脚工具/设计"选项卡

此时页面左下角会显示"奇数页页脚-第 1 节"，右下角显示页码"1"，如图 3-53 所示。

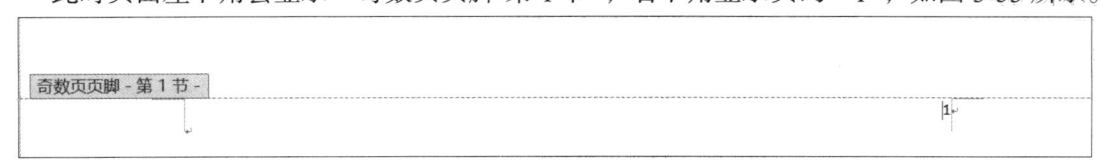

图 3-53 奇数页页码

（2）设置页码格式。单击"页眉和页脚工具/设计"选项卡"页眉和页脚"组中的"页码"按钮，弹出下拉列表如图 3-54 所示，选择"设置页码格式"命令，打开"页码格式"对话框，如图 3-55 所示。在"编号格式"下拉框中选择大写罗马数字格式，在"页码编号"项中选择"起始页码"，并调整为 I，单击"确定"按钮。

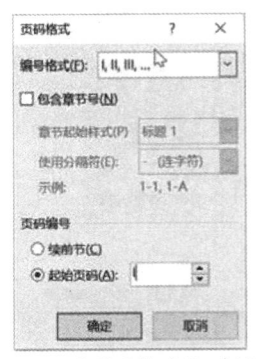

图 3-54 "页码"下拉列表　　图 3-55 "页码格式"对话框

（3）插入偶数页页码。将光标定位到偶数页页脚位置，单击"插入"选项卡"页眉和页脚"组中的"页码"按钮，在下拉列表中选择"页面底端"/"普通数字 1"，插入页码 II，页码左对齐。

温馨提示：奇数页页眉、页脚要分别进行设置。

6）插入正文部分页码

在页眉页脚编辑状态下，将光标定位到第 2 节（正文）第 1 页，此时页脚状态如图 3-56 所示。

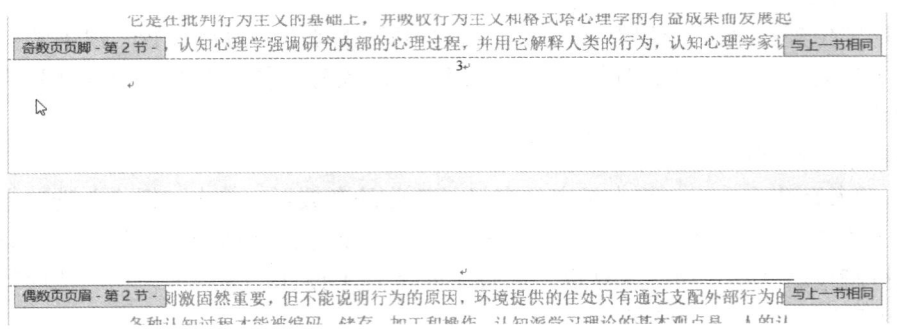

图 3-56　第 2 节奇数页页脚状态

（1）取消与上一节的链接。单击"页眉和页脚工具/设计"选项卡"导航"组的"链接到前一条页眉"按钮，取消选中状态，如图 3-57 所示。

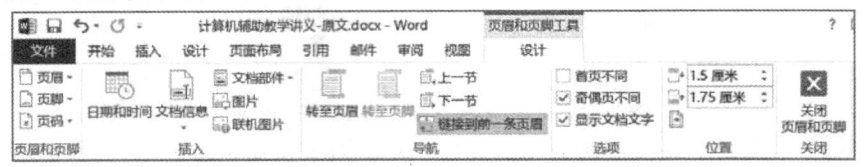

图 3-57　"页眉和页脚工具/设计"选项卡

（2）设置页码格式。单击"插入"选项卡"页眉和页脚"组的"页码"按钮，从下拉列表中选择"设置页码格式"命令，打开"页码格式"对话框，"编号格式"设置为阿拉伯数字格式，"页码编号"设置为"起始页码"从 1 开始，单击"确定"按钮。

（3）分别插入奇数页和偶数页页码。在正文第 1 个奇数页和第 1 个偶数页插入页码，奇数页页码右对齐，偶数页页码左对齐。

温馨提示：如果在插入正文页码之前，页脚处已经有了罗马数字格式页码，那是在插入第 1 节页码时产生的。可以先删除原来的页码，再重新插入阿拉伯数字页码。

至此，《计算机辅助教学讲义》编辑排版完成，保存文档。

【创新园】

对于给定的一篇学生教研文章，参照图 3-58 所示排版效果完成编辑排版。

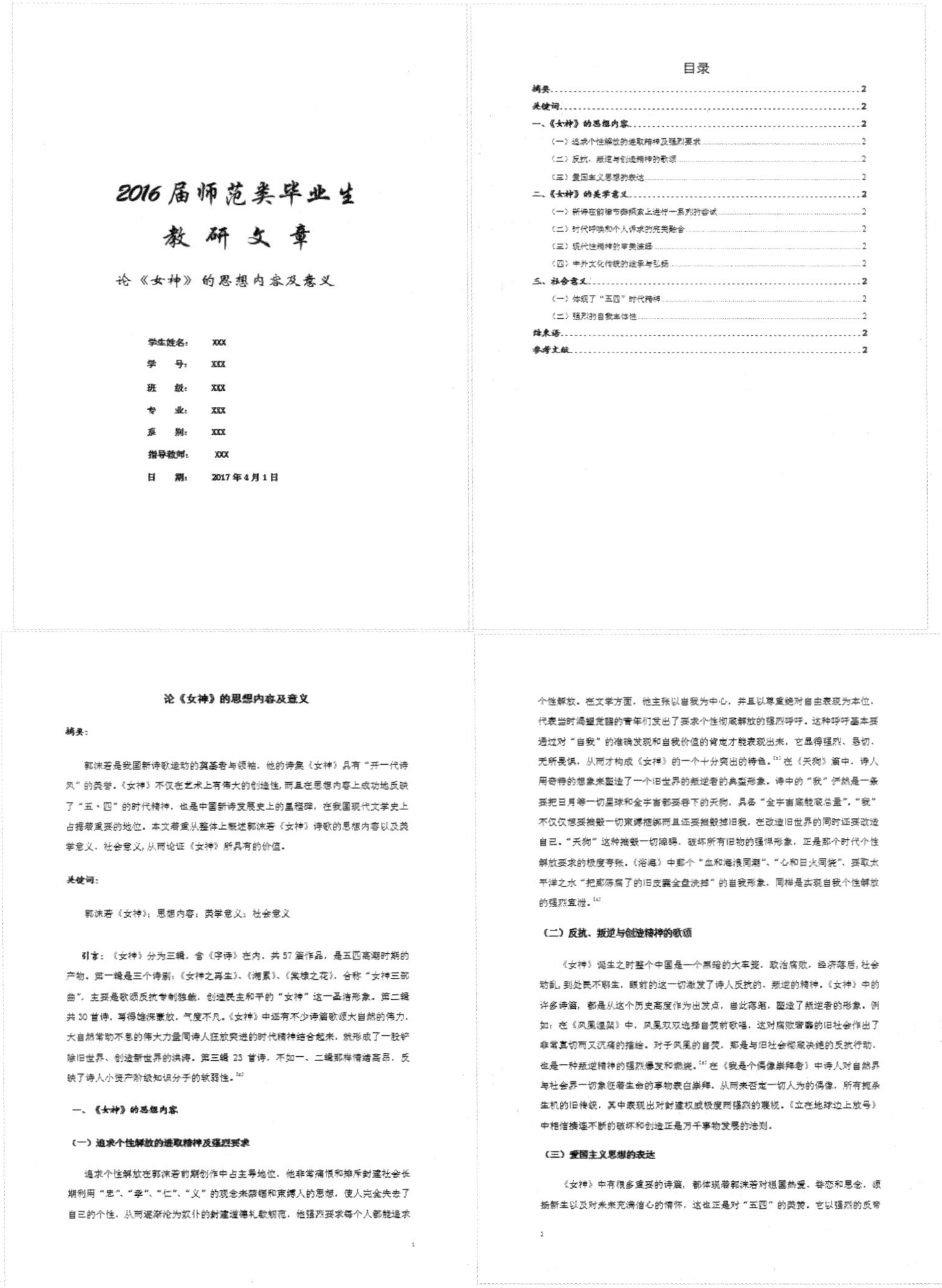

2016 届师范类毕业生

教 研 文 章

论《女神》的思想内容及意义

学生姓名：　XXX

学　　号：　XXX

班　　级：　XXX

专　　业：　XXX

系　　别：　XXX

指导教师：　XXX

日　　期：　2017 年 4 月 1 日

目录

论《女神》的思想内容及意义

摘要：

郭沫若是我国新诗歌运动的奠基者与领袖，他的诗集《女神》具有“开一代诗风”的美誉。《女神》不仅在艺术上有伟大的创造性，而且在思想内容上成功地反映了“五・四”的时代精神，也是中国新诗发展史上的里程碑，在我国现代文学史上占据着重要的地位。本文着重从整体上概述郭沫若《女神》诗歌的思想内容以及美学意义、社会意义，从而论证《女神》所具有的价值。

关键词：

郭沫若《女神》；思想内容；美学意义；社会意义

引言：《女神》分为三辑，含《序诗》在内，共 57 篇作品，是五四高潮时期的产物。第一辑是三个诗剧：《女神之再生》、《湘累》、《棠棣之花》，合称“女神三部曲”，主要是歌颂反抗专制独裁，创造民主和平的“女神”这一圣洁形象。第二辑共 30 首诗，写得雄浑豪放，气度不凡。《女神》中还有不少诗篇歌颂大自然的伟力，大自然常动不息的伟大力量同诗人狂放突进的时代精神结合起来，就形成了一股铲除旧世界、创造新世界的洪涛。第三辑 23 首诗，不如一、二辑那样情绪高昂，反映了诗人小资产阶级知识分子的软弱性。[1]

一、《女神》的思想内容

（一）追求个性解放的进取精神及强烈要求

追求个性解放在郭沫若前期创作中占主导地位，他非常痛恨和排斥封建社会长期利用“忠”、“孝”、“仁”、“义”的观念来禁锢和束缚人的思想，使人完全失去了自己的个性，从而逐渐沦为奴仆的封建道德礼教规范，他强烈要求每个人都能追求

1

个性解放，在文学方面，他主张以自我为中心，并且以尊重绝对自由表现为本位，代表当时渴望觉醒的青年们发出了要求个性彻底解放的强烈呼吁。这种呼吁基本要通过对“自我”的准确发现和自我价值的肯定才能表现出来，它显得强烈、急切、无所畏惧，从而才构成《女神》的一个十分突出的特色。[2] 在《天狗》篇中，诗人用奇特的想象来塑造了一个旧世界的叛逆者的典型形象。诗中的“我”俨然是一条要把日月等一切星球和全宇宙都要吞下的天狗，具备“全宇宙底能底总量”。“我”不仅仅想要摧毁一切束缚桎梏而且还要摧毁掉旧我，在改造旧世界的同时还要改造自己。“天狗”这种摧毁一切障碍，破坏所有旧物的强悍形象，正是那个时代个性解放要求的极度夸张。《浴海》中那个“血和海浪同潮”、“心和日火同烧”、要取太平洋之水“把那陈腐了的旧皮囊全盘洗掉”的自我形象，同样是实现自我个性解放的强烈宣泄。[3]

（二）反抗、叛逆与创造精神的歌颂

《女神》诞生之时整个中国是一个黑暗的大牢笼，政治腐败，经济落后，社会动乱，到处民不聊生，眼前的这一切激发了诗人反抗的、叛逆的精神。《女神》中的许多诗篇，都是从这个历史高度作为出发点，由此落笔，塑造了叛逆者的形象。例如：在《凤凰涅槃》中，凤凰双双选择自焚前歌唱，这对腐败窒息的旧社会作出了非常真切而又沉痛的描绘。对于凤凰的自焚，那是与旧社会彻底决绝的反抗行动，也是一种叛逆精神的强烈爆发和燃烧。[4] 在《我是个偶像崇拜者》中诗人对自然界与社会界一切象征着生命的事物表白崇拜，从而来否定一切人为的偶像，所有扼杀生机的旧传统，其中表现出对封建权威极度而强烈的蔑视。《立在地球边上放号》中相信接连不断的破坏和创造正是万千事物发展的法则。

（三）爱国主义思想的表达

《女神》中有很多重要的诗篇，都体现着郭沫若对祖国热爱、眷恋和思念，颂扬新生以及对未来充满信心的情怀，这也正是对“五四”的赞美，它以强烈的反帝

2

图 3-58　排版效果

3.6 制作综合文档

通过前面的学习，已经能对普通的 Word 文档进行编辑处理了。但作为一名教师，有些文档需要综合运用 Word 与其他软件共同来完成编辑处理，如邮件合并。另外，Word 2013 提供的审阅功能给教师批改学生作业提供了极大的方便。

1. 邮件合并

高考结束，各高校都会给被录取学生寄送入学通知书。同一学校发出的录取通知书中的样式和大部分文字都是相同的，不同的是考生姓名、录取专业等少部分内容。在日常工作中，我们也经常会遇到这种情况：要编辑处理的多份文档的主要内容都是相同的，只有具体的数据不同，如学生成绩单、为优秀学生颁发的奖状等。对于这种文档，我们可以使用 Word 2013 的邮件合并功能来完成。邮件合并需要用 Word 与电子表格软件 Excel 共同来实现。

实例 5　制作录取通知书

制作同一学校多份格式相同的录取通知书。录取通知书中的样式和大部分文字都是相同的，不同的是考生姓名、录取专业等少部分内容。

【实例效果】

录取通知书的最终效果如图 3-59 所示。

图 3-59　录取通知书效果

【实例分析】

制作打印一份录取通知书并不困难，利用我们前面学习的知识技能很容易就能做到。但如果新生数量比较多，要制作大量的录取通知书，逐个复制、修改同学的姓名、专业等信息，工作量非常大。一般录取的新生都有 Excel 信息数据库，我们可以用 Word 调用 Excel 数据库中的信息，把需要的字段填充到相应的位置，自动生成所有同学的录取通知书，这就是 Word 2013 中邮件合并的强大功能。

邮件合并需要两部分内容，一部分是主文档，即相同部分的内容，如录取通知书的正文；另一部分是数据源文件，即可变化的内容，如学生姓名、录取专业等。

本实例中用到的数据源是以 Excel 表格形式存放在"2017 年录取学生名单.xlsx"中。

【跟我做】

1）创建主文档

在 Word 2013 中新建文档，编辑主文档内容如图 3-60 所示。

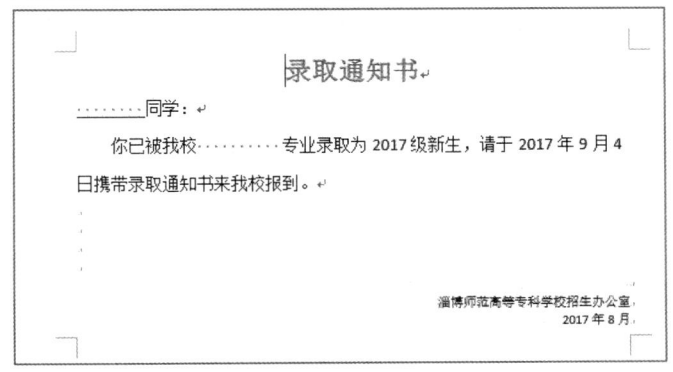

图 3-60 录取通知书主文档

2）设置数据源

单击"邮件"选项卡"开始邮件合并"组中的"选择收件人"按钮，在下拉列表中选择"使用现有列表"命令，打开"选取数据源"对话框，如图 3-61 所示。选取文档，单击"打开"按钮，弹出"选择表格"对话框，如图 3-62 所示。

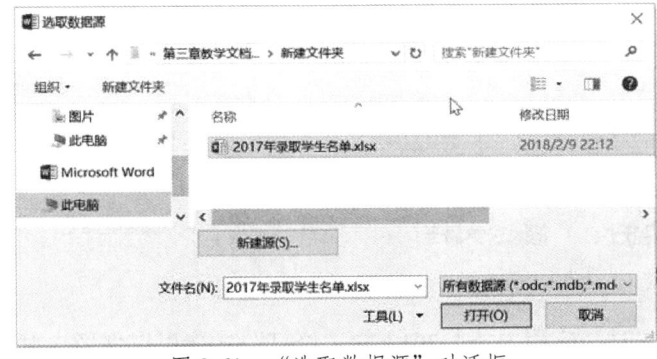

图 3-61 "选取数据源"对话框　　　　图 3-62 "选择表格"对话框

3）插入合并域

在主文档中，将光标定位到要插入数据的位置，然后单击"插入合并域"按钮，在下拉列表中选择相应的选项，如图 3-63 所示，将数据源逐项插入到通知书的相应位置。

4）邮件合并

单击"完成"组中的"完成并合并"按钮，在弹出的下拉列表中选择"编辑单个文档"，弹出"合并到新文档"对话框，如图 3-64 所示。选择"全部"，单击"确定"按钮，完成邮件合并。系统会自动处理生成每位学生的录取通知书，并在新文档中一一列出。

5）保存新文档

将新文档保存为"全部录取通知书.docx"。

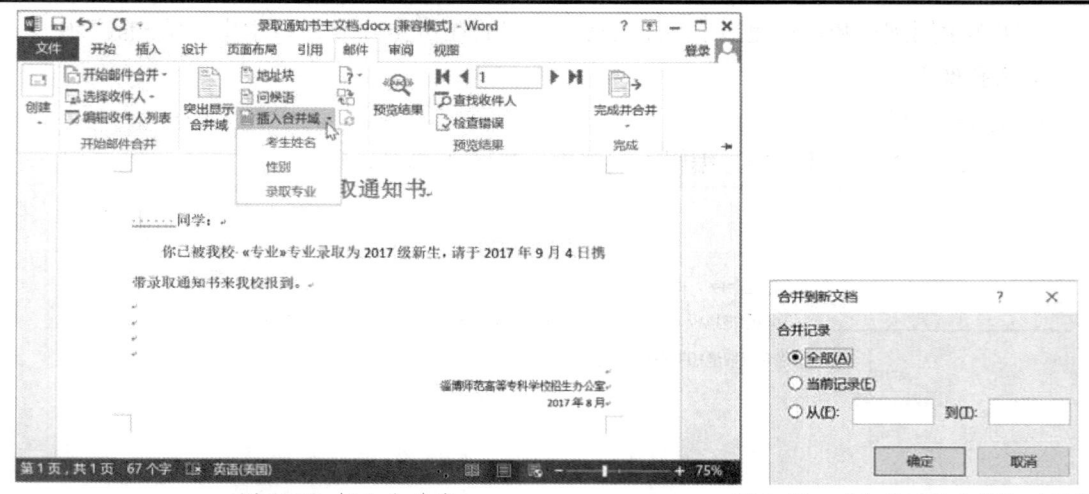

图 3-63　插入合并域　　　　　　　　图 3-64　"合并到新文档"对话框

2. 修订与批注

随着教育信息化的深入开展，学生提交的电子作业越来越多，Word 的修订与批注功能给老师批改作业提供了极大的方便。

Word 2013 的"审阅"选项卡如图 3-65 所示，在此提供了对文档的拼写和语法检查、翻译、简繁体的转换、添加批注、修订等功能。

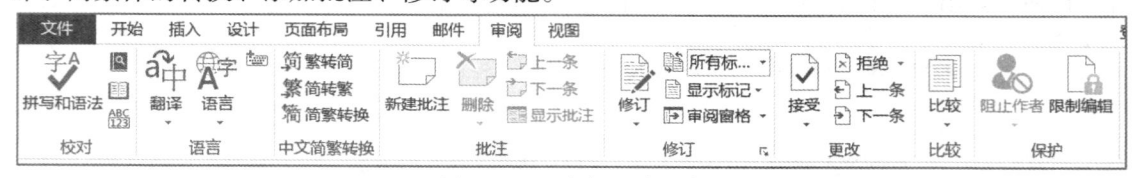

图 3-65　"审阅"选项卡

实例 6　修订文档

【实例描述】

老师在批改学生提交的电子版作文时，应用 Word 2013 的"修订"功能可以保留老师修改的痕迹，原来是什么，改成了什么，都能清晰地显示在文档中，修改显示效果如图 3-66 所示。学生还可以通过"拒绝"或"接受"命令实现是否采纳老师的建议。

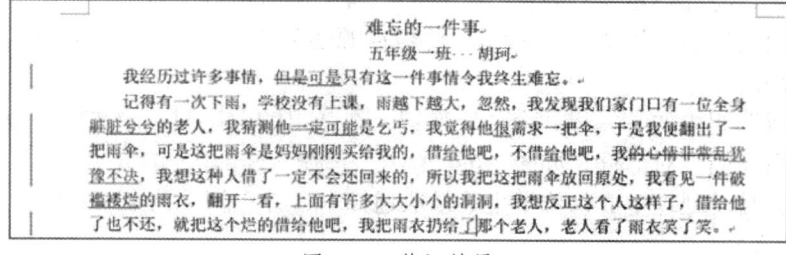

图 3-66　修订效果

【跟我做】

1）打开要修订的 Word 文档

2）进入修订状态

单击"审阅"选项卡"修订"组中的"修订"按钮，即可进入修订状态。

3）开始修订

教师对文档中的内容进行的删除、插入等操作均以红色字体显示在文档中。

4）接受或拒绝

当教师将修改稿发给学生后，学生在 Word 中打开文档，可以通过单击"审阅"选项卡"更改"组中的"接受"或"拒绝"按钮决定是否采纳老师的建议。

实例 7　添加批注

【实例描述】

教师在批改学生作文时，也可以利用 Word 的"批注"功能，给学生标注评价或修改建议。添加批注后效果如图 3-67 所示。

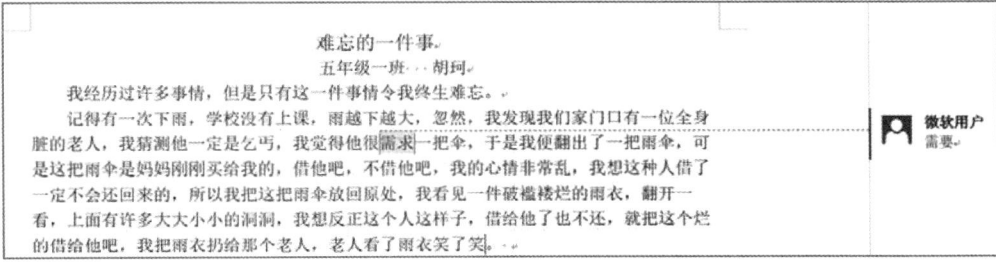

图 3-67　批注效果

【跟我做】

1）打开要批注的 Word 文档

2）选中要批注的文本或单击文本的末尾处

3）添加批注

单击"审阅"选项卡"批注"组中的"新建批注"按钮，即可在文本右侧出现引导线和批注框，在框中输入批注内容即可。

4）删除批注

要想删除添加的批注，只需在批注框上右击，在弹出的快捷菜单中选择"删除批注"命令即可。

【创新园】

学期结束，班内评选出 8 名三好学生，2 名优秀学生干部，10 名优秀团员学生，请你使用邮件合并功能设计制作 20 份奖状。（每张奖状除了姓名、评选种类不同，其他内容都是相同的。）

第 4 章　班级信息管理与学生成绩分析

知识地图

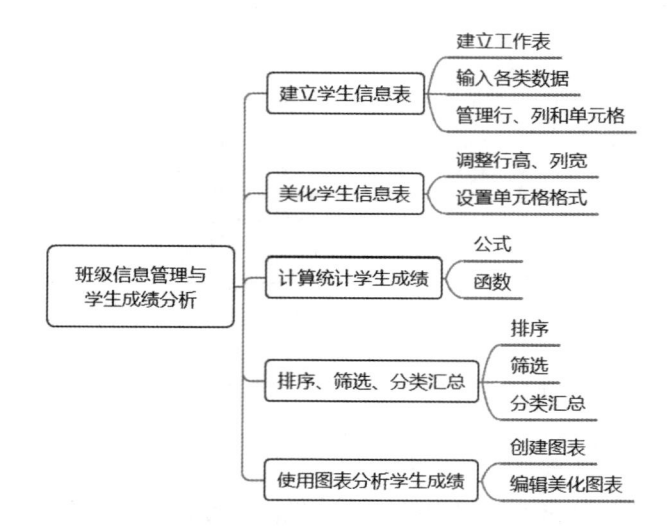

```
                    ┌── 建立学生信息表 ──┬── 建立工作表
                    │                   ├── 输入各类数据
                    │                   └── 管理行、列和单元格
                    │
                    ├── 美化学生信息表 ──┬── 调整行高、列宽
                    │                   └── 设置单元格格式
班级信息管理与      │
学生成绩分析 ───────┼── 计算统计学生成绩 ┬── 公式
                    │                   └── 函数
                    │
                    ├── 排序、筛选、分类汇总 ┬── 排序
                    │                       ├── 筛选
                    │                       └── 分类汇总
                    │
                    └── 使用图表分析学生成绩 ┬── 创建图表
                                            └── 编辑美化图表
```

学习目标

1. 了解 Excel 2013 的功能
2. 掌握 Excel 2013 的基本操作
3. 会使用 Excel 2013 制作学生信息表
4. 熟练掌握公式、函数统计计算学生成绩
5. 熟练掌握排序筛选分类汇总分析学生成绩
6. 熟练掌握使用图表分析学生成绩

　　学生信息管理是班主任工作的重要组成部分，教学检测是任课教师了解学情的重要手段，每次考试后教师都要对学生成绩进行记录、统计和分析，以便了解学生知识掌握的情况，并根据情况及时调整教学进度和方法。利用现代信息技术手段进行班级信息管理和成绩统计分析，可以大大提高工作效率，减轻工作强度，也已经成为现代教师必备的信息技术应用技能。

　　Excel 2013 中文版是微软 Office 2013 中文版家族成员之一，是功能强大的电子表格处理软件，具有简单方便的表格制作功能、快捷的数据处理和分析功能、强大的图形/图表功能等，不仅可以用于统计、财务、会计、金融和贸易等行业，也可应用于教师的班级管理和学生成绩统计分析中。

第 4 章　班级信息管理与学生成绩分析

本章通过实例，介绍利用 Excel 2013 电子表格软件进行学生信息管理和成绩统计分析的方法和技巧。

4.1　认识 Excel 2013

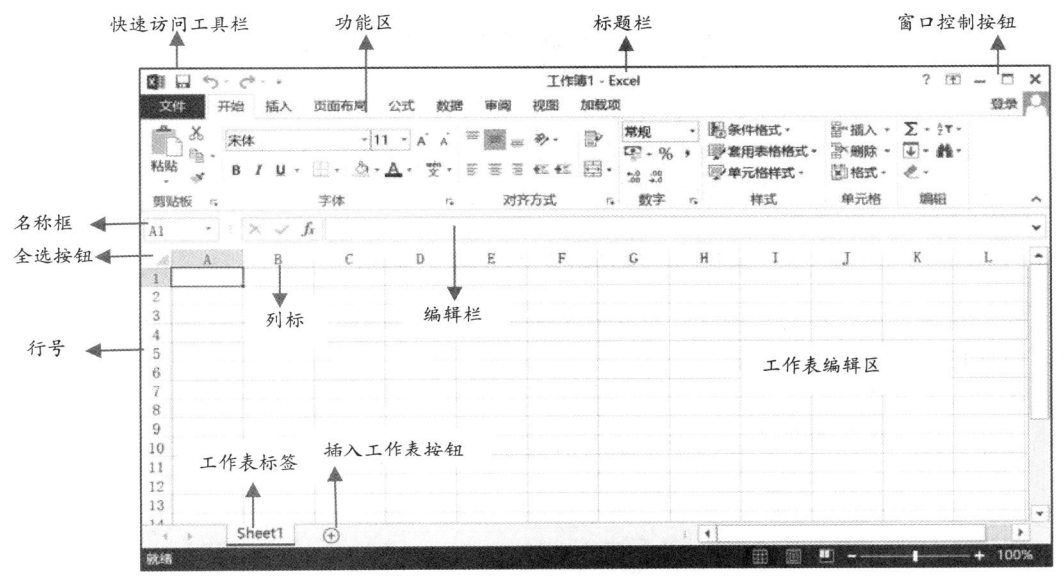

4.1.1　Excel 2013 的窗口界面

运行 Excel 2013 应用程序，启动后工作界面如图 4-1 所示。主要包括标题栏、选项卡和状态栏，还有 Excel 特有的工作表编辑区、名称框和编辑栏等。

图 4-1　Excel 2013 的窗口界面

1）名称框

名称框显示当前单元格的地址（也称单元格名称），或者输入公式时用于从其下拉列表中选择常用函数，也可以为单元格区域或者不连续的多个区域命名。

2）编辑栏

用于显示或编辑当前活动单元格的内容或公式。

3）工作表编辑区

工作表编辑区就是 Excel 2013 窗口中由暗灰线组成的表格区域，由单元格组成，用于存放用户数据。制作表格和编辑数据的工作都在这里进行，是基本工作区。

4）工作表标签

每个工作表都有一个名称，即工作表标签，其初始名为 Sheet1、Sheet2、Sheet3 等，用鼠标单击可以切换到相应的工作表。用户可以重新给工作表命名。

4.1.2　几个基本概念

1）工作簿

一个 Excel 文档就是一个工作簿。一个工作簿是由一个或几个工作表组成的。启动 Excel

2013 后，我们所看到的标题栏上默认名称为"工作簿 1"，保存文件时可以重新命名，文件的扩展名为.xlsx。

2）工作表

工作表是开展项目的基本单位，它由若干个单元格组成，横向称为行，用阿拉伯数字表示（1，2，3，……），称为行号；纵向称为列，用大写英文字母表示（A，B，C，…，AA，AB，…，XFD），称为列标。Excel 中一张工作表最多有 1 048 576 行 16 384 列数据。

3）单元格

单元格是行和列的交叉位置，用列号加行号表示，如第 D 列第 5 行交叉位置单元格用 D5 表示。

4.2 创建班级学生信息表

在 Excel 2013 中创建班级学生信息表，输入学生的各种信息，保存工作表文件，也可以方便地进行编辑修改，从而有效管理班级学生信息。

实例 1　创建大一新生学生信息表

大一新生入学，作为班主任，首先要了解学生情况，统计学生信息。利用 Excel 2013 可以方便地创建班级学生信息表。

【实例效果】

建立班级学生信息表，输入学生基本信息和高考成绩等数据，效果如图 4-2 所示。

	A	B	C	D	E	F	G	H	I	J
1	学号	姓名	性别	出生日期	身份证号	团员	家庭住址	高考分数	录取专业	手机号
2	2017030101	张鹏	男	1997/5/18	370204199709180040	是	山东济南	440	小学教育	18712325468
3	2017030102	李明	男	1998/3/18	280321199612110630	否	山东淄博	452	小学教育	18712325468
4	2017030103	王海刚	男	1999/7/21	311203199708210010	是	山东淄博	436	小学教育	18712325463
5	2017030104	高海波	男	1997/4/11	370104199811160510	是	山东青岛	451	小学教育	13965501023
6	2017030105	赵晓明	男	1998/5/24	370301199601020540	是	山东青岛	425	小学教育	18712325468
7	2017030106	李慧	女	1998/12/8	371203199807080120	是	山东滨州	510	小学教育	18712325454
8	2017030107	王小刚	男	1999/3/20	320402199702130520	否	山东青岛	458	小学教育	13965501023
9	2017030108	单莹	女	1999/6/16	370302199705160120	是	山东青岛	468	小学教育	18712325468
10	2017030109	刘美	女	1999/9/17	370203199812140320	是	山东淄博	459	小学教育	13965501023
11	2017030110	余波	男	1998/8/18	372312199601020110	是	山东滨州	480	小学教育	18712325469
12	2017030111	黎明	男	1998/8/19	370103199512240020	是	山东淄博	462	小学教育	13965501023
13	2017030112	张晓	男	1999/8/10	312103199604250260	是	山东滨州	453	小学教育	18712325468
14	2017030113	张晓梅	女	1998/3/21	370304199712150280	否	山东淄博	457	小学教育	18712325468
15	2017030114	李一鸣	女	1999/8/12	370202199608090640	是	山东济南	458	小学教育	13965501023
16	2017030115	刘健	男	1998/7/23	341213199801010440	是	山东济南	501	小学教育	18712325468
17	2017030116	郭海涛	男	1998/8/14	370201199811140230	是	山东济南	502	小学教育	13965501023
18	2017030117	郭俊梅	女	1999/8/16	351827199509020120	是	山东济南	469	小学教育	18712325468
19	2017030118	陆明	女	1999/6/10	370203199906101122	是	山东济南	467	小学教育	13965501023
20	2017030119	于红梅	女	1999/8/17	372625199908171245	否	山东青岛	425	小学教育	18712325468
21	2017030120	康东	女	1999/8/15	372625199908150023	是	山东青岛	500	小学教育	18712325468

图 4-2　班级学生信息表

【实例分析】

要建立学生信息表，首先要规划好表格的栏目，搭建好表格的框架，然后输入各栏目名和相应的数据，保存工作簿文件。

【跟我做】

1）启动 Excel 2013

单击"开始"按钮，选择"所有程序"/"Microsoft Office 2013"/"Microsoft Excel 2013"，进入 Excel 2013 的工作窗口界面，标题栏上显示"工作簿1"表示进入新建工作簿状态。

2）输入各栏目名称

单击 A1 单元格，输入"学号"，按键盘上的右光标键"→"移到 B1 单元格，输入"姓名"，按此方法依次输入"性别""出生日期""身份证号""团员""家庭住址""高考分数""录取专业"和"手机号"，如图 4-2 中的第一行所示。

3）输入各栏目对应数据

在 Excel 2013 中，不同的数据类型有相应的输入方法和技巧，注意掌握，以提高输入速度。

（1）输入姓名数据。选中 B2 单元格，输入"张鹏"，按下光标键"↓"或回车键跳转到 B3 单元格，输入下一位学生姓名，按此方法完成学生姓名的输入。

（2）输入高考分数数据。选中 H2 单元格，输入"440"，按下光标键"↓"或回车键跳转到 H3 单元格，输入下一位学生分数，依此类推。

（3）输入出生日期数据。输入日期型数据的格式为"年/月/日"或"年-月-日"。选中 D2 单元格，输入"1997/5/18"或"1997-5-18"，然后按上述方法输入其他同学出生日期。

（4）输入身份证号数据。在 Excel 中，学号、身份证、手机号等并不代表数值大小的数字通常按文本型数据处理。输入时，先将单元格的格式设置为文本类型。

方法如下：在"身份证号"列中选中要输入身份证号的单元格区域，右击鼠标，弹出的快捷菜单如图 4-3 所示。选择"设置单元格格式"命令，弹出"设置单元格格式"对话框，如图 4-4 所示。在"数字"选项卡中选择"文本"，单击"确定"按钮。设置完成后，按输入数值型数据的方法输入即可。

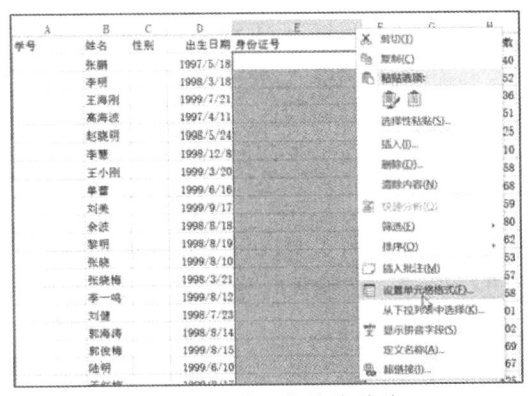

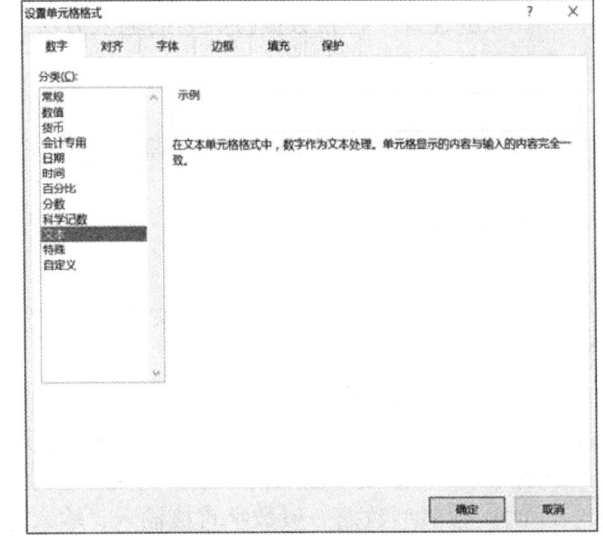

图 4-3　单元格快捷菜单　　　　图 4-4　"设置单元格格式"对话框

说明：在未设置单元格格式的情况下，输入数字前先输入一个半角单引号，也能强制性将数字按文本型处理。

（5）输入学号数据。使用自动填充的方法输入。选中 A2 单元格，输入"2017010101"，然后将鼠标指向 A2 单元格的右下角，当鼠标指针变成黑色十字形时，按住鼠标左键拖动到所需位置，则填充依次递增 1 的学号，如图 4-5 所示。

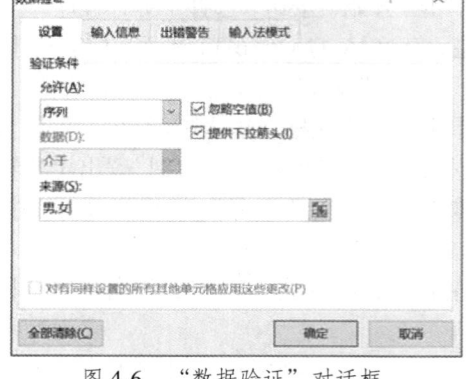

图 4-5　自动填充学号　　　　　图 4-6　"数据验证"对话框

（6）输入性别数据。使用选项方式填充。在"性别"列中选中要填充数据的单元格区域 C2:C35，切换到"数据"选项卡，单击"数据工具"组中的"数据验证"按钮，弹出"数据验证"对话框，如图 4-6 所示。在对话框中设置"允许"为"序列"，"来源"为"男,女"。单击"确定"按钮。输入时，单击要输入数据的单元格，就会弹出选项"男/女"，如图 4-7 所示。

图 4-7　选项方式填充性别

（7）输入其他栏目数据。

"家庭住址"栏目数据按姓名的输入方法；"团员"栏目数据按性别的输入方法；"录取专业"用自动填充的方法。

4）保存工作簿

选择"文件"/"保存"命令，命名"班级学生信息表"，则生成"班级学生信息表.xlsx"文件。

【知识窗】

1）数据输入

在单元格中，输入的数据包括文本型、数值型与日期和时间型，数据类型不同输入的方法也不尽相同。

（1）文本型数据一般直接输入，但如果是数字型文本如学号、身份证号，在输入前将单元格格式设置为文本型，再进行输入；或者事先不进行设置，在输入时先在数字前面输入一个单引号"'"，强制将输入的数字作为文本型处理。

（2）数值型数据一般数字直接输入，输入分数时，要先输入"0"，再加一个空格，然后再输入"n/m"样式的分数，否则 Excel 会将其视为日期型数据。例如，若输入"0 1/3"，可得到"1/3"，若输入"1/3"，将得到"1 月 3 日"。

（3）输入日期型数据的格式为"年/月/日"或"年-月-日"。其中月可以是 1~12 中的数字，日是 1~31 中的数字，年可以是两位数字，也可以是四位数字，还可以省略。如果省略年份，则以当前的年份作为默认值。输入完毕，按回车键，单元格内显示为"××××-××-××"或"××月××日"的样式。

时间的输入格式是"时:分:秒"，输入的时间，系统默认为上午时间。例如，若输入"3:32:09"，会视为"3:32:09 AM"。若要输入下午时间，可在输入的时间后加空格和"PM"或"P"字样。例如，输入"3:32:09 PM"或"3:32:09 P"都表示下午时间。也可采用24小时制表示时间，如输入"15:32:09"。

2）自动填充

自动填充是 Excel 的一项重要功能。使用自动填充可以填充一些有规律的数据，如填充相同数据、填充等差数列、等比数列、日期序列等，还可以自定义序列。

自动填充的一般操作：先输入序列的初值，拖动填充柄，系统自动输入其余数据。

（1）初值为纯数字或纯文本型，拖动填充柄会在相应单元格填充相同的数据（即复制填充）。

如果不使用默认，可以通过自动填充选项按钮改变。如图 4-8 所示，单击"自动填充选项"按钮，在下拉列表中选择"填充序列"则按数字的递增填充，如图 4-9 所示。

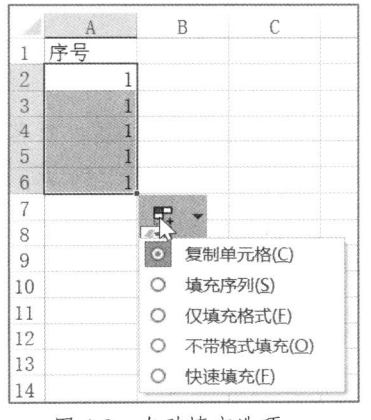

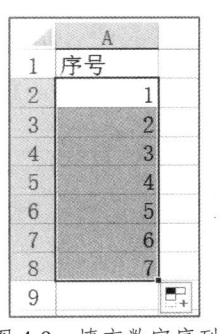

图 4-8　自动填充选项　　图 4-9　填充数字序列　　图 4-10　"序列"对话框

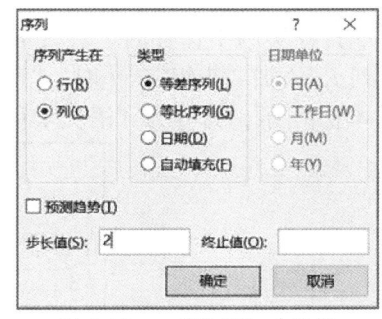

（2）填充等差数列或等比数列时，先输入初值，然后选中要填充的单元格区域，在"开始"选项卡"编辑"组中选择"填充"/"序列"命令，弹出"序列"对话框，如图 4-10 所示，在对话框中选择类型，输入步长，单击"确定"按钮即可。

（3）初值为文本型和数值型混合时，文本部分不变，数字递增，如初值为 A1，则填充 A2、A3、A4 等。

（4）初值为日期型数据，则自动增1，可以通过"自动填充选项"进行改变。

（5）自定义序列。可以使用系统现有的序列进行填充，如星期一、星期二等，或 1 月、2 月等，也可以创建自定义序列。

3）行、列和单元格的管理

（1）插入行、列和单元格。选中行、列或单元格要插入的位置，右击，在快捷菜单中选择"插入"命令，或单击"开始"选项卡"单元格"组中的"插入"按钮下方的下拉按钮，在弹出的下拉列表（图 4-11）中选择相应的选项，则会插入与选中数量相等的行、列或单元格。

插入单元格时会弹出"插入"对话框，如图 4-12 所示。

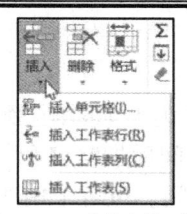

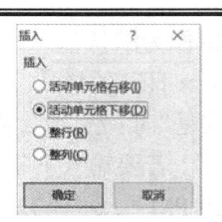

图 4-11 "插入"选项　　　　图 4-12 "插入"对话框

（2）删除行、列或单元格。选中要删除的行、列或单元格，右击，在快捷菜单中选择"删除"命令，或单击"开始"选项卡"单元格"组中的"删除"按钮下方的下拉按钮，在弹出的下拉列表（图 4-13）中选择相应的选项，则会删除选中的行、列或单元格。

删除单元格时会弹出"删除"对话框，如图 4-14 所示。

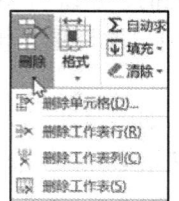

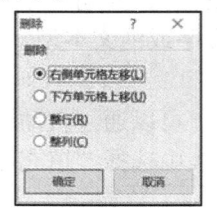

图 4-13 "删除"选项　　　　图 4-14 "删除"对话框

【创新园】

打开实例 1 保存的"班级学生信息表.xlsx"，删除 C 列到 J 列（只留下"学号""姓名"两列），添加"小组""平时""期中""期末""总评"列，并输入语文学科的成绩，完成后如图 4-15 所示，另存为"语文学科成绩表.xlsx"。

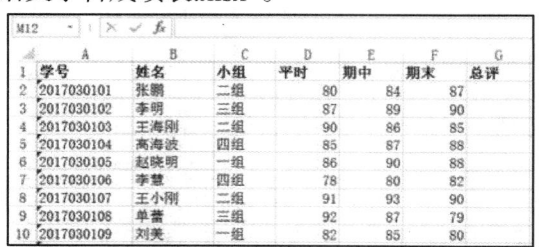

	A	B	C	D	E	F	G
1	学号	姓名	小组	平时	期中	期末	总评
2	2017030101	张鹏	二组	80	84	87	
3	2017030102	李明	三组	87	89	90	
4	2017030103	王海刚	二组	90	86	85	
5	2017030104	高海波	四组	85	87	88	
6	2017030105	赵晓明	一组	86	90	88	
7	2017030106	李慧	四组	78	80	82	
8	2017030107	王小刚	一组	91	93	90	
9	2017030108	单蕾	三组	92	87	79	
10	2017030109	刘美	一组	82	85	80	

图 4-15 语文学科成绩表

4.3 美化学生信息表

输入完成的学生信息表，如果要打印输出，需要进一步美化才能使数据更加易读，表格更加美观。

实例 2　美化班级学生信息表

【实例效果】

将上一节的班级学生信息表进行格式化，使表格清晰美观，效果如图 4-16 所示。

【实例分析】

输入完成的学生信息表中默认的数据对齐方式是不一致的，文本左对齐，数字、日期右对齐；暗灰色的表格线打印时是不显示的。本实例中设置数据的对齐方式一致，设置表格线

第4章 班级信息管理与学生成绩分析

和底纹，添加表格标题，使表格清晰美观。

图4-16 美化后的班级学生信息表

【跟我做】

1）打开上一节的"班级学生信息表.xlsx"

2）调整行高和列宽

（1）调整行高。选中所有行，单击"开始"选项卡"单元格"组中的"格式"按钮，在下拉列表中选择"行高"，弹出"行高"对话框，如图4-17所示，在对话框中输入合适的值，然后单击"确定"按钮。

图4-17 调整行高　　　　图4-18 调整列宽

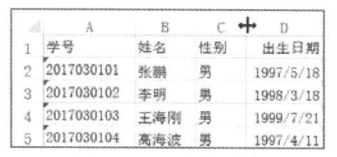

（2）调整列宽。将鼠标指向列右侧边界，鼠标指针变成 ↔ 形状，拖动鼠标调整合适列宽，如图4-18所示。

说明：上述调整行高的方法同样适用于调整列宽，调整列宽的方法也同样适用于调整行高。

3）设置数据对齐方式

选中所有数据的单元格区域，单击"开始"选项卡"对齐方式"组中的"水平居中"按钮，如图4-19所示。

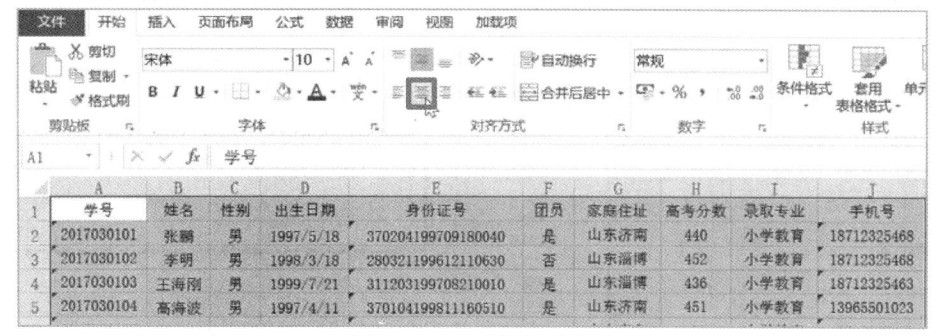

图4-19 设置数据对齐

4）设置边框

选中所有数据的单元格区域，单击"开始"选项卡"字体"组中的"边框"按钮，在下拉列表中选择"所有框线",如图 4-20 所示,即可给表格添加表格线。

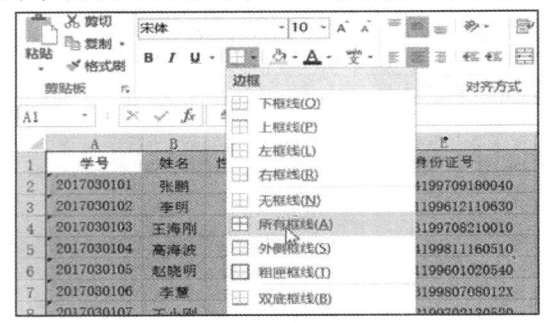

图 4-20 设置边框

5)设置字体

选中学生信息表的第一行,即 A1:J1 单元格区域,在"开始"选项卡"字体"组中设置字号为 12 号,加粗。

6)设置底纹

选中学生信息表的第一行,即 A1:J1 单元格区域,单击"开始"选项卡"字体"组中的"填充"按钮,在下拉列表中选择合适的颜色,如图 4-21 所示,即可给选定区域设置底纹颜色。

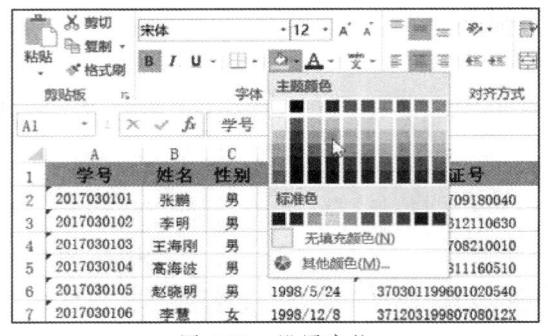

图 4-21 设置底纹

7)突出显示高考分数为 500 分以上的分数

选中"高考分数"列中的分数区域,单击"开始"选项卡"样式"组中的"条件格式"按钮,在下拉列表中选择"突出显示单元格规则"中的"大于",如图 4-22 所示,弹出"大于"对话框,如图 4-23 所示,在文本框中输入"500",设置为"浅红填充色深红色文本",单击"确定"按钮。

图 4-22 突出显示单元格规则　　　　图 4-23 设置"大于"数据

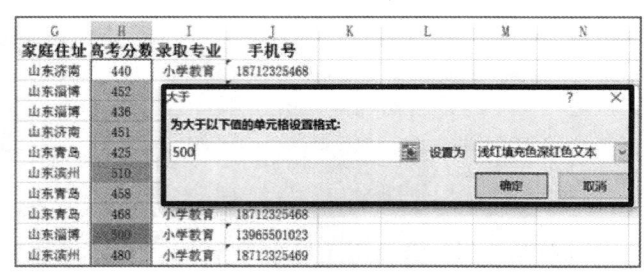

8)添加表格标题

(1)插入行。单击第一行行号"1"选中第一行,单击"开始"选项卡"单元格"组中的"插入"按钮,在下拉列表中选择"单元格",弹出"插入"对话框,如图 4-24 所示。在对话框中选择"整行",单击"确定"按钮,则在第一行上方插入一行。

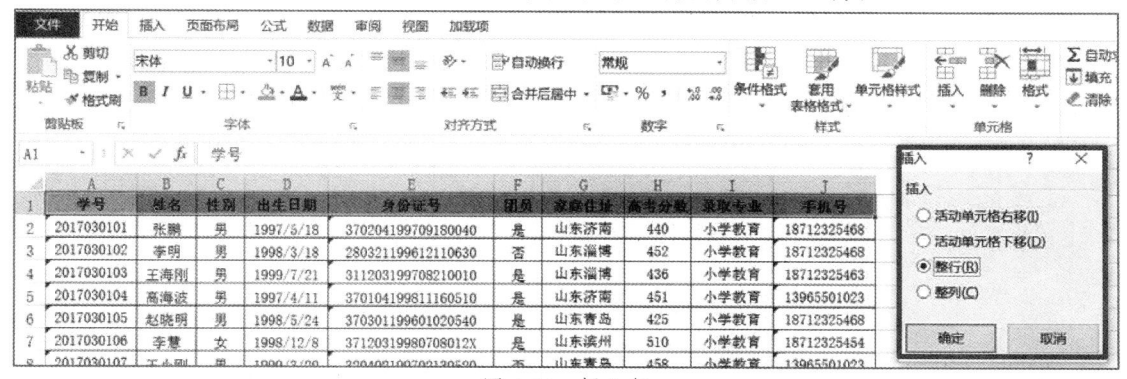

图 4-24 插入行

(2)合并居中。选择单元格区域 A1:J1,单击"开始"选项卡"对齐方式"组中的"合并后居中"按钮,则将选中的单元格区域合并为一个单元格,如图 4-25 所示。

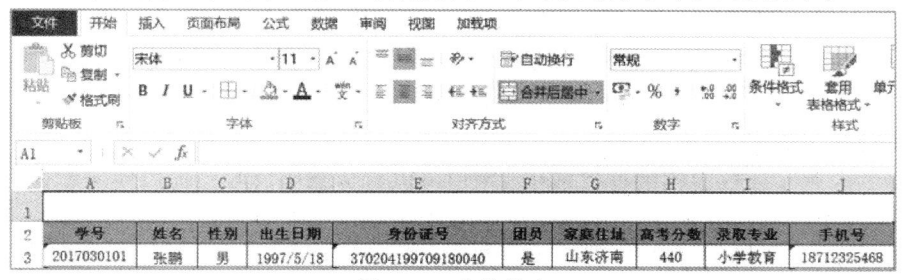

图 4-25 合并居中

(3)输入表格标题。在合并居中后的单元格中输入"2017级1班学生信息表",设置字体为黑体、字号为 16 磅。

(4)调整行高。拖动行号下方的横线,调整适当的行高。

9)添加批注

给班长、团支书、学习委员添加批注。单击班长所在的单元格"王海波",单击"审阅"选项卡"批注"组中的"新建批注"按钮,在选中的单元格右侧出现"添加批注"文本框,输入"班长",如图 4-26 所示。添加批注后的单元格右上角有一个红色三角标志,如图 4-27 所示。

图 4-26 添加批注   图 4-27 批注标志

10)另存文件

将文件另存为"学生信息表格式化.xlsx"。

【知识窗】

1)设置单元格格式

设置单元格格式可以使用"开始"选项卡中的"字体""对齐方式""数字"等功能组中

的按钮，也可以使用"设置单元格格式"对话框，如图4-28所示。该对话框中包括设置"数字""对齐""字体""边框""填充""保护"6个选项卡。

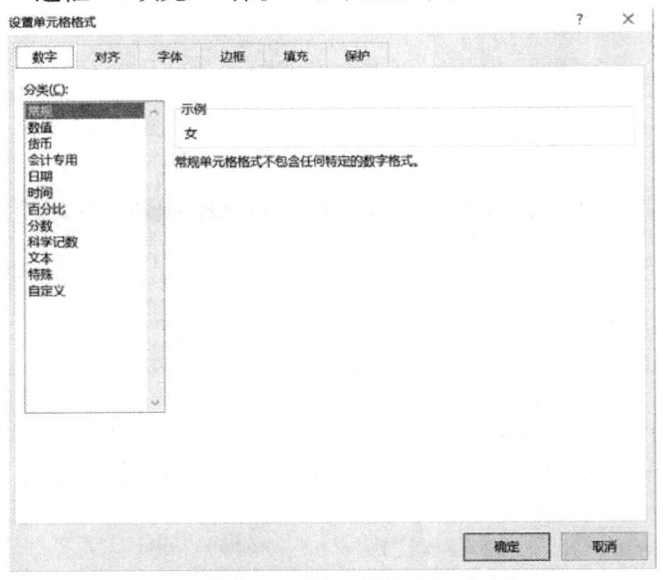

图4-28 "设置单元格格式"对话框

2）自动套用格式

Excel中内置了一些表格的样式模板，用户可以直接套用这些模板以快速实现表格的美化。
操作方法：选中表格后，单击"开始"选项卡"样式"组中的"套用表格格式"按钮，弹出下拉列表，如图4-29所示。

图4-29 自动套用表格格式

【创新园】

使用自动套用格式的美化班级学生信息表，效果如图4-30所示。

	A	B	C	D	E	F	G	H	I	J
1	学号	姓名	性别	出生日期	身份证号	团员	家庭住址	高考分数	录取专业	手机号
2	2017030101	张鹏	男	1997/5/18	370204199709180040	是	山东济南	440	小学教育	18712325468
3	2017030102	李明	男	1998/3/18	280321199612110630	否	山东淄博	452	小学教育	18712325468
4	2017030103	王海刚	男	1999/7/21	311203199708210010	是	山东淄博	436	小学教育	18712325463
5	2017030104	高海波	男	1997/4/11	370104199811160510	是	山东济南	451	小学教育	13965501023
6	2017030105	赵晓明	男	1998/5/24	370301199601020540	是	山东青岛	425	小学教育	18712325468
7	2017030106	李慧	女	1998/12/8	371203199807080120X	是	山东滨州	510	小学教育	18712325454
8	2017030107	王小刚	男	1999/3/20	320402199702130520	否	山东青岛	458	小学教育	13965501023
9	2017030108	单萱	女	1999/6/16	370302199705160120	是	山东青岛	468	小学教育	18712325468
10	2017030109	刘英	女	1999/9/17	370203199812140320X	是	山东淄博	459	小学教育	13965501023
11	2017030110	余波	男	1998/8/18	372312199601020110	是	山东滨州	480	小学教育	18712325469
12	2017030111	黎明	男	1998/8/19	370103199512240020	是	山东淄博	462	小学教育	13965501023

图4-30 美化班级学生信息表

4.4 计算统计学生成绩

期末考试结束，学生成绩统计分析需要大量的计算工作，如计算每位学生的总评分、班级学生的平均分、合格率、优秀率等。使用 Excel 2013 中的公式和函数可以快速准确地完成这些任务。

实例 3 计算统计语文学科成绩

【实例描述】

在 4.2 的创新园中保存的"语文学科成绩表.xlsx"中已经完成了学生成绩的输入，在该表格中按照平时 40%、期中 20%、期末 40%的比例计算出学生学期总评成绩；计算每次考试的班级平均分；统计班级的优秀人数、及格人数、优秀率、合格率等。计算统计结果如图 4-31 所示。

图 4-31 语文学科成绩计算统计结果

【跟我做】

1）打开文件

打开"语文学科成绩表.xlsx"文件。

2）计算总评成绩

先计算第一位同学的总分。单击 G2 单元格，在编辑栏中输入"=d2*0.4+e2*0.2+f2*0.4"，如图 4-32 所示，按回车键后显示计算结果。

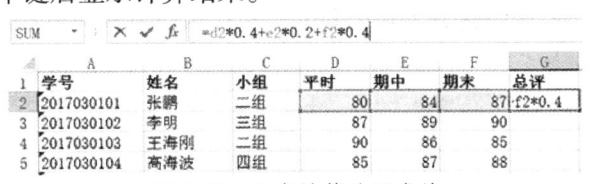

图 4-32 公式计算总评成绩

计算其他同学总评成绩。单击 G2 单元格，将鼠标放到单元格的右下角，向下拖动填充柄，即可完成其他同学总评成绩计算。

3）计算每次考试平均分

单击选中 D36 单元格，单击"开始"选项卡"编辑"组"自动求和"按钮右侧的下拉按钮，在下拉列表中选择"平均值"，如图 4-33 所示，插入 AVERAGE 函数，选择要求平均分的数据区域，则求出平时考试的平均分，向右拖动填充柄求出期中和期末考试的平均分。

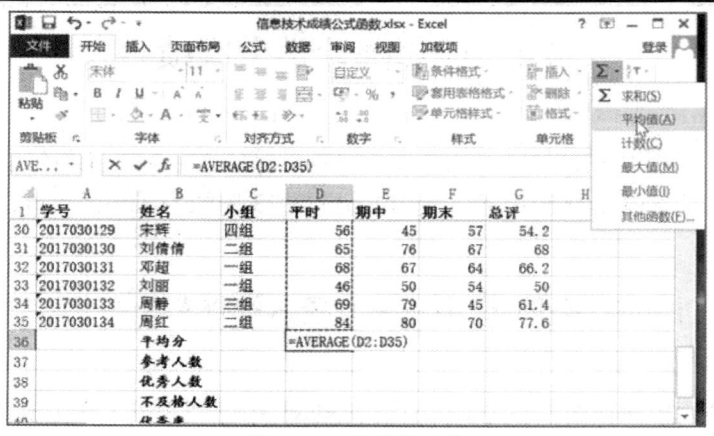

图 4-33 求平均函数

4）计算参考人数

单击选中 D37 单元格，在图 4-33 所示的下拉列表中选择"计数"，插入 COUNT 函数，修改函数参数为 D2:D35，如图 4-34 所示，计算出平时考试人数，向右拖动填充柄，填充期中和期末考试人数，计算结果如图 4-35 所示。

图 4-34 计数函数

图 4-35 平均分和参考人数计算结果

5）计算优秀人数

单击选中 D38 单元格，单击编辑栏上的"插入函数"按钮 fx，弹出"插入函数"对话框，如图 4-36 所示，选择 COUNTIF 函数，单击"确定"按钮，弹出函数参数对话框，如图 4-37 所示，设置函数参数，完成平时优秀人数的计算，向右拖动填充柄填充期中和期末优秀人数。

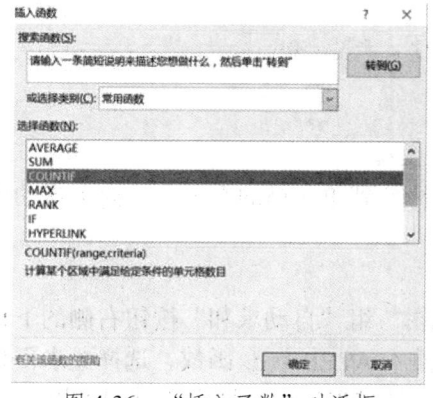

图 4-36 "插入函数"对话框   图 4-37 设置函数参数

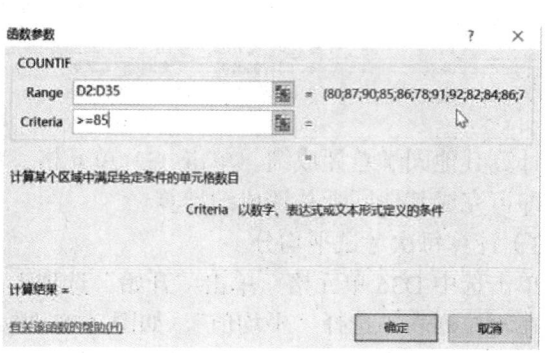

说明：该计算也可以在编辑栏中直接输入函数"=COUNTIF(D2:D35,">=85")"。

6）计算合格人数

方法同计算优秀人数，插入函数为"=COUNTIF(D2:D35,">=60")"。

7）计算优秀率

单击选中 D40 单元格，输入公式"=D38/D37"计算平时成绩优秀率，向右拖动填充柄，完成期中和期末优秀率的计算。

8）计算合格率

单击选中 D41 单元格，输入公式"=D39/D37"，计算平时合格率，向右拖动填充柄，完成期中和期末合格率的计算。结果如图 4-38 所示。

	A	B	C	D	E	F	G
1	学号	姓名	小组	平时	期中	期末	总评
33	2017030132	刘丽	一组	46	50	54	50
34	2017030133	周静	三组	69	79	45	61.4
35	2017030134	周红	二组	84	80	70	77.6
36			平均分	80.38	82.15	80.50	80.78
37			参考人数	34	34	34	
38			优秀人数	16	20	16	
39			及格人数	32	32	31	
40			优秀率	0.47	0.59	0.47	
41			合格率	0.94	0.94	0.91	

图 4-38 计算结果

9）设置数字格式

选中单元格区域 D36:F36，单击"开始"选项卡"数据"组中的"减少小数位数"按钮，将平均分设置为整数；选中单元格区域 D40:F41，单击"开始"选项卡"数据"组中的百分比样式按钮，将优秀率、合格率以百分数显示，如图 4-39 所示。

	A	B	C	D	E	F
1	学号	姓名	小组	平时	期中	期末
36			平均分	80	82	81
37			参考人数	34	34	34
38			优秀人数	16	20	16
39			及格人数	32	32	31
40			优秀率	47%	59%	47%
41			合格率	94%	94%	91%

图 4-39 设置数字格式

10）保存文件

将文件另存为"语文学科成绩统计.xlsx"。

【知识窗】

1）公式

Excel 中的公式与数学表达式基本相同，一般由等号、单元格地址和运算符组成。公式中的运算类型包括算术运算、比较运算、文本运算和引用运算符。

在输入公式时，一定要先输入"="，公式中的符号，除汉字外，全部采用英文半角符号。

2）函数

Excel 中函数由函数名和参数组成，我们把参数传递给函数，函数将按特定指令对参数进行计算。函数的插入有三种方法：一是手动输入，方法和输入公式类似；二是使用功能区中的"插入函数"按钮，如实例 3 中计算平均分；三是使用编辑栏左侧的"插入函数"按钮，如实例 3 中计算优秀人数。

3）教学中常用的函数

在统计分析学生成绩时，除了实例 3 中用到的函数外，教学中常用的函数见表 4-1。

表 4-1 常用函数

函数名	使用说明
SUM	主要功能：求出一组数的和 使用格式：=SUM(number1,number2,……) 参数说明：number1,number2,……代表需要求和的数值或引用单元格区域
MAX	主要功能：求出一组数的最大值 使用格式：MAX(number1,number2……) 参数说明：number1,number2,……代表需要求最大值的数值或引用单元格区域
MIN	主要功能：求出一组数的最小值 使用格式：MIN(number1,number2,……) 参数说明：number1,number2,……代表需要求最小值的数值或引用单元格区域
IF	主要功能：根据给定的条件进行逻辑判断，返回相应的内容，可以计算成绩的等级。 使用格式：=IF(logical,Value_if_true,Value_if_false) 参数说明：logical 代表逻辑判断表达式；Value_if_true 表示当逻辑判断为逻辑"真"时显示内容，如果忽略返回"TRUE"；Value_if_false 表示当逻辑判断为逻辑"假"时显示内容，如果忽略返回"FALSE"
RANK	主要功能：返回某一数值在一列数中相对其他数值的排位，可以在不排序的情况下计算出学生的名次 使用格式：=RANK(number,ref,order) 参数说明：number 代表要排位的数字，ref 代表排序数值所处的一组数的单元格区域，order 代表排序方式（如果为"0"或者省略，则按降序排序，即数值越大，排位结果数值越小；如果为非"0"值，则按升序排序，即数值越大，排位结果数值越大）

4）单元格引用

单元格的引用，就是标识单元格地址。引用的目的在于标识工作表中的单元格或单元格区域，并指明公式中所使用的数据的位置。通过引用，可以在公式中使用工作表中不同位置的数据，或者在多个公式中使用同一单元格的数据，还可以引用同一个工作簿中不同工作表的单元格及不同工作簿中的单元格。

使用单元格能更好地发挥公式和函数的作用，可以改变被引用单元格中的数值，来改变公式的输出。

（1）相对引用。相对引用是指单元格引用会随公式所在单元格的位置变更而改变，它指出了所需要的单元格相对于已知单元格的位置。

（2）绝对引用。绝对引用是指引用特定位置的单元格或单元格区域。它的样式是在列字母和行数字之前加上符号"$"，如"$A$5"表示 A5 单元格的绝对引用。

【创新园】

打开实例 3 的"语文学科成绩表.xlsx"文件，完成以下操作：

（1）使用 MAX、MIN 函数统计每次考试的最高分和最低分，如图 4-40 所示。

D36　=MAX(D2:D35)

	A	B	C	D	E	F	G
1	学号	姓名	小组	平时	期中	期末	总评
29	2017030128	何静	一组	70	89	87	81
30	2017030129	宋辉	四组	56	45	57	54
31	2017030130	刘倩倩	二组	65	76	67	68
32	2017030131	邓超	一组	68	67	64	66
33	2017030132	刘丽	一组	46	50	54	50
34	2017030133	周静	三组	69	79	45	61
35	2017030134	周红	二组	84	80	70	78
36		最高分		93	93	92	91
37		最低分		46	45	45	50

图 4-40　计算最高分和最低分

（2）使用 RANK 函数计算每位同学的总评排名，如图 4-41 所示。

H2　=RANK(G2, $G$2:$G$35)

	A	B	C	D	E	F	G	H
1	学号	姓名	小组	平时	期中	期末	总评	名次
2	2017030101	张鹏	二组	80	84	87	84	17
3	2017030102	李明	三组	87	89	90	89	7
4	2017030103	王海刚	二组	90	86	85	87	9
5	2017030104	高海波	四组	58	78	60	63	31
6	2017030105	赵晓明	一组	86	90	88	88	8
7	2017030106	李慧	四组	78	80	82	80	23
8	2017030107	王小刚	二组	91	93	90	91	2
9	2017030108	单蕾	三组	92	87	79	86	13
10	2017030109	刘美	一组	82	85	80	82	20

图 4-41　计算学生总评排名

（3）使用 IF 函数判断学生的成绩等级，如图 4-42 所示（85 分以上为优秀，70~84 分为良好，60~69 分为及格，60 分以下为不及格）。

I2　=IF(G2>=85,"优秀",IF(G2>=70,"良好",IF(G2>=60,"及格","不及格")))

	A	B	C	D	E	F	G	H	I	J	K
1	学号	姓名	小组	平时	期中	期末	总评	名次	等级		
2	2017030101	张鹏	二组	80	84	87	84	17	良好		
3	2017030102	李明	三组	87	89	90	89	7	优秀		
4	2017030103	王海刚	二组	90	86	85	87	9	优秀		
5	2017030104	高海波	四组	58	78	60	63	31	及格		
6	2017030105	赵晓明	一组	86	90	88	88	8	优秀		

图 4-42　IF 函数判断学生的成绩等级

（4）使用 COUNTIF 函数统计学生成绩表中各分数段人数，如图 4-43 所示。

G37　=COUNTIF(G2:G35,">=80")-COUNTIF(G2:G35,">=90")

	A	B	C	D	E	F	G	H
1	学号	姓名	小组	平时	期中	期末	总评	
32	2017030131	邓超	一组	68	67	64	66	
33	2017030132	刘丽	一组	46	50	54	50	
34	2017030133	周静	三组	69	79	45	61	
35	2017030134	周红	二组	84	80	70	78	
36		90以上					4	
37		80-89					20	
38		70-79					5	
39		60-69					3	
40		60以下					2	

图 4-43　统计总评各分数段人数

4.5　排序、筛选、分类汇总学生成绩

考试后，教师一般需要了解学生在班级或年级的排名情况，找出成绩较好或较差的学生，

以确定学生学习的相对状况，为教学诊断和评价提供依据。Excel 2013 提供了排序、筛选和分类汇总功能，可以很方便地完成上述工作。

实例 4　排序、筛选、分类汇总语文学科成绩

【实例描述】

本实例中对语文学科的成绩按总评成绩进行排序，从而得到成绩排名；筛选出期末考试成绩 90 分以上的学生进行表彰；分类汇总各小组的平均分，比较各组的成绩情况。

【跟我做】

1）成绩排名

（1）按总评成绩排名。单击"总评"列中任一个包含成绩数据的单元格，单击"数据"选项卡"排序和筛选"组中的"降序"按钮，如图 4-44 所示。此时，按总评成绩由高到低排列。

图 4-44　按总评排序

（2）按多字段排序。在按总评的排序中，对于总评成绩相同的学生，如果需要排出前后位次，可以再参考其他字段值，如按期末成绩。单击功能区中的"排序"按钮，弹出"排序"对话框，在对话框中单击"添加条件"即可以添加次要关键字，如图 4-45 所示。

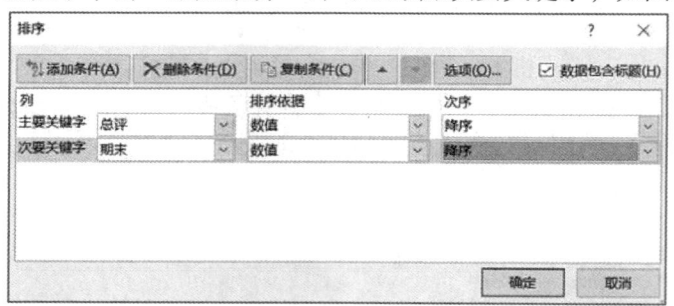

图 4-45　"排序"对话框

2）筛选总评成绩在 90 分以上的学生

在成绩表中单击任一个包含数据的单元格，单击"数据"选项卡"排序和筛选"组中的"自动筛选"按钮，此时，各字段名后面会出现一个下拉按钮，单击按钮弹出下拉列表，如图 4-46 所示，选择 "数字筛选"-"大于或等于"，弹出"自定义自动筛选方式"对话框，如图 4-47 所示，输入"90"，确定后筛选结果如图 4-48 所示。

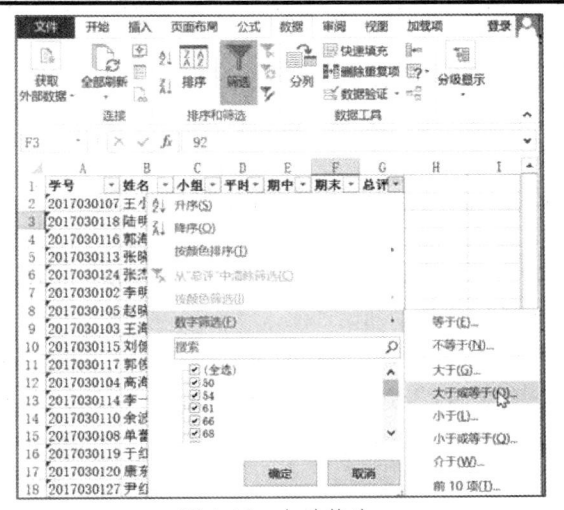

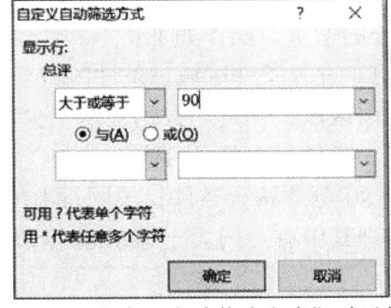

图 4-46　自动筛选　　　　　　　　图 4-47　"自定义自动筛选方式"对话框

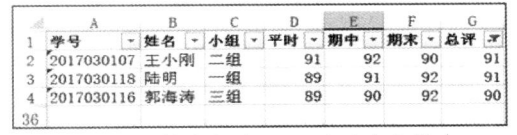

图 4-48　筛选出总评 90 分以上的学生

温馨提示：筛选后，表格中仅显示符合条件的数据行，其他数据行暂时隐藏，再次单击"筛选"按钮，可恢复显示原来的数据。

3）分类计算各小组的平均分

温馨提示：分类汇总之前必须先按分类字段进行排序，才能进行分类汇总操作。

（1）按分类字段排序。按"小组"进行排序。

（2）分类汇总。单击"数据"选项卡"分级显示"组中的"分类汇总"按钮，弹出"分类汇总"对话框，按图 4-49 所示进行设置，完成分类汇总。

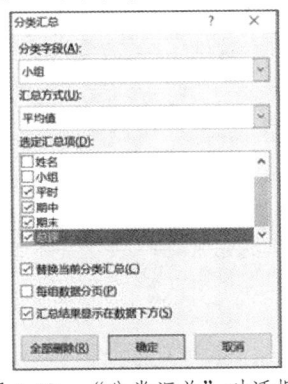

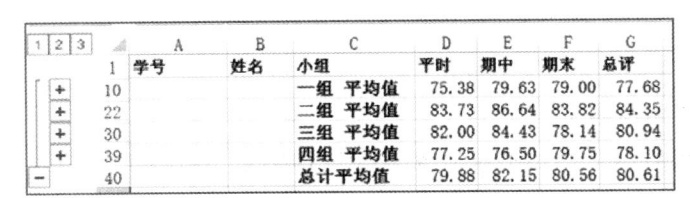

图 4-49　"分类汇总"对话框　　　　图 4-50　分类汇总结果二级显示

分类汇总的结果有三级显示方式，将显示结果按二级显示，如图 4-50 所示。

4）保存文件

文件另存为"语文学科成绩分析.xlsx"。

【知识窗】

筛选数据是指为了清晰地显示满足一定条件的记录，把不满足条件的记录暂时隐藏起来。在 Excel 中有两种筛选方式：自动筛选和高级筛选。

1）自动筛选

自动筛选是按单个条件进行筛选，如实例 4 中筛选总评成绩在 90 分以上的学生所用的筛选方法，这里不再重述。

2）高级筛选

高级筛选可以完成多个条件的数据筛选，如在班级成绩表中筛选物理和数学都大于或等于 80 分的学生。操作如下：

（1）设置条件区域。条件区域至少为两行，由字段名行和若干条件行组成，放置在工作表的空白区域，并且与数据区域至少有一个空行或者空列。

同一条件行上的条件表示"与"逻辑关系，如图 4-51 所示，表示数学、物理两门课均大于等于 80 分才符合条件；不同行上的条件表示"或"逻辑关系，如图 4-52 所示，表示数学或者物理其中有一门大于等于 80 分就满足条件。

图 4-51　条件区域"与"关系

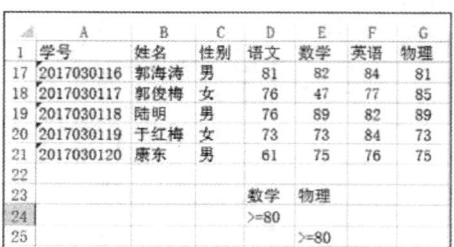

图 4-52　条件区域"或"关系

（2）执行高级筛选。单击数据区域中任一单元格，单击"数据"选项卡"排序和筛选"组中的"高级"按钮，打开"高级筛选"对话框，如图 4-53 所示，设置列表区域、条件区域和复制到的位置，单击"确定"按钮，筛选结果如图 4-54 所示。

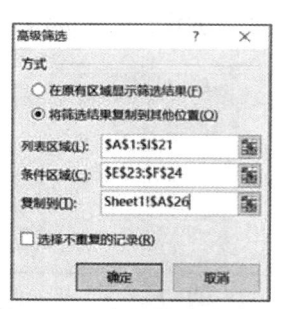

图 4-53　"高级筛选"对话框

图 4-54　高级筛选结果

【创新园】

在图 4-55 所示的班级成绩表中完成以下操作：

图 4-55　班级各科成绩表

（1）计算总分，并按总分由高到低排序。

（2）筛选语文大于 80 分或数学大于 80 分（含 80 分）的学生记录，并放在另一张工作表中，给工作表命名为"高分学生"。

（3）用分类汇总分别求男生和女生的各科平均分，并放在另一张工作表中，给工作表命名为"男女平均分"。

4.6 使用图表分析学生成绩

图表是将单元格的数据以各种统计图的形式表示，更加直观地表达数据的大小、比例、变化趋势等。

实例 5 单个学生成绩趋势分析

【实例描述】

将单个学生信息技术课程的平时、期中、期末考试成绩用折线图表示，如图 4-56 所示，清晰地展现该生的成绩变化趋势。

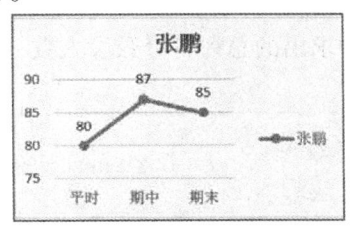

图 4-56 单个同学成绩变化折线图

【实例分析】

在原有的信息技术成绩表中选择一位学生的成绩，利用 Excel 中的插入图表功能，生成该学生的成绩图表。

【跟我做】

（1）选中数据区域。打开信息技术成绩表，选中标题行上的姓名、平时、期中、期末和要分析学生的成绩数据区域 B1:E2。

（2）插入图表。单击"插入"选项卡"图表"组中的"折线图"按钮，弹出的下拉列表如图 4-57 示。在列表中选择折线图样式，即可生成折线图，如图 4-58 所示。

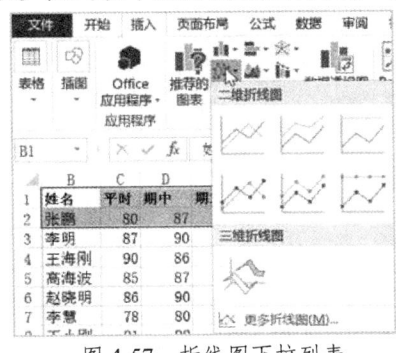

图 4-57 折线图下拉列表　　　　图 4-58 生成折线图

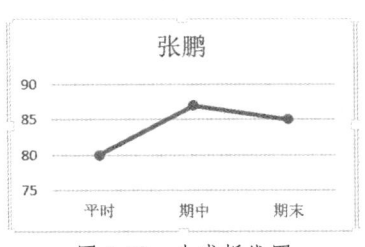

（3）设置图表。保持图表在选中状态下，单击图表右侧的"设置"按钮，对图表上的显示内容进行设置，如图 4-59 所示。也可以通过功能区的"图表工具"选项卡进行设置，如图 4-60 所示。

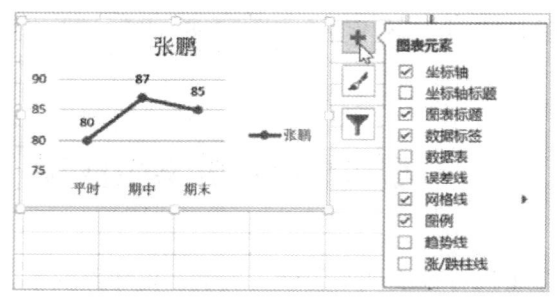

图 4-59　设置图表

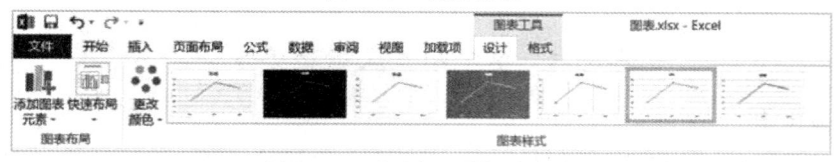

图 4-60　"图表工具"选项卡

【创新园】

（1）对 4.4 创新园（4）中求出的总评各分数段人数，用饼图表示各分数段人数占班级总人数的比例，如图 4-61 所示。

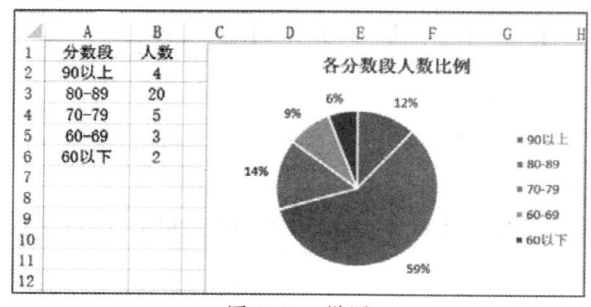

图 4-61　饼图

（2）对实例 4 中分类计算出各小组的平均分，用柱形图表示，如图 4-62 所示。

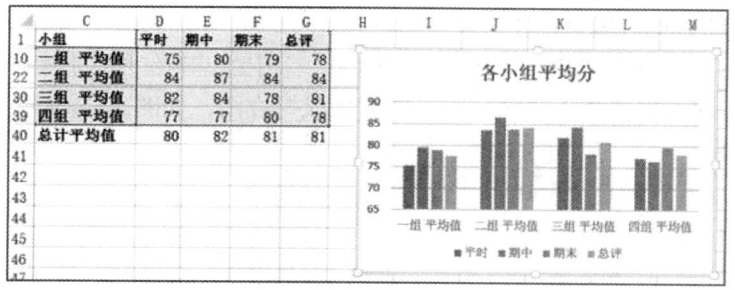

图 4-62　柱形图

第 5 章　信息化教学工具

知识地图

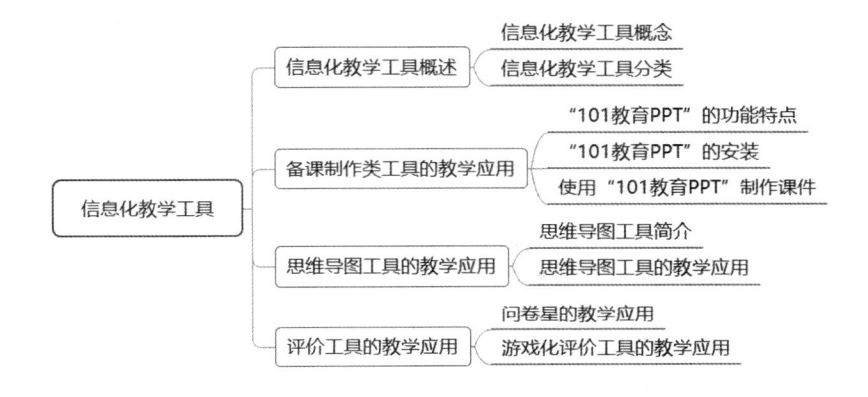

```
                              ┌─ 信息化教学工具概念
            ┌─ 信息化教学工具概述 ┤
            │                 └─ 信息化教学工具分类
            │
            │                 ┌─ "101教育PPT"的功能特点
            ├─ 备课制作类工具的教学应用 ┼─ "101教育PPT"的安装
信息化教学工具 ┤                 └─ 使用"101教育PPT"制作课件
            │
            │                 ┌─ 思维导图工具简介
            ├─ 思维导图工具的教学应用 ┤
            │                 └─ 思维导图工具的教学应用
            │
            │                 ┌─ 问卷星的教学应用
            └─ 评价工具的教学应用 ┤
                              └─ 游戏化评价工具的教学应用
```

学习目标

1. 了解信息化教学工具的含义
2. 理解不同类别信息化教学工具的教学功能
3. 能分辨概念图与思维导图的概念
4. 会使用"101 教育 PPT"制作教学课件
5. 会使用 Xmind 等思维导图工具制作思维导图
6. 会使用问卷星等网络平台制作网络调查问卷和在线测试等
7. 会使用"剥豆豆"等游戏化教学测评工具进行教学评价

随着社会信息化进程不断推进，特别是近几年智能终端设备和移动互联网的快速发展与普及，使得教育教学环境不断发展变化，新技术新理念以及越来越开放的学习环境，都对教师利用信息技术学习与教学的能力提出了前所未有的挑战。这就需要广大教育从业者了解信息技术对教育教学模式变革产生的深远影响和巨大推动力，把握信息时代教育教学发展的新动向，掌握必要的信息化教与学的工具。在教学中能够借助技术促进学生主动学习、协作探究、意义建构和问题解决则成为新时代背景下教师的必备技能。

本章将对目前在教育教学领域被广泛应用的众多信息化教学工具进行梳理总结，并结合实例讲解备课工具、思维工具、评价工具的教学应用。

5.1 信息化教学工具概述

5.1.1 信息化教学工具概念

信息化教学工具是教师和学生为了与学习环境要素进行有效互动而使用的手段，为学习活动有效进行而参与到学习活动中并且有一定认知功能的计算机软件。与一般课件不同，信息化教学工具一般不直接表现教学内容、教学策略，而为教学活动提供功能性支持。

5.1.2 信息化教学工具分类

目前，各种信息化教学工具数量众多、形式多样，为了使广大教师能从整体上认识和把握这些实用的教学工具，进而能够筛选适合自己学科和课堂的工具，我们可以将这些工具大致分类。根据它们在教学中发挥的作用不同可分为学科教学工具、知识建构工具、协作交流工具、统计测评工具等。

1. 学科教学工具

随着近几年智能终端设备和移动互联网技术的发展，涌现出众多优秀的适用于不同学科的信息化教学工具，几乎涵盖了中小学所有学科。这些工具大部分趣味性强，简单易用，让学习变得随时随地可以发生。

语文学科较常见的有识字类工具、阅读和写作类工具、字典/词典类工具等。例如，"悟空识字"是一款专门的识字软件；"作文宝"是百度文库推出的针对中小学生的写作工具；"有道语文达人"则收录了完整的《现代汉语大词典》《古代汉语字词典》以及超过 500 万条字词、词语辨析、成语故事等，支持古文翻译，还收录了中小学课内文言文和古诗等等。

数学学科有常用的讲解与习题类学习工具。如，"数学加"是一款以在线直播和录播两种方式教学的中小学数学学科 APP；"洋葱数学"是一款面向中学生的微课与习题结合的在线数学学习工具；"狸米学习"则全面覆盖了小学数学学科的上百个知识点，从激发兴趣入手，形成一套打通教师、学生和家长三方的互联网教育平台。

英语学科常见的有词典/单词类工具、口语练习类工具等。例如，"有道词典"是一款方便易用的在线英语词典；"百词斩"是一款"趣图背单词"软件，为每个单词提供了趣味配图和例句，让记单词不再枯燥；"英语趣配音"是目前比较受欢迎的通过给视频配音的方式练习英语口语的工具；"朗易思听"是一款英语听力和口语学习软件，界面精美，资源丰富；"可可英语"则是一款广受欢迎的综合性英语学习软件，其资源内容丰富，互动性与趣味性强，可以满足英语听力和口语训练、记单词以及英语考试等多种学习需求。值得一提的是，英语学科除了有大量优秀的手机 APP 学习工具，丰富的网络语料库资源也是英语教与学的重要工具，比较典型的有英国国家语料库（BNC）和美国当代英语语料库（COCA），其中收录最有代表性的报纸、杂志、小说、学术、口语等英语语言材料，生成词汇量巨大的语料库，可以在这些语料库中检索单词、短语等的例句，并借助专门的检索工具（比如语料库检索工具 AntConc）进行分析。

物理、化学等实践性强的学科也有相应的学科工具，如"土豆化学"就是一款集成了趣味实验和练习题的化学学习软件；"NO BOOK 物理虚拟实验室"和"NO BOOK 化学虚拟实验室"则是通过虚拟仿真、3D 效果以及自由交互等方式，呈现出物理和化学学科的经典实验。

此外,"一起作业网""作业盒子"等专门针对改变中小学作业方式的学习工具可以提供在线作业平台,老师、学生以及家长可以通过这样的平台沟通交流。一般来说,类似作业平台包括了海量的题库,能够根据学生作业完成情况进行智能统计,及时生成学情分析,供师生以及家长参考,从而为个性化和自适应学习提供可能,同时连接了学生、老师和家长,改变了传统作业的模式。

2. 知识建构工具

建构主义学习理论认为,学习就是意义的建构。信息化教学手段的发展极大地促进了学生在学习过程中对知识的意义建构,在信息化教学工具的帮助下,学生可以不受时空限制地与他人交流、协作,也可以方便地进行自主探究,更能够将概念间的关系甚至思维可视化呈现。

概念图和思维导图工具可以帮助我们整理头脑中经过学习所建构的知识体系。概念图工具可以帮助我们直观呈现概念之间的相互关系,从而加深对知识的理解和掌握,并且通过绘制概念图能够在一定程度上检验针对某一主题的知识建构是否完整;思维导图工具可以将我们建构知识的思维过程可视化呈现。目前有许多优秀的概念图和思维导图软件和工具,可以方便快速地帮助我们绘制概念图或思维导图。如,Inspiration 是一款典型的概念图工具,可以非常形象地表达抽象的思维及复杂概念之间的关系。师生可以利用 Inspiration 来组织和管理知识概念、命题和各类教学信息;在学科教学中可以应用 Inspiration 进行概念图的制作、任务的计划和组织、复杂思维的表征以及图表和大纲的制作。Xmind 则是一款实用的思维导图软件,拥有高效的可视化思维模式,可以方便快捷地制作各种思维导图。此外,还有 FreeMind、MindManager、百度脑图等许多简单易用的思维导图工具。

除了上述思维工具外,基于移动互联网技术的各种互动学习平台,不仅能够轻松链接参与其中的学习者,还能够有效链接人与知识,加速知识在不同学习者之间的流动,从而使知识的建构在社会交互中自然发生。UMU 互动学习平台就是其中较典型的例子,它使用方便,操作简单,有网页版和手机 APP 版可以使用。网页版无须下载安装,在浏览器中输入网址 https://www.umu.cn/注册登录即可使用,如图 5-1 所示。也可直接通过微信等社交账号扫码登录加入互动平台,参与教学活动。人们利用它可以在现场活动中发起调研、提问,激发相互分享,如图 5-2 所示。也可以在微课、直播等移动学习中促进交流和互动,互动参与的结果还可以通过大屏幕实时呈现给现场参与者。此外,在 UMU 互动学习平台上,还有海量的现有优秀课程可供学员直接学习使用,如图 5-3 所示。而在课堂教学中,这一平台能够随时组织课堂互动,通过多种形式邀请学生加入课堂,让每个学生都能在课堂中融入、分享、收获。

图 5-1 UMU 互动平台首页

图 5-2 UMU 中添加课程环节

图 5-3 UMU 平台中现有优秀课程

3. 协作交流工具

无论是在学习还是在工作中，协作都是一项非常重要的能力。在信息化社会中，能够顺利与他人协作还需要一定的技能。随着网络和云技术等的发展，信息技术支持的协作环境越来越重要，众多优秀的数字化协作工具的出现，也让我们的协作突破时空限制，变得更加高效便捷。

"石墨文档"是一款支持云端实时协作的办公服务软件，可以实现多人同时在同一文档及表格上进行编辑和实时讨论，同步响应速度达到毫秒级。用户既可以登录网页使用石墨文档，也可以下载安装 APP，在手机等移动终端设备上使用；既可以选择注册石墨账号，也可以直接使用微信登录。在石墨文档中，团队成员在一个文档里就能轻松完成方案讨论和稿件校对等需要多人协作的工作，多名用户可以同时对文档的某一细节内容进行讨论，并且能够保存讨论的过程和结果，这个特性在小组学习中可以发挥重要作用。比如，在语言教学中，可以组织学生通过石墨文档进行小组写作，组员可以共同编辑和修改一篇文章。

"有道云协作"是网易推出的基于资料管理和项目推进的团队协同办公工具。用户在使用有道云协作时，同样可以通过网页版或手机 APP 等平台进行。在这里，可以通过创建群组的方式，与别人协同编辑文档、管理项目进度、共享工作资料等，如学习小组交流、项目沟通等；相较而言，有道云协作在文档管理方面更占优势。有道云协作还有一个重要功能，就是可以和有道云笔记协同工作。用户可以将云笔记中的内容直接分享至云协作，供群成员参考使用。此外，还可以借助云笔记，一键收藏微信文章、视频等多种资源。有道云协作与有道云笔记结合在一起，使团队资源的协作编辑与管理更加高效便捷，也成为课堂协作学习的重要支撑平台。

除以上介绍的常用协作工具与平台，还有众多优秀实用的协作类工具，如"一起写"、腾讯公司推出的 TIM 客户端等，都是常用的协作工具与平台。其功能和操作大同小异，在课堂教学中，完全可以根据师生的实际需求探索和选择最合适的协作工具，使我们的协作学习更高效、更便捷。

4. 统计测评工具

教学评价是教育评价的重要组成部分，联合国教科文组织把教育评价的技术水平作为衡量一个国家教育发展水平的重要标志。随着教育理论和教育技术的发展，教学评价的功能、理念、取向、策略等，也出现了不同于传统评价的新发展。教学评价的功能从重视结果的评判转变为重视对整个学习过程的评价；教学评价的主体从单一的教师主体转变为由教师、学生、家长，甚至相关社会人士参与的多元主体；信息技术的发展使教学评价的方法和工具也有了更丰富的形式，使评价变得更科学、更高效，让原本枯燥的教学评价变得更加有趣。

借助信息技术不仅可以实现传统的测试、调研等评价，还可以实现基于电子学档、基于量规以及基于概念图等的评价方式，甚至可以实现教学评价游戏化，使学生在轻松的氛围中完成评价。目前，有众多优秀的信息化教学评价工具和平台可供使用。问卷星/问卷网等网络平台可以轻松实现课程网络调查问卷和无纸化在线测试等评价。"剥豆豆"是一款游戏化课堂测评工具，可以让学生在类似闯关游戏中轻松参与课堂评价。Hot Potatoes 则是一款制作在线测试网页的软件（网址 http://hotpot.uvic.ca/），安装后可以根据需要编制 Jquiz（选择、简答等练习）、Jcloze（填空练习）、Jcross（填字练习）、Jmatch（配对练习）、Jmix（排序、重组练习）五个模块的试题，并可以通过 Jmasher 模块将各种题型集合到一起，形成一套完整的测试单元。而 Hot Potatoes 最大的好处还在于，可以和主流的网络学习平台 Moodle 平台高度紧密地结合在一起，既可以通过 Moodle 平台上的 Hot Potatoes 模块直接生成测试题，也可以将 Hot Potatoes 中编辑好的测试题导入 Moodle 平台。

教师可以根据实际教学需要，在不同教学环节选择合适的信息化教学评价工具，快速直观地获得教学反馈。

5.2 备课制作类工具的教学应用

备课、制作课件是教师最常规的工作之一，而好的工具和针对性强的素材资源是教师备好课的重要前提。海量网络资源为我们提供方便，有时也会带来困惑，教师需要在名目繁多的资源中筛选符合特定课堂的内容，这样难免会降低效率。了解一些贴近实际课堂的工具和资源，将会帮助教师大大提高备课效率。目前，许多教育服务公司提供了针对性极强的软件和资源库，供一线教师使用。"101 教育 PPT"就是一款服务教师用户的备、授课一体的软件，软件支持智能资源匹配、辅助工具以及手机控制课件等功能；同时还拥有跨多元领域的优质3D、VR 内容资源，为学生创设接近真实的学习环境，打造可沉浸交互的三维学习环境。

5.2.1　101 教育 PPT 的功能特点

该款软件旨在为教师提供一站式云教学解决方案，包括丰富的教育云资源、辅助工具、个性化存储以及手机操作等功能。

（1）教育云资源：101 教育云平台，为教师提供范例课件、图片、音视频、Flash 等素材资源供备课时使用。

（2）辅助工具：课堂中为教师提供计算器、互动激励、画笔、橡皮擦等工具辅助教师教学。

（3）个性化存储：提供个人网盘服务，教师可根据自己的喜好存储调用各种教学素材。

（4）手机操作：通过手机移动式操控，帮助老师实时掌控课堂。

5.2.2　101 教育 PPT 的安装

101 教育 PPT 分别提供 Windows 电脑版、iOS 版和 Android 版可供教师免费使用。

打开浏览器，在地址栏中输入网址 http://ppt.101.com/，进入 101 教育 PPT 主页，如图 5-4 所示，可根据自己的使用环境选择相应版本下载。在此以电脑版为例进行介绍。

图 5-4　101 教育 PPT 主页 　　　　图 5-5　101 教育 PPT 安装界面

双击安装程序，进入安装界面，如图 5-5 所示，根据提示进行安装。安装完成后启动程序，即可进入软件工作界面，如图 5-6 所示。

图 5-6　101 教育 PPT 工作界面

5.2.3　使用 101 教育 PPT 制作课件

该软件的基本操作方法与 Office PowerPoint 非常相似，同时在界面右侧提供了一个丰富

的教育资源库，教师可以根据自己教授的年级、学科以及具体使用的教材版本等选择相应的配套资源库。这个资源库中包括课件、多媒体、3D资源、基础习题以及趣味题型等内容，一站式供应了教学相关的所有资源。

实例 1　使用 101 教育 PPT 制作小学语文课件。

【实例效果】

以小学四年级语文鲁教版课文《草原》为例，使用 101 教育 PPT 备课制作多媒体课件，效果如图 5-7 所示。

图 5-7　《草原》课件制作界面

【跟我做】

1）选择课题

单击教育 PPT 工作界面右侧教育资源库上方的"章节选择"按钮，在弹出的界面中根据提示选择具体的授课年级、教授学科和教材版本，如图 5-8 所示。找到课文《草原》，选中并单击下方的"开始备课"按钮，就可以在右侧教育资源库中查看与该主题相关的课件、多媒体、3D 资源、习题等内容。图 5-7 右侧就是选择"草原"课题后打开"课件"资源库所显示的已有相关课件。

图 5-8　教育资源库中通过"章节选择"找到课文

2）选择课件资源

在教育资源库单击"课件"，打开主题相关课件列表，单击其中一个课件缩略图即可打开该课件的全部页面预览，从中选择所需页面，单击页面左下方的"插入"即可将页面插入到自己的课件中，如图 5-9 所示。

图 5-9 浏览和选择现有课件

> **温馨提示**：选择课题后，如果在教育资源库的某个子库中没有找到合适的素材，也可以单击右上角的"搜索"按钮，搜索需要的素材资源。
>
> 从课件资源库中找到的课件可以直接下载使用，也可以选择其中几页插入自己的课件。

3）插入生字卡

在教育资源库的"学科工具"中提供了该主题相关的"生字卡"，如图 5-10 所示，单击生字卡下方的"插入"按钮，就可以将动态的生字书写控件插入到课件中。

图 5-10 插入生字卡　　　　　　图 5-11 插入多媒体资源

4）插入多媒体资源

在教育资源库的"多媒体"库中，提供了为这个章节匹配的图片、视频、动画以及音频资源，如图 5-11 所示，单击"插入"按钮可以直接添加到 PPT 课件中。

5）插入 3D 资源

在 101 教育 PPT 中最有吸引力的教育资源是 3D 资源，如图 5-12 所示，其插入方法与多媒体资源相同。进入全屏预览模式，可以将 3D 模型放大、旋转和单击相应部分进行解说，让学生更直观地认识所学主题。

图 5-12　关于蒙古包的 3D 资源

6）加入习题

单击资源库下方的"基础习题"和"趣味题型"，可以为课件添加练习题，也可以对已有的题目进行编辑，使其符合实际教学需要。

此外，该软件还提供主题模板供教师备课时选择。除了 101 教育 PPT 提供的资源，教师还可以登录后建立自己的校本库以及在自己的网盘上传和下载资源。

【知识窗】

使用 101 教育 PPT 放映幻灯片时，可以通过手机远程控制幻灯片的播放，只需在手机端安装"101 教育 PPT"APP，单击电脑端软件界面左下角连接手机的按钮，如图 5-13 所示，使用手机端 APP 扫码即可连接手机与电脑端。这样可以使教师讲解时脱离讲台的限制，更好地与学生互动。

图 5-13　手机远程控制幻灯片播放

101 教育 PPT 课件制作工具沿用传统 PPT 功能，结合 101 教育云平台 K12 全学科（小学一年级到高中三年级）教学资源，让教师的备/授课成为一体，而其中丰富的教学资源极大地减轻了教师的备课任务，并且这款软件完全免费，只希望为教师和学校带来更多教学的美好体验。

【创新园】

选择一个小学数学课题，尝试使用 101 教育 PPT 制作一个数学课件。

5.3 思维导图工具的教学应用

5.3.1 思维导图工具简介

思维导图又叫心智导图，是英国的东尼·博赞创造的表达发散性思维的有效的图形思维工具，是一种将思维形象化的方法，它运用图文并重的技巧，把各级主题的关系用相互隶属与相关的层级图表现出来，把主题关键词与图像、颜色等建立记忆链接。目前有许多优秀的思维导图制作软件，可以方便快速地完成思维导图绘制。

Xmind 是一款实用的思维导图软件，简单易用、美观、功能强大，拥有高效的可视化思维模式，具备可扩展、跨平台等性能，可以方便地满足各种使用场合和需求。其体系设置类似 Excel，我们可以新建工作簿，然后在一个工作簿里新建多个画布，也就是思维导图。Xmind 中最重要的概念是主题，有子主题、父主题等。这里面有两个需要注意区别，即自由主题和自由中心主题。自由主题的子主题全在右侧，而自由中心主题则会围绕中心均匀分布。使用 Xmind 可以完成一般的思维导图、平衡图、组织结构图、树状图、逻辑图、鱼骨图等的制作。

Xmind 目前提供 Windows 版、Mac 版、Linux 版以及手机 APP 等不同版本，可根据需要下载并安装相应版本。Xmind 中思维导图由一系列不同级别的主题构成，可以为主题添加标注、创建主题之间的联系等。对于绘制的思维导图，可以选择和设置不同风格的外观，使其更加美观大方。

5.3.2 思维导图工具的教学应用

下面以绘制"小学数学应用题"知识点梳理的思维导图为例，介绍 Xmind 基本使用方法。

实例 2　使用 Xmind 制作思维导图

【实例效果】

"小学数学应用题"知识点梳理思维导图如图 5-14 所示。

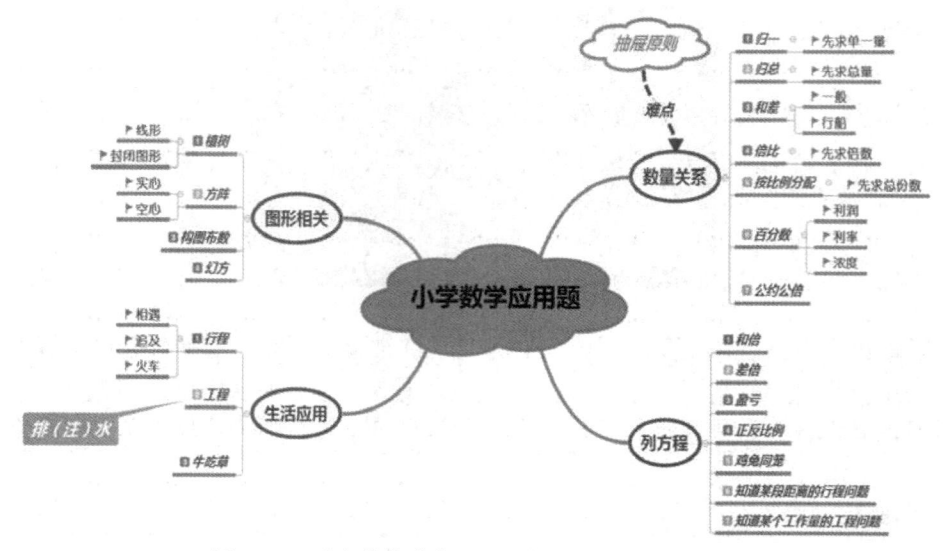

图 5-14　"小学数学应用题"知识点梳理思维导图

【跟我做】

1）创建中心主题

（1）新建思维导图。启动 Xmind 软件，执行"文件"/"新建"命令，打开"新建"对话框，如图 5-15 所示。

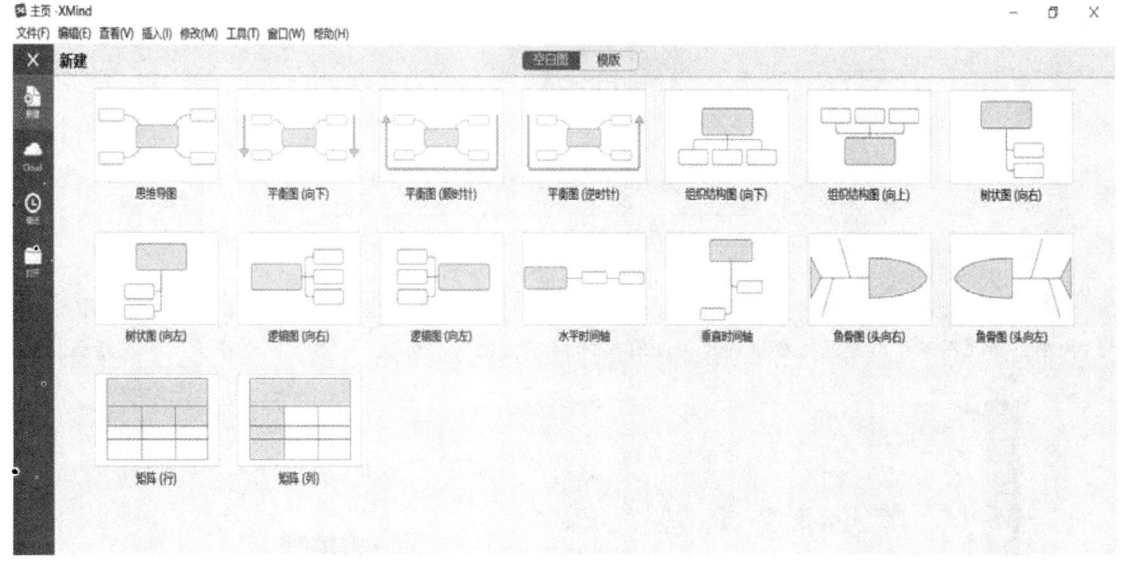

图 5-15　新建空白图

（2）选择思维导图风格。在"新建"对话框中单击"空白图"，选择"思维导图"，弹出"选择风格"对话框，如图 5-16 所示。选择需要的思维导图外观风格，单击"新建"按钮，进入绘制思维导图的操作界面，如图 5-17 所示。

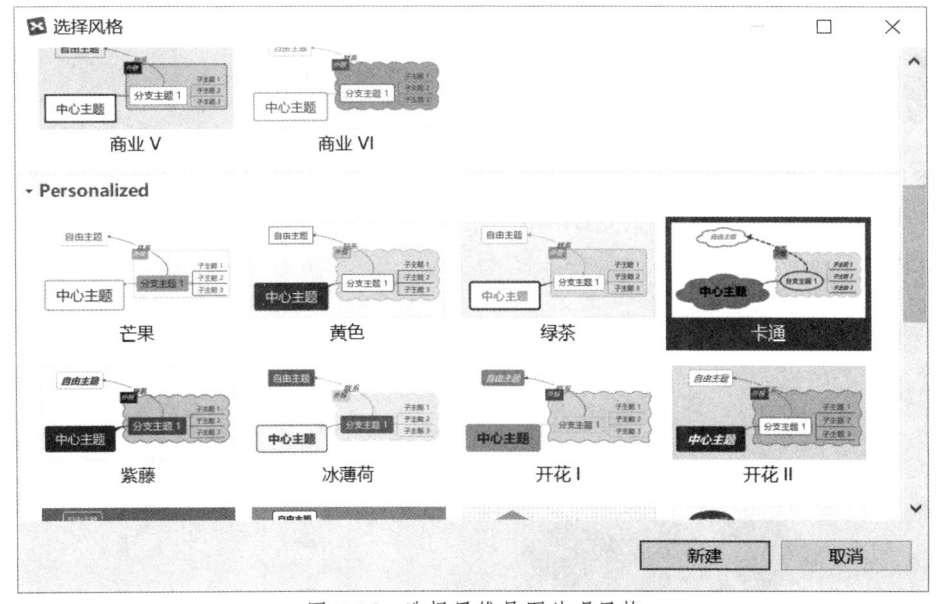

图 5-16　选择思维导图外观风格

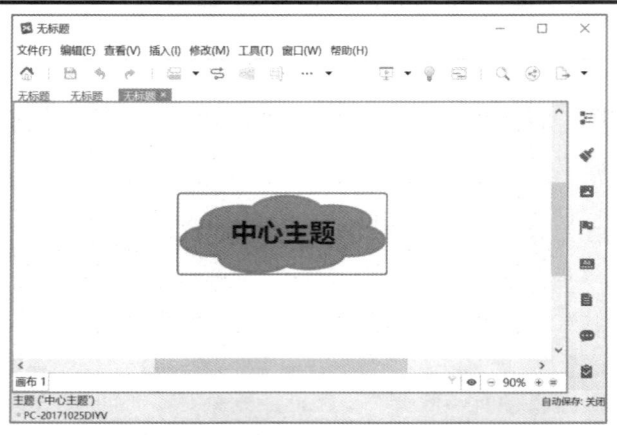

图 5-17　绘制思维导图的操作界面

温馨提示：创建中心主题的方式有两种，一是新建空白图，如图 5-15 所示，可选类别包括思维导图、组织结构图、树状图等；二是通过模板创建，如图 5-18 所示，包括"商业""教育""个人"三类模板。

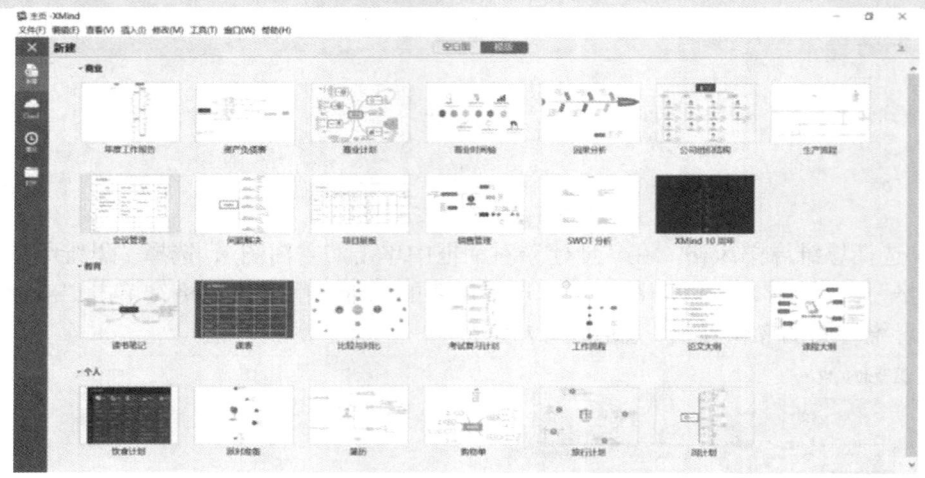

图 5-18　通过模板创建思维导图

2）添加中心主题

（1）输入主题内容。在新建的画布中，单击"中心主题"，输入主题内容"小学数学应用题"，如图 5-19 所示。

图 5-19　中心主题　　　　图 5-20　设置主题文字格式

（2）设置文字格式。在右侧工具栏中单击"格式"按钮，设置主题文字的格式，如图 5-20 所示。

3）添加分支主题

中心主题编辑完成后，开始添加分支主题，也就是子主题。分支主题可以通过快捷菜单或快捷键的方式进行添加。

（1）插入分支主题。右击中心主题，在弹出的菜单中选择"插入"/"子主题"，或直接按键盘上的 Insert 键，可以添加一个分支主题。

（2）输入分支主题内容。单击选中新添加的分支主题，输入主题内容。输入完成后，直接按 Enter 键可以继续添加同一级别的分支主题。

（3）调整分支主题布局。鼠标按住需要调整的分支主题拖动，可以调整分支主题的位置，调整后如图 5-21 所示。

图 5-21　添加分支主题并调整其布局

4）添加分支主题的子主题

（1）插入子主题。选中某个分支主题，按 Insert 键或右击，在弹出的菜单中选择"插入"/"子主题"，为该分支主题添加一个子主题。

（2）为子主题添加图标。选择子主题，在右侧工具栏单击"图标"按钮，单击要添加的图标样式，则添加到子主题上，如图 5-22 所示。

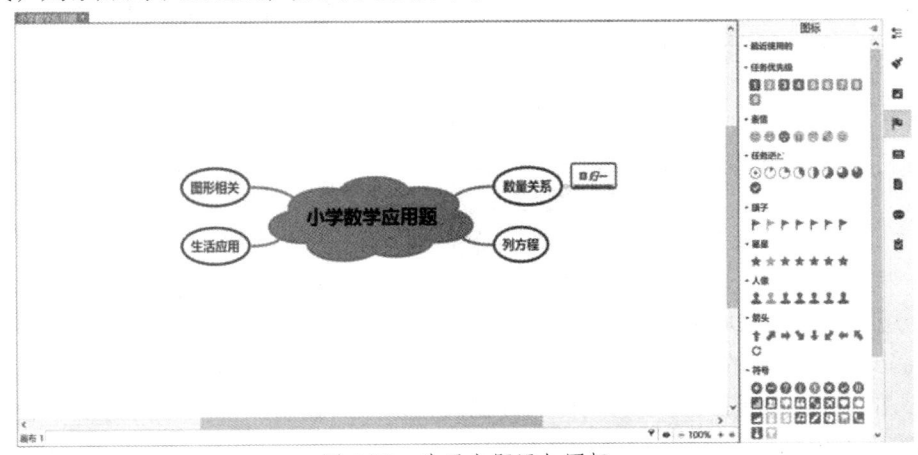

图 5-22　为子主题添加图标

（3）添加同级子主题。选中添加的子主题，直接按 Enter 键，可以继续添加同一级别子主题，按 Insert 键可以添加下一级子主题，制作完成后如图 5-23 所示。

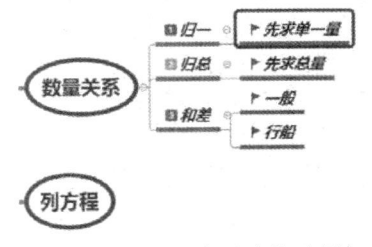

图 5-23　添加子主题及图标

5）复制样式

使用"拷贝样式"，可以快速把某个子主题的样式应用到其他子主题。在要复制样式的子主题上右击，在弹出的快捷菜单中选择"拷贝样式"，然后到需要应用相同样式的子主题上右击，在弹出的菜单中选择"粘贴样式"，就可以快速将拷贝的样式应用到该主题，如图 5-24 所示。

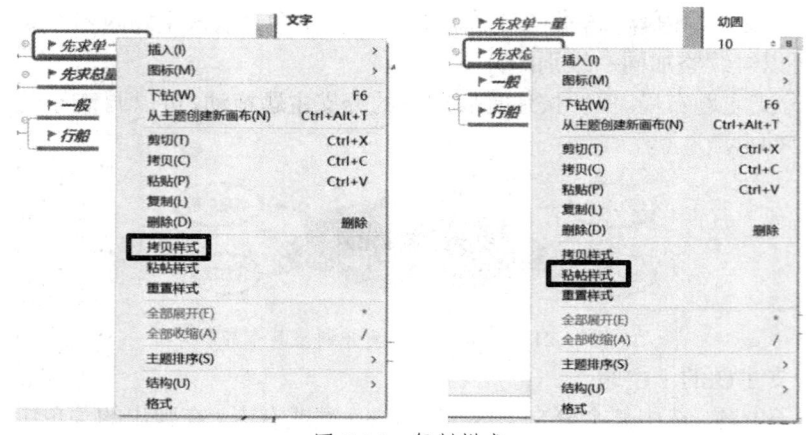

图 5-24　复制样式

6）为思维导图添加标注

除了常规的中心主题、分支主题和子主题外，还可以为思维导图添加自由主题、标注、外框、概要、联系等可视化关系。选中需要添加标注的主题，右击，在弹出的菜单中选择"插入"/"标注"，为该主题添加标注内容，拖动调整标注到合适位置，如图 5-25 所示。

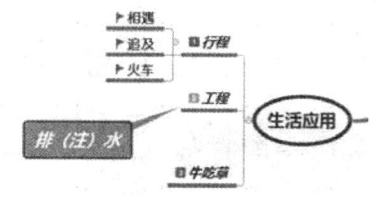

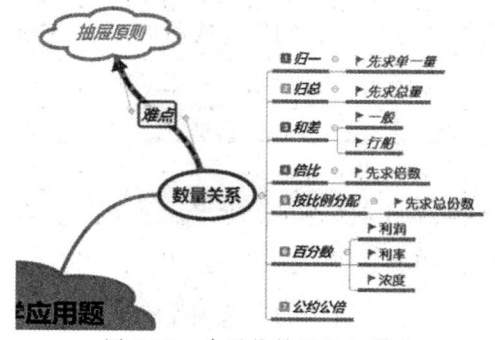

图 5-25　为思维导图添加标注

7）为思维导图添加联系

选中需要添加联系的主题，右击，在弹出的菜单中选择"插入"/"联系"，鼠标会变为一条带箭头的虚线，此时可以移动鼠标到合适位置，单击，则会在该位置创建一个与当前主题相联系的自由主题。在自由主题中输入内容后，单击该主题与自由主题之间的虚线连接线，可以输入两个主题间的关系描述，如图 5-26 示。

图 5-26　为思维导图添加联系

8）保存、导出与共享思维导图

思维导图制作完成后，单击"文件"菜单中的"保存"命令，可以将导图保存为 Xmind 格式的文件。单击"文件"菜单中的"导出"命令或工具栏最右端带箭头的"导出"按钮，选择"导出图片"，可以将导图导出为 PNG 格式图片，如图 5-27 所示。

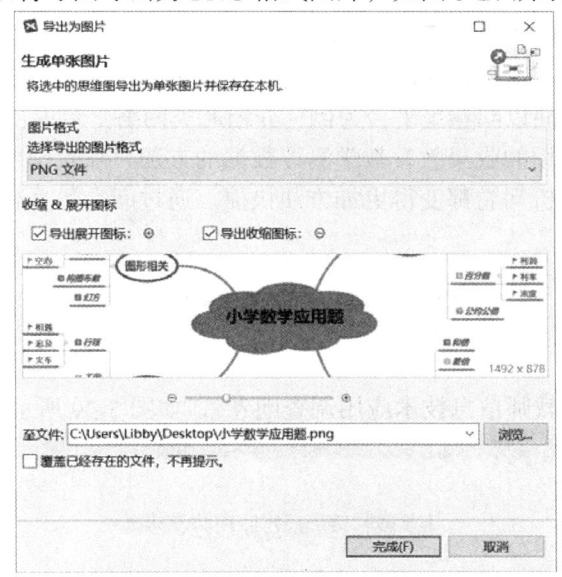

图 5-27 将思维导图导出为 PNG 格式图片

【创新园】

（1）请用 Xmind 制作小学数学"数的整除"知识点思维导图，参考效果如图 5-28 所示。

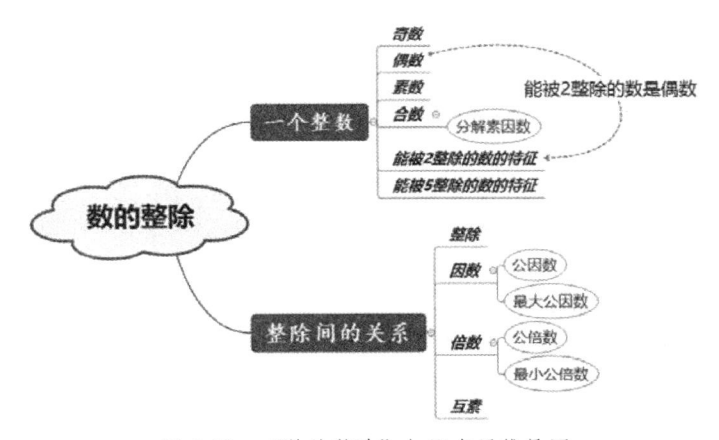

图 5-28 "数的整除"知识点思维导图

（2）在小学学科中自由选择一个主题，尝试设计并用 Xmind 制作一个知识点思维导图。

5.4 信息化评价工具的教学应用

教学评价是教育的重要组成部分，在教学过程的各个环节，几乎都需要通过不同形式的教学评价来帮助我们获得反馈信息，从而让我们的教学更有针对性。使用信息化教学评价工具，能够帮助我们实现无纸化测试、课程问卷调查等传统评价形式，也可以实现游戏化教学评价等。

5.4.1 问卷星的教学应用

目前，有众多的网络平台和网络工具可以进行无纸化在线教育测评，比如网络问卷调查工具问卷星和问卷网等，既可以实现在线问卷调查，也可以进行传统的试卷测试，还可以实现网络投票等功能。下面以问卷星平台为例，介绍此类网络平台的使用。

问卷调查是一种常用的收集教育教学测评数据的方法，随着网络问卷平台的出现，制作并发布问卷、回收和分析问卷都变得更加方便快捷。通过问卷星平台，可以快速轻松地编写和发布调查问卷。

实例3　利用问卷星制作调查问卷

【实例效果】

制作并发布《小学教师信息技术应用调查问卷》，如图 5-29 所示。

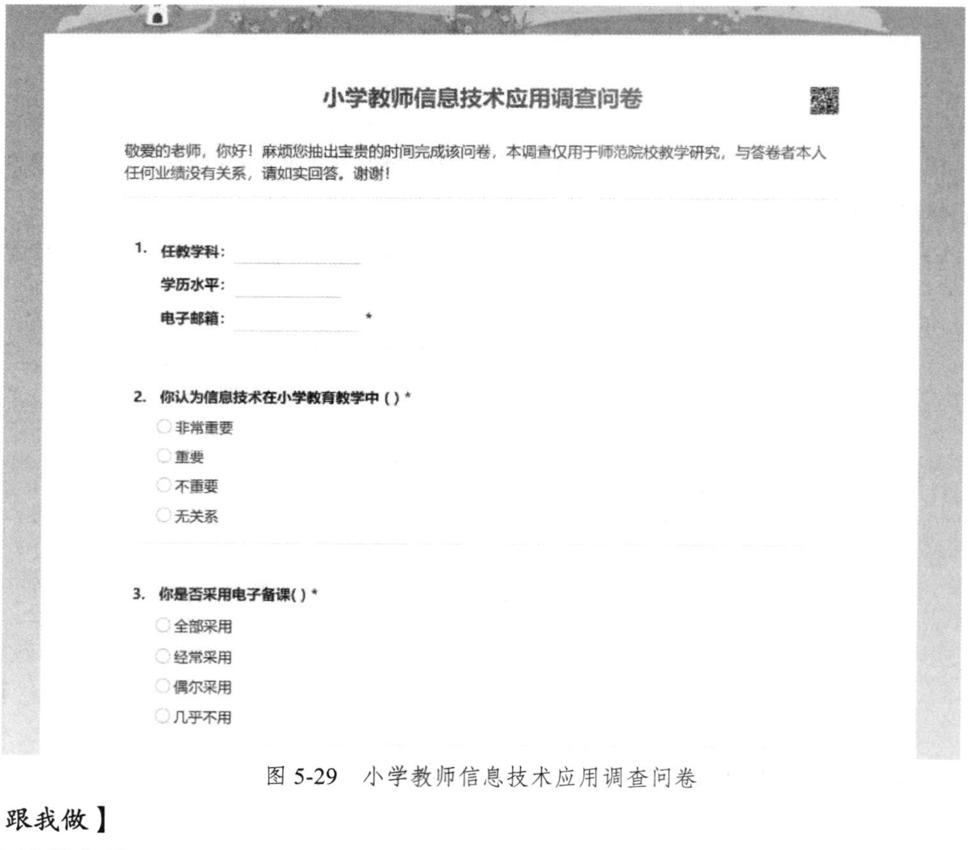

图 5-29　小学教师信息技术应用调查问卷

【跟我做】

1）注册登录

使用问卷星平台（https://www.wjx.cn/）编写调查问卷或测试之前，需要先登录平台进行注册，如图 5-30 所示。或者使用 QQ 等社会性媒体账号登录，从而更方便地管理问卷信息。除了使用问卷星网页版外，也可以安装手机 APP，实现随时随地管理问卷信息。本教材以网页版为例介绍问卷星的使用。

图 5-30　问卷星网站首页

2）创建问卷

登录后，进入个人账户界面，单击"创建问卷"按钮，进入"选择创建问卷类型"界面，如图 5-31 所示。选择"问卷调查"，单击"创建"按钮，进入"创建调查问卷"界面。

图 5-31　选择问卷类型，创建问卷

3）编辑问卷标题与说明

在"创建调查问卷"界面中的"调查名称"栏中输入问卷标题"小学教师信息技术应用调查问卷"，如图 5-32 所示，单击"立即创建"按钮。问卷创建成功后，还可以为问卷添加必要的说明文字，如图 5-33 所示。

图 5-32　输入问卷标题

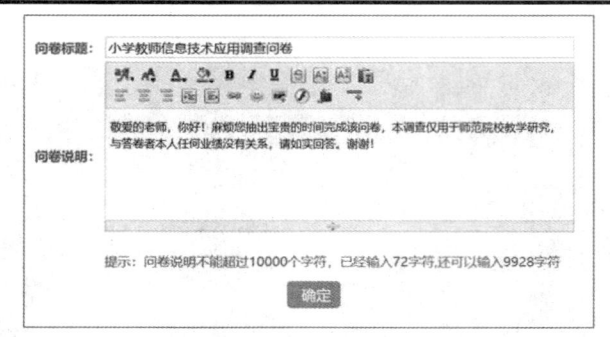

图 5-33　为问卷添加说明文字

4）为问卷添加多项填空题

鼠标移动到题型栏，在"填空"项目下选择"多项填空"，默认添加一个可以包含多个空白的多项填空题。在下方的题目编辑区中输入填空题目内容，如图 5-34 所示。

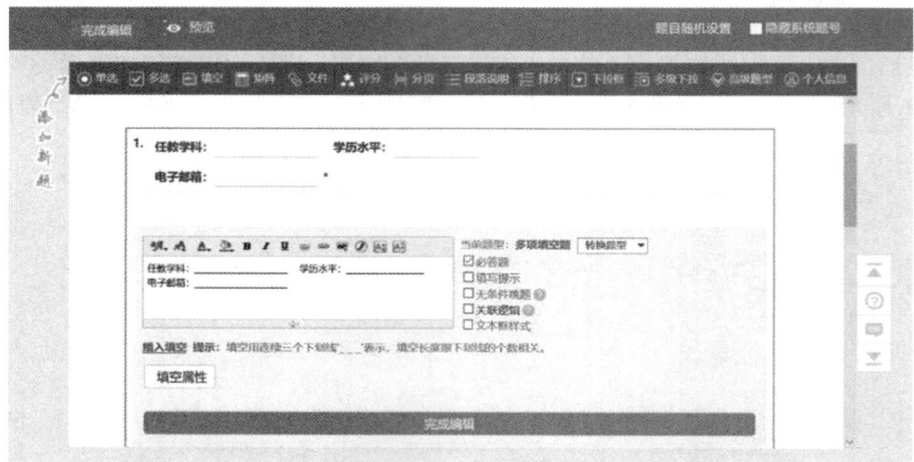

图 5-34　添加多项填空题

5）为问卷添加单选题

单击题型栏中的"单选"项目，在"标题"框中输入题目内容。单选题默认两个选项，单击下方的"添加选项"，可以添加新选项。输入完成后单击下方黄色的"完成编辑"按钮，一个单选题目添加完成，如图 5-35 所示。重复该操作，根据需要添加其他单选题目即可。

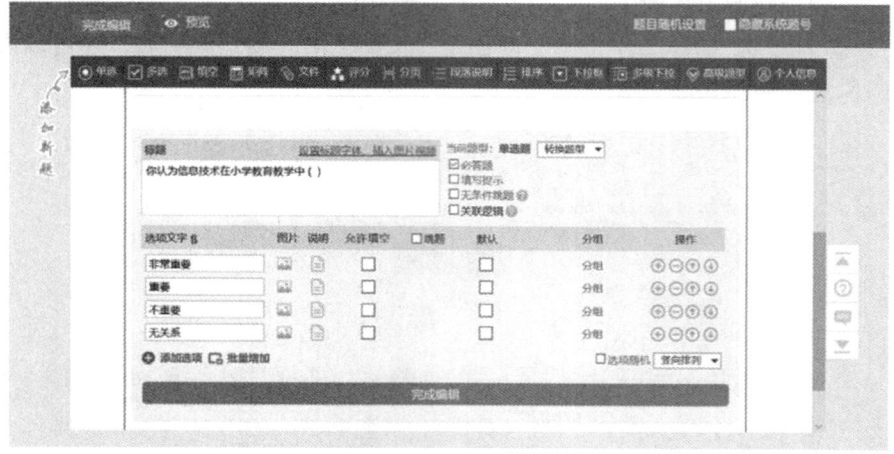

图 5-35　添加单选题

6）为问卷添加多选题

单击题型栏中的"多选"项目，与添加单选题相同，在相应的位置输入题目和选项内容即可。

7）设置问卷提交后处理方式

问卷内容编辑完成后，还可以设置提交问卷后显示给问卷填写者的信息，如图 5-36 所示，有三种不同的处理方式：显示自定义文案、跳转到指定页面和按条件处理。选择"显示自定义文案"，单击"设置"，在打开的文本框中输入想显示的文本内容，单击"保存设置"即可，如图 5-37 所示。

图 5-36　设置问卷提交后处理方式

图 5-37　设置"显示自定义文案"内容

8）保存问卷

问卷内容编辑完成后，回到页面最上方，单击"预览"按钮，可以查看问卷内容，如果不需要修改，则单击"完成编辑"按钮，问卷编辑完成并保存，如图 5-38 所示。

图 5-38　预览和保存问卷

9）发布问卷

编辑完成的问卷保存为草稿状态，如果要使用问卷，还需要将问卷发布。在完成编辑后，自动进入发布提示页面，此时单击"发布此问卷"按钮，即可将问卷发布。问卷可以通过网页或二维码等方式发送，也可以通过微信、微博、QQ 等社交媒体直接分享发送，如图 5-39 所示。

图 5-39　发布问卷

【知识窗】

（1）使用问卷星发布网络调查问卷或在线测试后，可以通过后台实时方便地查看问卷填写和回收情况。在问卷星个人首页找到要查看统计结果的调查问卷或测试，单击下方"分析&下载"，打开统计分析页面。在统计分析页面可以查看问卷填写报告，如图 5-40 所示，并以不同图表形式显示分析结果，还可以查看下载原始答卷，以及进行答案来源分析等操作。

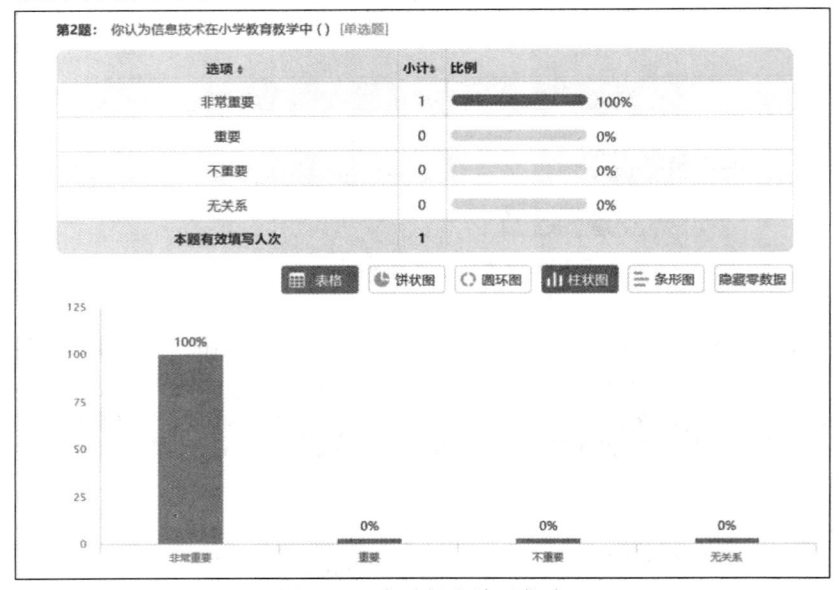

图 5-40　查看问卷填写报告

（2）利用问卷星还可以轻松组建常见题型的无纸化测试试卷和在线投票等。创建考试的方法步骤与创建问卷相似，考试的题型可以分为判断、多选、单项填空、多项填空和简答题。教师可以设置考试时间、添加考试说明（问卷说明）等，如图 5-41 所示。如果是练习作业，还可以设置为练习模式。

第 5 章　信息化教学工具　　　　　　　　　　　　　　　　　　　～91～

图 5-41　在线测试考试时间等设置

（3）批量添加题目。如果在创建问卷或考试之前准备好了题目文档，可以直接批量添加题目。单击问卷下方的"批量添加题目"或上方题型栏右侧的"批量添加"按钮，弹出的对话框如图 5-42 所示。按照规定格式，参考示例题目，将题目复制到批量添加的框里即可。

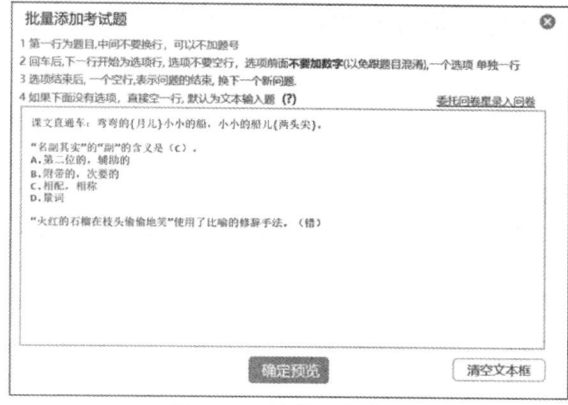

图 5-42　批量添加题目

【创新园】

利用问卷星将图 5-43 所示的语文单元测试题制作成在线测试。

要求：先填写测试者基本信息，然后完成测试题目，提交。效果如图 5-44 所示。

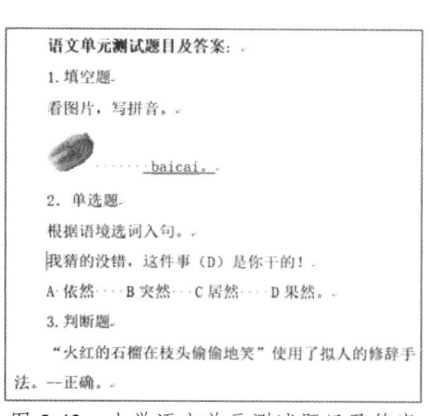

图 5-43　小学语文单元测试题目及答案　　　　　　图 5-44　小学语文单元在线测试

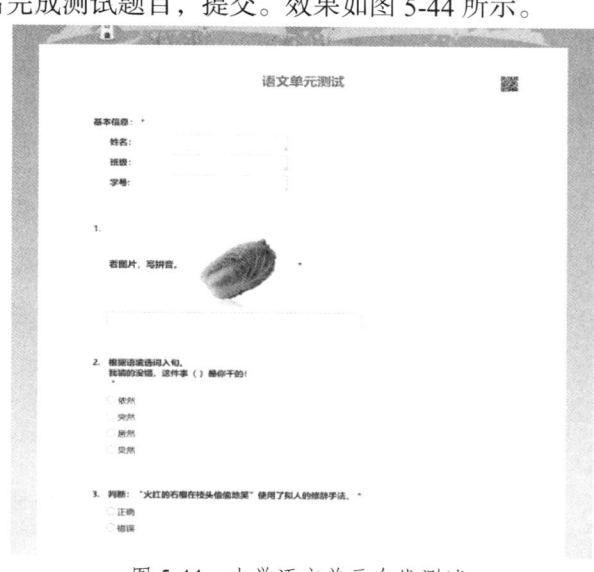

5.4.2 游戏化评价工具的教学应用

除了传统评价方式的网络无纸化以外，信息化评价工具还使得教学评价方式更加多样化，使教学评价游戏化，从而大大提高了学生对教学评价参与的积极性。

"剥豆豆"是一款可用于课堂评测的工具，它以游戏化的方式丰富课堂教学，让学生更积极地参与到课堂学习。其后台可将课堂师生互动数据归类统计，检查学生掌握情况，从而能够在教学进程中评价学生知识掌握的能力，引导学生进行个性化学习。其简单易学，从而成为目前中小学，特别是小学教学中很受欢迎的一款课堂评测小工具。

实例 4　使用"剥豆豆"进行游戏化课堂测评

【实例效果】

使用"剥豆豆"制作小学语文随堂测评，如图 5-45 所示。

图 5-45　小学语文随堂测评

【跟我做】

1）注册登录

使用"剥豆豆"前，需要使用手机号码进行注册和登录。打开浏览器，输入"剥豆豆"网址（http://get.bodoudou.com/），打开其注册登录界面，如图 5-46 所示。如果已有账号可直接登录，如果还没有"剥豆豆"账号，则单击"注册"，使用手机号码进行注册。

图 5-46　"剥豆豆"注册界面

2）创建豆荚

登录成功后，进入创建豆荚页面，如图 5-47 所示，目前有"测验"和"调查"两种类型可选。作为课堂评测的话可以选择"测验"，开始创建豆荚。如图 5-48 所示，输入豆荚名，单击"下一步"即可完成豆荚创建，进入添加豆豆页面。

图 5-47　选择豆荚类型　　　　图 5-48　输入豆荚名创建豆荚

3）添加豆豆

在添加豆豆页面，可以直接输入问题题干和选项，如图 5-49 所示，同时需要在正确选项前面做出正确答案的标记。一个豆荚可以包含多个豆豆，每个豆豆支持 2-4 个选项，在题干中还可以添加图片。

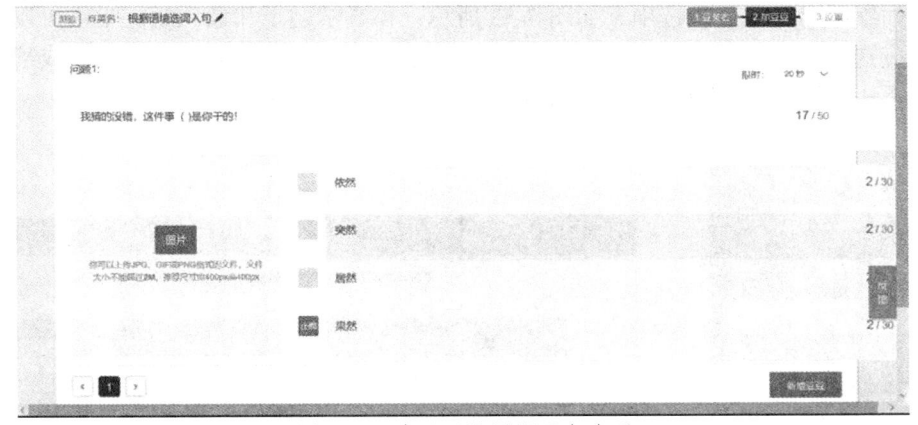

图 5-49　为豆豆设置题干和选项

单击下方"新增豆豆"，则会在该豆荚下添加第二个题目，方法与前类似。依此类推，把所有需要添加的题目设置完成，然后单击"下一步"按钮，设置豆荚的封面图片，对豆荚添加简要的描述说明，选择豆荚题目难易程度，并设置豆荚的隐私属性，如图 5-50 所示。

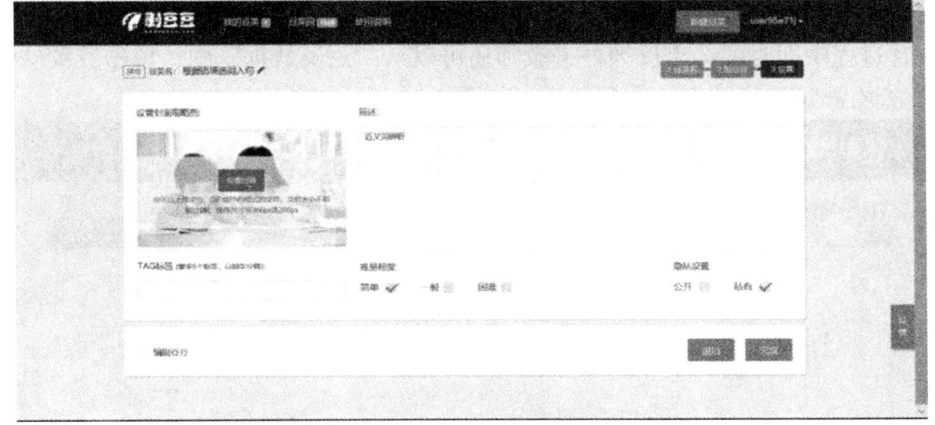

图 5-50　为豆荚设置文字描述和相关属性

4）完成创建

全部完成后，单击"完成"按钮，豆荚创建完毕，页面返回"我的创建"，如图 5-51 所示，在这里可以查看自己创建的所有豆荚。如果需要创建第二个豆荚，则单击页面右上角的"新建豆荚"按钮，重复前述步骤，创建新的豆荚。

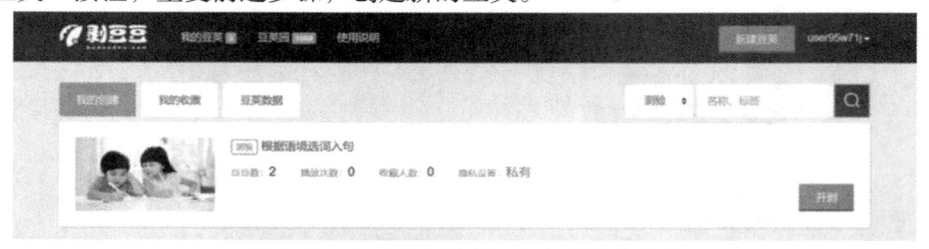

图 5-51　在"我的创建"中查看所有豆荚

5）开始测试

单击豆荚右侧的"开剥"，进入豆荚播放设置页面，设置好选项后，单击"开始答题"。此时，学生在移动终端浏览器中输入网址 bodoudou.com，进入剥豆豆页面，如图 5-52 所示。按步骤输入加入码和昵称，进入教室等待答题状态。教师在剥豆豆页面单击下方的"开始答题"按钮，界面显示题干和选项，如图 5-53 所示，在显示题干和选项后，学生可以在移动终端选择对应选项，完成答题，其结果会实时显示在学生终端和教师端页面。完成第一题，教师单击"下一题"，学生重复前面步骤，继续答题，直到测试结束。

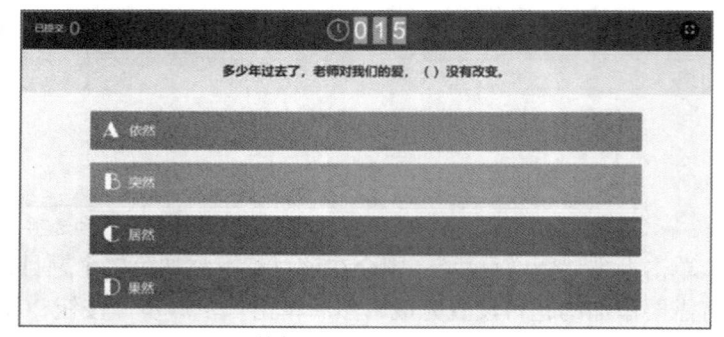

图 5-52　学生移动端界面　　　　图 5-53　教师端界面显示题干和选项

6）查看测试数据

除答题过程中即时的结果反馈外，教师还可以从"豆荚数据"中，单击豆荚右侧的"查看详情"，查看测试结果的详细数据分析，如图 5-54 所示。

图 5-54　查看测试结果数据分析

【知识窗】

除了可以自己创建豆荚以外，在"剥豆豆"平台中还可以借鉴和直接使用其他用户创建的豆荚。在"豆荚园"中，可以看到所有用户设置为"公开"隐私属性的豆荚，如图 5-55 所示，并在课堂上直接使用，也可以将好的豆荚直接收藏在自己的账号中，方便日后查看和使用。对已经制作完毕的豆荚，也可以单击"开剥"按钮上方的"编辑"，对豆荚内容进行修改。

图 5-55　查看其他用户创建的豆荚

【创新园】

在小学数学中选择一堂课，用"剥豆豆"制作和组织一个课堂测评。

模块三　信息化教学资源

第 6 章　信息化教学资源的获取

第 7 章　信息化教学资源的加工与处理

第6章 信息化教学资源的获取

知识地图

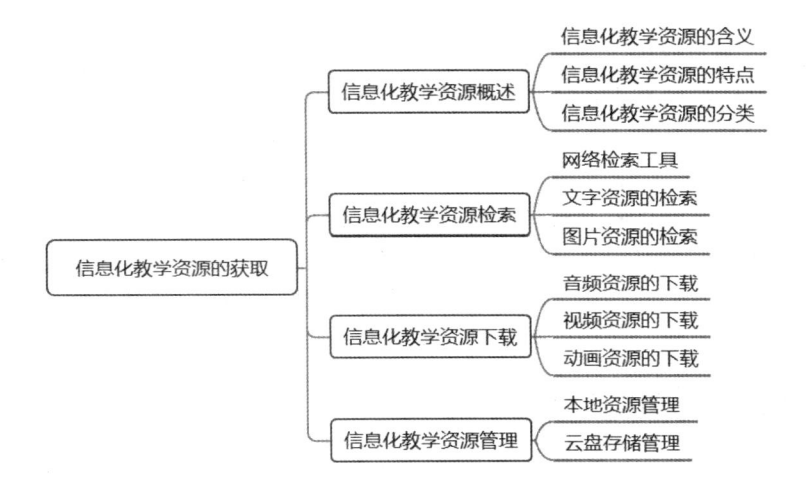

```
                            ┌─ 信息化教学资源概述 ──┬─ 信息化教学资源的含义
                            │                      ├─ 信息化教学资源的特点
                            │                      └─ 信息化教学资源的分类
                            │
                            ├─ 信息化教学资源检索 ──┬─ 网络检索工具
                            │                      ├─ 文字资源的检索
信息化教学资源的获取 ──────┤                      └─ 图片资源的检索
                            │
                            ├─ 信息化教学资源下载 ──┬─ 音频资源的下载
                            │                      ├─ 视频资源的下载
                            │                      └─ 动画资源的下载
                            │
                            └─ 信息化教学资源管理 ──┬─ 本地资源管理
                                                    └─ 云盘存储管理
```

学习目标

1. 理解信息化教学资源的含义、分类及特点
2. 会使用检索工具与技巧检索各类信息化教学资源
3. 会选择恰当的方法下载各类信息化教学资源
4. 能有效管理自己的学习资源

随着教育信息化程度的提高，信息化教学资源的作用日益突出，它能有效地支持信息化教学活动，促进教学模式、教学观念和学习方式的转变，也是促进信息时代教育变革的重要因素。如今，因特网上免费的优质教学资源越来越多，教师需要掌握正确的方法高效地搜索并获取自己所需要的教学资源。获取这些资源的方法也多种多样，有的可以直接下载，有的则需要一定的技术支持。随着积累的教学资源越来越多，教师还要学会有效管理这些教学资源。

6.1 信息化教学资源概述

6.1.1 信息化教学资源的概念

1. 教学资源

教学资源是指在教育教学过程中,能够为教与学提供支持与帮助的所有资源,可以理解为一切可以利用于教育、教学的物质条件、自然条件、社会条件以及媒体条件,是教学材料与信息的来源。教学资源通常包括教材、案例、影视、图片、课件等,也包括教师资源、教具、基础设施等,广义也应该涉及教育政策等内容。

2. 信息化教学资源

信息化教学资源主要指以信息技术为基础和核心,蕴含大量的教育信息,能够为信息化教学提供支持和帮助的所有有价值、有作用的物质、能量和信息的总称。

信息化教学资源包含物力资源和信息资源,或称硬件资源和软件资源。其中硬件资源主要是指网络教室、多功能语音教室、电子书包、触控一体机、数字课桌、交互式电子白板等各种信息化硬件设备;软件资源包括多媒体素材、课件、网络课程、电子图书等教学材料和教学工具等。本章中的信息化教学资源主要指服务于教育教学的计算机软件,它是经过数字化处理,可以在计算机上或网络环境下运行的多媒体教学材料与教学系统,如多媒体课件、数字音频、数字视频、教学动画、教学素材库等。

6.1.2 信息化教学资源的特点

信息化教学资源突破了传统教学资源的局限性,具有其自身的特点,认识和把握这些特点有助于我们从本质上理解信息化教学资源。从总体上来说,信息化教学资源有以下特点:

1. 呈现的多媒体化

信息化教学资源呈现方式的多媒体化。利用多媒体技术将教学信息以文本、图形/图像、声音、视频、动画等多种形式恰当地组织呈现,这与传统的单独用文字或图片处理信息资源的方式要丰富得多。多媒体技术给学习者提供的外部刺激不是单一的刺激,而是多种感官的综合刺激,这种刺激可以激发学习者的学习兴趣,提高学习的积极性。

2. 组织的超文本化

传统的教学信息,其组织结构是线性的、有顺序的,而人的思维、记忆却呈网状结构,可以通过联想选择不同的路径来加工信息,因此,传统教育制约了人的智慧与潜能的调动,限制了自由联想能力的发展,不利于创新能力的培养。超文本是按照人的联想思维方式以"去中心"为核心,非线性地组织、管理和利用信息的一种技术,由于超文本信息组织的联想性和非线性的特点,符合人类的认知规律,所以便于学习者进行联想思维。另外,由于超文本信息结构的动态特点,学习者可以按照自己的目的和认知特点重新组织信息,按照不同的学习路径进行学习。

3. 处理和存储的数字化

利用多媒体计算机的数字转换和压缩技术,能够迅速实时地处理和存储文本、图形/图像、音频、视频、动画等各种媒体信息,既可以方便学习,增加信息容量,又能够提高信息处理和存储的可靠性。

4. 传输的网络化

信息化教学资源可以通过网络终端和移动终端随时随地获取。教学信息传递的形式、速度、距离、范围等均发生了巨大变化，避免了传统信息在查找时受到的时间、空间等因素的限制。信息化教学资源的网络化特征有利于实现个性化学习、协作式学习以及跨时空的资源共享。

5. 资源的系列化

随着教学信息化程度的提高和现代教育环境系统工程的建立，现代教材体系也逐步成套化、系列化、多媒体化，这使得人们能根据不同的条件、不同的目的、不同的阶段，自主有效地选用相应的学习资源，为教育社会化、终身化提供了保障。

6.1.3 信息化教学资源的类型

依据不同的分类标准，可将信息化教学资源划分为不同的类型。根据教育部信息化技术标准委员会发布的《教育资源建设技术规范（征求意见稿）》，目前常见的信息化教学资源主要包括九类，分别是：媒体素材（包括文本、图形/图像、音频、视频和动画）、试题库、试卷、课件与网络课件、案例、文献资料、常见问题解答、资源目录索引和网络课程。另外，还可根据实际需求，增加其他类型的资源，如电子图书、工具软件和影片等。

（1）媒体素材：媒体素材是传播教学信息的基本材料单元，可分为五大类：文本类素材、图形/图像类素材、音频类素材、视频类素材、动画类素材。

（2）试题库：试题库是按照一定的教育测量理论，在计算机系统中实现的某个学科题目的集合，是在数学模型基础上建立起来的教育测量工具。

（3）试卷：试卷是用于进行多种类型测试的典型成套试题。

（4）课件与网络课件：课件与网络课件是对一个或几个知识点实施相对完整教学、用于教育教学的软件。根据运行平台划分，可分为网络版的课件和单机运行的课件，其中网络版的课件需要能在标准浏览器中运行，并且能通过网络教学环境被大家共享。单机运行的课件可通过网络下载后在本地计算机上运行。

（5）案例：案例是指由各种媒体元素组合表现的、有现实指导意义和教学意义的代表性事件或现象。

（6）文献资料：文献资料是指有关教育方面的政策、法规、条例、规章制度，对重大事件的记录、重要文章、书籍等。

（7）常见问题解答：常见问题解答是针对某一具体领域最常出现的问题给出全面解答。

（8）资源目录索引：列出某一领域中相关的网络资源地址链接和非网络资源的索引。

（9）网络课程：网络课程是通过网络表现的某门学科的教学内容及实施的教学活动的总和，它包括两个组成部分：按一定的教学目标、教学策略组织起来的教学内容和网络教学支撑环境。

6.2 信息化教学资源的检索

在教与学的过程中，使用信息化教学资源不仅可以为学习者提供感性的学习材料，丰富学习者的感性经验，还可以调动学习者学习的积极性和主动性，从而提高学习效率。然而，丰富的信息化教学资源蕴藏在浩瀚的网络资源环境中，因此，了解多种信息化教学资源的获取方法，掌握有效检索和提取信息资源的技术和手段是信息时代教师和学习者必备的知识和技能。熟练使用网络信息检索工具是开启网络信息资源大门的一把金钥匙。

6.2.1 信息化教学资源的检索工具

网络中蕴藏着海量的信息化教学资源，要想找到所需要的信息化教学资源必须借助于网络检索工具。网络检索工具是指在因特网上提供信息检索服务的计算机系统，其检索对象是存在于因特网信息空间中各种类型的网络信息资源。下面介绍几种常见的信息化教学资源检索工具。

1. 全文搜索引擎

在互联网上，最常用的信息检索工具就是全文搜索引擎，它从互联网上提取各个网站的信息，从而建立起数据库，并检索与用户查询条件相匹配的记录，然后按一定顺序将结果返回给用户。网上全文搜索引擎很多，国外的如谷歌（http://www.google.com），国内的如百度（http://www.baidu.com）、搜狗（Sogou）等。这些搜索引擎获取信息与资源的方法大致相同。

2. 目录搜索引擎

目录搜索引擎是由信息管理专业人员在广泛收集网络资源与加工整理的基础上，按照某种主题分类体系编制的一种可供检索的等级结构式目录。在每个目录下提供相应的网络资源站点地址，使用户能够通过该目录体系的引导，不依靠关键词就可查到有关信息。常用的目录搜索引擎有国外的雅虎（Yahoo!），国内的搜狐（Sohu）、新浪（Sina）、网易（Net Easy）等。

3. 元搜索引擎

元搜索引擎又称多元搜索引擎或者并行搜索引擎，也称大容量搜索引擎，是为弥补搜索引擎的不足而出现的一种辅助检索工具。一般搜索引擎的检索范围仅局限于自身的数据库，而不同的搜索引擎各自的信息收集方式和范围、检索算法和结果排序方法各不相同，同一检索表达式得到的结果大不相同，要得到较全面的网络信息资源，不得不采用多个搜索引擎，费时费力。而元搜索引擎可以将用户的检索提问同时送到数个搜索引擎的不同数据库中进行检索，并很快从这些搜索引擎数据库中找到相关记录的集合并进行不同程度的处理。

这种搜索引擎具有自动分类整理、自动去掉重复结果、汇集多个搜索引擎结果、网络收藏夹和智能分类等功能。

国内影响比较大的元搜索引擎有我搜（WoSo）、搜啊（Sooua）、搜搜（SoSo）。

4. 全文数据库

电子文献资源是最常用的信息化教学资源之一。在获取电子文献资源时，可以直接登录到各个专业电子期刊、电子图书、学位论文数据库进行检索，也可以通过全文数据库获取。目前国内常用的全文数据库有中国知网数据库（CNKI）、万方数据库、中文科技期刊数据库等。

5. 教育专题网站

随着个性化学习和终身学习理念的盛行，教育类专题网站、网络教学资源库的数量和质量都在快速提升，为教与学提供了丰富、优质的信息化教学资源。

1）国家教育资源公共服务平台（http://www.eduyun.cn）

国家教育资源公共服务平台是国家教育资源中心为资源提供者和资源使用者搭建的优质

教育资源共享应用环境。平台可为各级各类学校的广大师生提供智能导航和学习空间为基础的多种教学应用服务，为社会各方资源提供者提供推广服务，为各级政府、学校采购资源及应用服务提供支持。

2）中国中小学教育教学网（http://www.k12.com.cn）

K12 的名字来源于国际上对基础教育的统称（K-12），k 是幼儿园（Kindergarten）的第一个字母，12 代表从小学一年级到高中三年级的中小学教育。K12 网站是一个旨在为中国的学校、教师、学生和家长提供一个全新的教育教学理念和模式，推动中国教育信息化的普及和发展的专业门户网站。

3）精品开放课程共享系统（http://www.icourses.cn）

精品开放课程共享系统是由教育部、财政部"十二五"期间启动和支持建设的高等教育课程资源共享平台，该平台集中展示了"中国大学视频公开课""中国大学资源共享课"和"中国大学 MOOC"，并对课程资源进行运行、更新、维护和管理。网站利用现代信息技术和网络技术，面向高校师生和社会大众，提供优质教育资源共享和个性化教学资源服务，具有浏览、搜索、重组、评价以及课程包的导入和导出、发布、互动参与和"教""学"兼备的功能。

4）英特尔未来教育项目（http://www.teachfuture.com）

英特尔未来教育是英特尔公司为教师专业发展而设计的一个全球公益性培训项目，它帮助教育工作者学习如何有效地将信息技术和资源融入教学中，开展以学习者为中心的教学活动，从而使学生具备适应 21 世纪发展的素质与技能。自 2000 年起，中华人民共和国与英特尔公司合作，在中国启动英特尔未来教育中小学教师培训项目。十多年来，遍及全国各省、自治区、直辖市。到 2013 年 10 月，英特尔未来教育项目在中国累计培训逾 220 万中小学教师，约占全国中小学教师总数的 15%，成为在中国开展的规模最大的国际合作教师培训项目。

除此之外，网上还有很多教育专题网站给我们提供丰富的教学资源和学习资源。

6.2.2 信息化教学资源检索应用实例

对于教师来说，教学中经常使用的教学资源有文字资源、图片资源、音/视频资源和课件资源等，这些教学资源很多都能在网上搜索到，不同类型资源的搜索方法不尽相同，本节通过几个实例学习文字资源和图片资源的搜索下载方法。

实例1　搜索《桂林山水》教学设计

【实例描述】

上课之前的备课、撰写教学设计是教师必不可少的工作，这首先需要充分研究教材，然后构思自己的教学方案。为了提高效率，可以在因特网上进行相关搜索，下载阅读，予以借鉴。该实例是搜索小学语文课文《桂林山水》的教学设计。

【实例分析】

百度文库提供了大量的教学资源，如教学设计、学科课程标准、教学课件等，但有些资源下载时需要一定的财富值（下载券），所以建议大家先注册成为百度文库用户并赚取一定的财富值再进行搜索下载。

【跟我学】

（1）注册百度账号。在浏览器地址栏中输入网址 http://wenku.baidu.com，打开百度文库主页，在页面右侧找到登录窗口，如图 6-1 所示。单击"注册"按钮，跳转到注册界面，按提示完成注册。

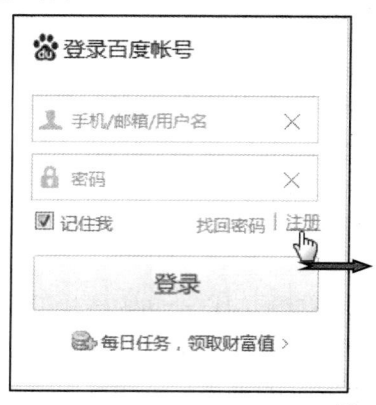

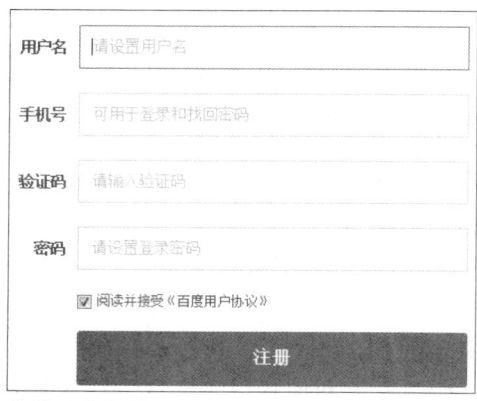

图 6-1　注册百度账号

（2）获取财富值。用户注册并激活百度账号后登录，上传文档即可获得财富值。

提示：百度文库中的资源下载时一般需要财富值，所以要积累财富值。积累方法：上传文档经审核后会获得一定的财富值；当文档被下载时会另外获得相应的财富值。每天登录（签到）是获取财富值最简单的办法。

（3）搜索教学设计。打开百度文库首页，在搜索栏中输入"《桂林山水》教学设计"，单击"百度一下"，搜索结果如图 6-2 所示。

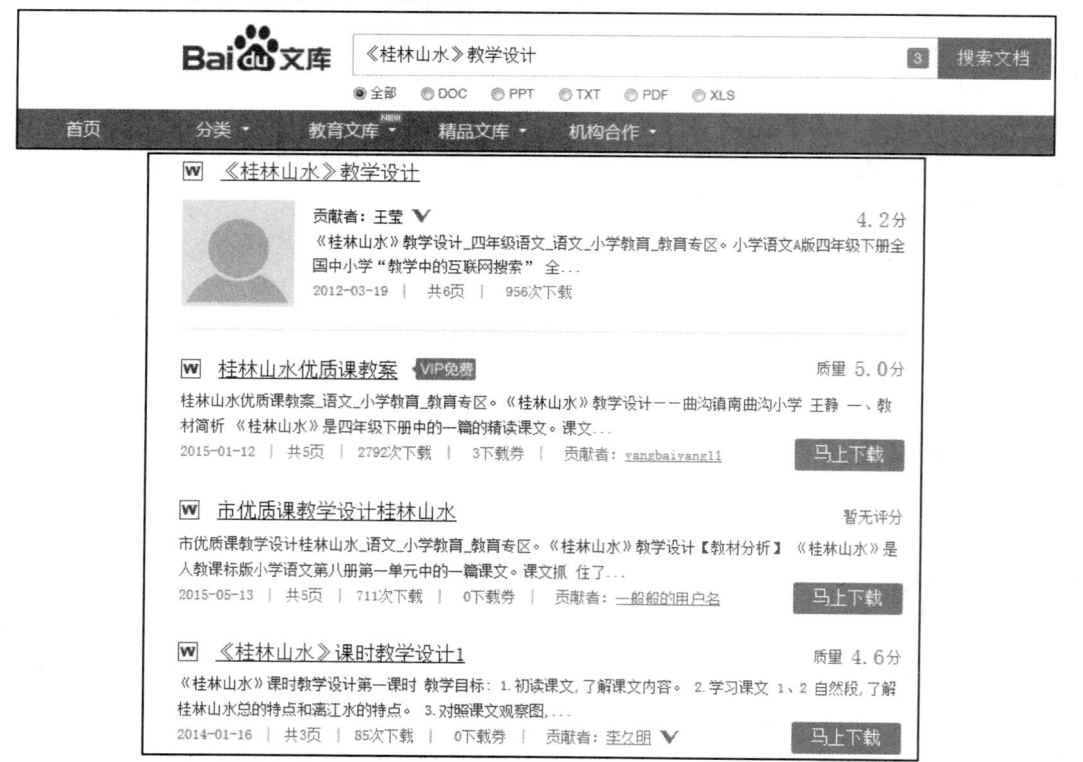

图 6-2　搜索"《桂林山水》教学设计"

（4）浏览、下载教学设计。单击链接，即可打开教学设计内容浏览；单击"下载"按钮即可完成下载，如图 6-3 所示。

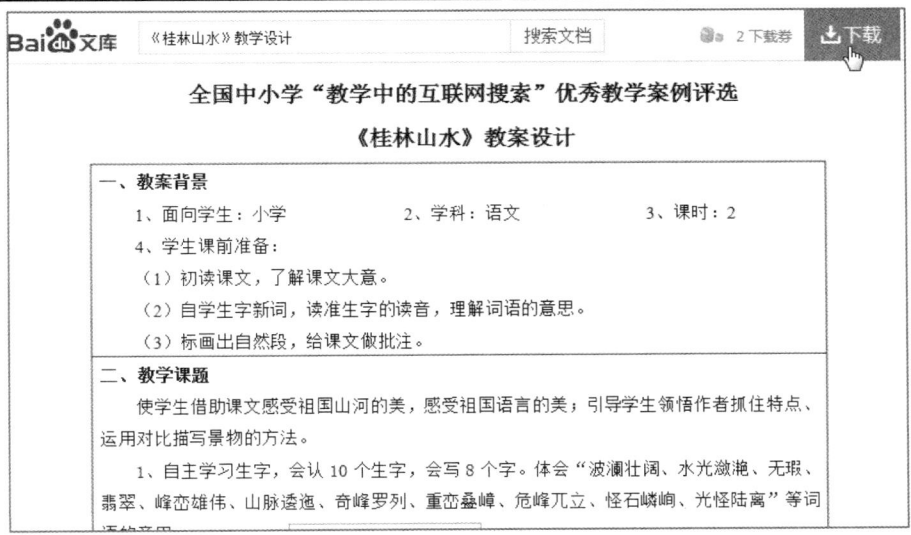

图 6-3 浏览、下载教学设计

【知识窗】

1）文档格式

文字资源是最基本、最常用的资源，但文字编辑软件不同生成的文件格式不同，如在百度文库搜索栏下方就有文件类型选项，如图 6-4 所示。

图 6-4 文字资源文件类型

其中：DOC 是 Word 文字处理文档，PPT 是 PowerPoint 演示文稿文件，TXT 是无格式文本文件，PDF 是便于文档在便携式设备上阅读的格式。

2）PDF 转换格式

PDF 格式文档虽然便于阅读，但无法编辑。如果要编辑 PDF 文档，就要将其转换为可编辑的 DOC（或 DOCX）文档格式。转换方式可以用转换软件如 PDF to Word Converter 等。最简单的办法就是用 Word 2010（或以上版本）打开 PDF 文件，再选择"文件"选项卡中的"另存为"将其保存为 DOC 文档。

实例 2　搜索课件背景图片

【实例描述】

我们在制作课件时，搭配合适的背景图片可以使课件更美观。网上有丰富的图片资源，我们可以通过百度图片搜索找到需要的课件背景图片。

【跟我学】

（1）打开百度图片。在浏览器地址栏中输入 http://images.baidu.com，按回车键，进入百度图片搜索主页。

（2）输入关键词。在搜索栏中输入"课件背景"，按回车键或单击"百度一下"，搜索结果如图 6-5 所示。

图 6-5 搜索结果

提示：在搜索结果中看到的是图片的预览图，鼠标指向预览图会显示图片大小。

（3）打开原图。找到合适的图片，单击图片打开图片链接的原图，如图 6-6 所示。

图 6-6 打开原图

（4）下载图片。在图片上右击，在快捷菜单中选择"图片另存为"保存图片到指定位置。这样，我们就得到了想要的背景图片。

实例 3　搜索无背景荷花图片

【实例描述】

在制作课件时，有些图片要求是无背景（透明）的。无背景图片通常是以 PNG 格式存在，所以在搜索这类图片时要指定图片格式。

【跟我学】

（1）打开百度图片搜索。在浏览器地址栏中输入 http://images.baidu.com，按回车键，进入百度图片搜索主页。

（2）搜索图片。在搜索栏中输入"荷花 png"，按回车键或单击"百度一下"，搜索结果如图 6-7 所示。

提示：关键词与格式之间要用空格隔开。

图 6-7　搜索结果　　　　　　　　图 6-8　打开原图

（3）打开原图。找到自己满意的图片，单击图片打开图片链接的原图，如图 6-8 所示。

提示：并不是所有 PNG 格式的图片都是无背景（透明）的，注意区分。

（4）下载图片。在图片上右击，在快捷菜单中选择"图片另存为"保存图片到指定位置。

【知识窗】

1）常用图片格式

常用的图片格式有 BMP、JPG、GIF、PNG。

BMP 格式是 Windows 操作系统中的标准图像格式，它的特点是包含的图片信息丰富，但不能被压缩，占用磁盘空间一般比较大。

JPG 格式的优点是，既占用较小的磁盘空间，又能保证较好的图片质量，目前应用最为广泛。

GIF 格式是图形交换格式，优点是占用磁盘空间小、可组成简单的动画，因此，广泛应用于因特网上。

PNG 格式是一种网络图像格式，它最大的优点是支持透明背景图片的制作。

2）图像的像素与分辨率

图像是由一个个点组成的，这些点被称为像素。每英寸图像内所含像素的点数叫作图像的分辨率，单位是像素/英寸（PPI），表达方式为水平像素数×垂直像素数，有时图像分辨率也称图像大小（不同于打印出来的物理大小）。同一幅面的图像，分辨率越高越清晰。

3）不同格式的图像搜索

根据不同需要在搜索不同类型的图片时，在搜索栏输入时关键词与格式之间一般要用空格隔开。

【创新园】

（1）从中国知网数据库（CNKI）中搜索小学语文（或数学）课堂教学的文章并下载阅读。

（2）注册百度账号，从百度文库搜索下载小学课件。

（3）仿照 PNG 格式图片的搜索方法，搜索 GIF 格式的动画，如卡通人物、卡通动物等。

6.3　音视频教学资源的下载

前面搜到的文字、图片资源基本上都是专业网站提供的，下载也比较方便。但是因特网上的许多资源并不提供直接下载方式，特别是音频、视频、动画资源，一般需要一定的方式或软件来完成下载，下面学习音频、视频、动画文件的下载方法。

6.3.1 音频文件下载

声音是教学中常用的一种素材，在语言类和音乐类的教学课件中，经常需要声音媒体来发挥有效的示范作用。在其他课件制作时，也经常会用到声音资源，如背景音乐、自然界的各种声音等，这些声音文件也可以到专业的素材网站，如声音网（http://www.shengyin.com）下载，也可以通过百度音乐 http://music.baidu.com/搜索下载。

实例 4　搜索下载钢琴乐曲"大自然的声音"

【实例描述】

该声音是在制作课件时要用到的背景音乐，可以到声音网下载。

【跟我学】

（1）进入声音网。打开浏览器，在地址栏中输入 http://www.shengyin.com，按回车键进入声音网首页，单击"声音素材"选项卡，会显示声音素材分类，如图 6-9 所示。

图 6-9　声音网页面

（2）搜索"大自然的声音"。在网页左边的"声音素材"下方，单击"乐器配乐素材"，在展开相中单击"钢琴乐曲"，右侧显示所有钢琴乐曲，如图 6-10 所示。

图 6-10　搜索声音

（3）视听效果。在搜索结果中找到"大自然的声音"，单击右方的小喇叭进入视听页面，如图 6-11 所示。

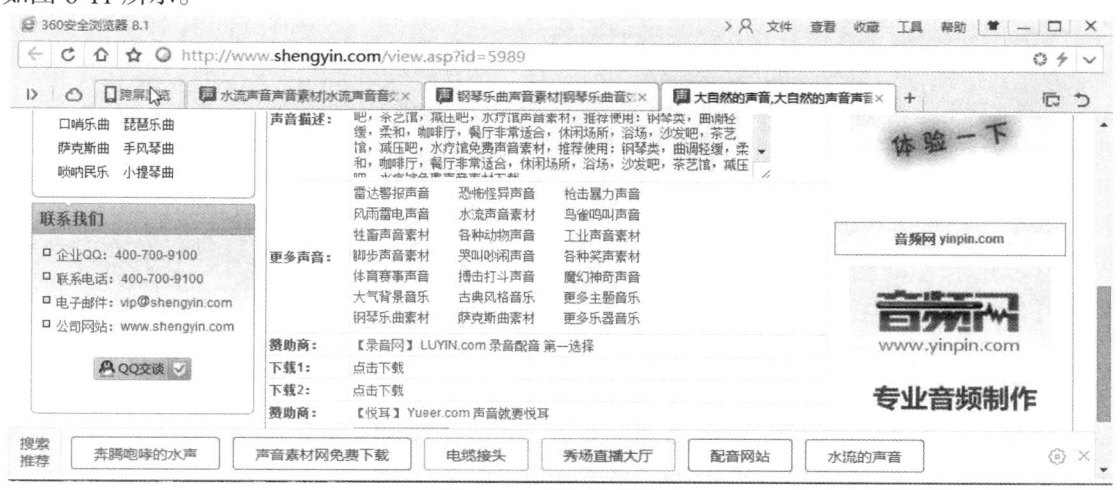

图 6-11 声音视听页面

（4）判断正确链接。在视听页面的下方，找到下载区域，判断正确链接。

提示：在下载区域有两个"点击下载"按钮，右击按钮，在快捷菜单中选择"目标另存为"，在弹出的对话框中判断目标类型，如图 6-12 所示。

图 6-12 下载声音

（5）下载文件。在图 6-12 所示对话框中单击"下载"按钮即可下载文件。

6.3.2 视频文件下载

视频教学资源主要有用于课堂教学的视频片段和用于指导教学的课堂实录，这些资源可以通过教育资源网获取，也可以通过优酷、爱奇艺等视频网站获取。视频网站上下载视频一般需要借助网络客户端或其他的特殊方式才能下载。

实例 5 在优酷上下载微课"平行四边形的面积"

【实例描述】

观看和研究优秀的课堂实录视频是教师提升教学能力的有效方法。优酷收录了许多优秀且免费的课堂实录、微课教学视频。借助优酷客户端可以轻松观看和下载这些视频。该实例是小学数学教学中"平行四边形面积"的微课视频。

【跟我学】

（1）下载安装客户端。打开浏览器，在地址栏输入 http://mobile.youku.com，按回车键进入优酷客户端下载界面，按图 6-13 所示操作，完成客户端的下载安装。

图 6-13　优酷客户端下载界面

（2）搜索视频。安装完毕，打开优酷客户端，在搜索框中输入"平行四边形的面积 微课"，单击搜索框右边的"搜索"按钮，搜索结果如图 6-14 所示。

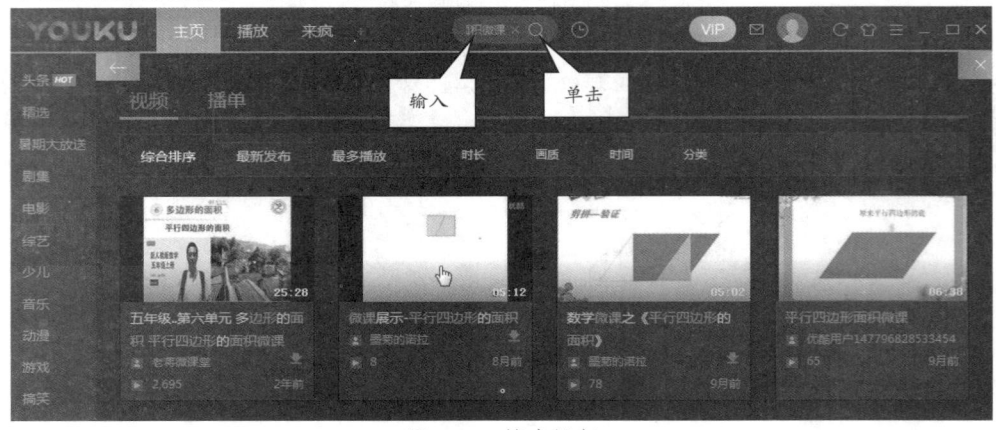

图 6-14　搜索视频

提示：视频搜索的关键词一般为"课题+类型"，课题与类型之间用空格隔开，如"平行四边形面积 微课""桂林山水 课堂实录"等。

（3）观看视频。找到合适的视频，在视频上单击即可播放该视频，如图 6-15 所示。

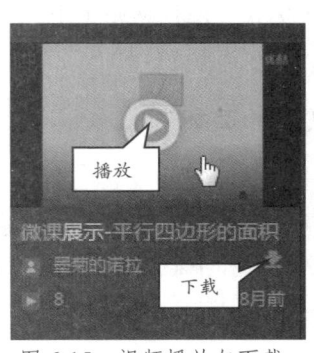

图 6-15　视频播放与下载　　　　　　　　图 6-16　保存视频

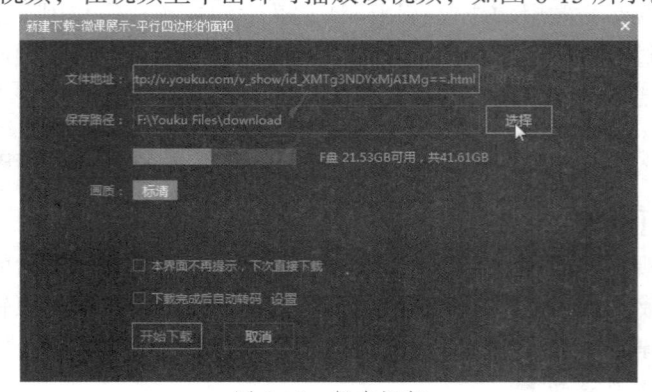

（4）下载文件。在图 6-15 所示中单击"下载"按钮，弹出下载对话框，如图 6-16 所示，选择文件保存位置，单击"开始下载"，即可下载视频文件。

6.3.3 动画资源的下载

Flash 动画以其生动、直观和易于交互等优点，常用于教学中。网络中包含大量 Flash 动画形式的教学资源，但网页上的多数动画资源本身没有提供下载链接，必须使用下载工具才能下载。"Flash 吸血鬼"是一个吸取 Flash 动画的小工具，它可以从浏览器中获取 Flash 文件。

实例 6　使用"Flash 吸血鬼"获取 Flash 课件"认识时间"

【实例描述】

"认识时间"是小学二年级数学的教学内容，在网上可以搜索到很好的用 Flash 制作的课件，一般可以在线观看而不能直接下载。本实例是用"Flash 吸血鬼"下载"认识时间"Flash 课件。

【跟我学】

（1）搜索课件网页。通过搜索引擎检索包含 Flash 课件的网页，找到合适的 Flash 课件，如图 6-17 所示。

图 6-17　包含 Flash 动画的网页　　　　图 6-18　"Flash 吸血鬼"窗口

（2）"Flash 吸血鬼"搜索 Flash 课件并下载。启动"Flash 吸血鬼"，选择 Flash 输入目录（窗口显示"Flash 吸血鬼的胃囊"），如图 6-18 所示，单击左边的定位器，按住不松开，移到目标窗口后松手，Flash 吸血鬼将对目标窗口进行搜索，找到窗口内的 Flash 文件并下载。

（3）浏览下载文件。搜索完毕，"Flash 吸血鬼"窗口内会提示搜索结果，单击"浏览"按钮找到下载后的 Flash 文件，如图 6-19 所示。

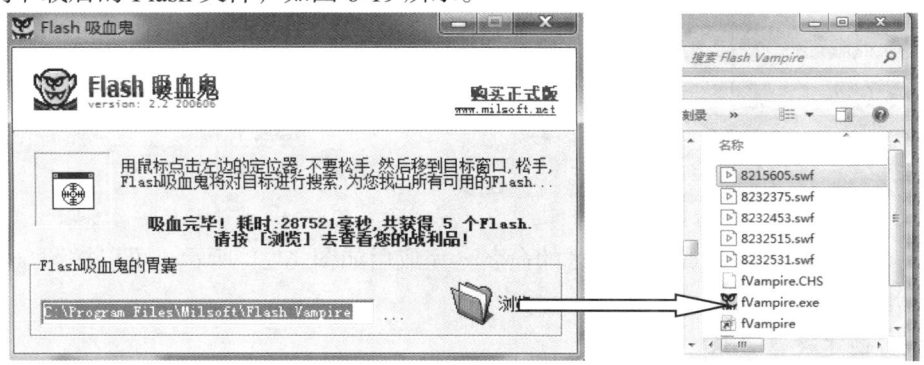

图 6-19　浏览下载文件

【创新园】

（1）小学老师经常会教小学生儿童歌曲，请你从百度音乐（http://music.baidu.com/）搜索并下载儿童歌曲。

> 提示：百度音乐需要先下载安装百度声音的客户端，再注册登录，然后才能下载儿童歌曲等其他声音文件。

（2）用"Flash 吸血鬼"搜索下载用 Flash 制作的小学语文课件。

6.4 信息化教学资源的管理

获取资源后，不管是直接应用还是再加工使用，都需要先存放在计算机的硬盘中。随着资源积累得越来越多，科学合理地存放资源是十分必要的。分类存放本地资源可以让计算机的空间得到有效利用，同时提高计算机的利用效率。另外，由于网络的无处不在，利用网络存放资源会给自己的学习和工作带来极大便利。

6.4.1 本地资源管理

计算机系统安装后，硬盘分区也被划分好，教师在使用计算机时可以对分区进行命名，合理安排分区使用，在同一分区内存储相似类型的文件。另外，在存储文件时，要科学规范地对文件和文件夹命名。

1. 命名磁盘分区

根据自己的应用需要给硬盘分区命名，方法如下：

（1）单击"开始"按钮，选择"计算机"，弹出"计算机管理"窗口，如图 6-20 所示。

（2）单击选中要命名的磁盘，单击"组织"菜单，在下拉菜单中选择"重命名"菜单项，输入分区名称并按回车键，完成第一个磁盘分区命名。

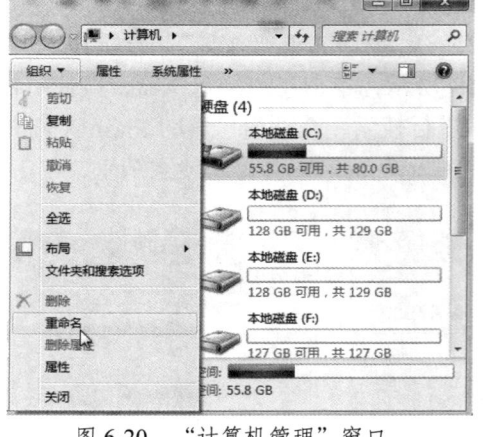

图 6-20 "计算机管理"窗口　　图 6-21 磁盘分区命名效果

（3）以同样的方法完成其他分区的命名，完成后如图 6-21 所示（可以按照自己的需要进行命名）。

2. 分类创建硬盘目录

向计算机存放文件时，首先根据自己的需要和应用习惯分类创建目录，给文件夹有意义的命名，再分别存放相应的文件。例如，可以在硬盘的根目录下创建"学习""工作""娱乐"等文件夹，也可以按照日期和时间、活动项目、文件类型等分类。在已经分好类的文件夹中，若文件还是很多，可以根据文件的属性或时间等创建子目录，再将相应文件存到子目录中，如，在"学习"文件夹中再创建"文字资源""视频资源""学习心得"等子文件夹。但需要注意，不要创建层次太多的目录，这样反而不方便查找。

6.4.2 云盘存储管理

随着教学资源的日益丰富，本地资源也越来越庞大，拥有自己的云空间会给工作、学习带来很大方便。云盘是一种专业的互联网存储工具，它通过互联网给企业和个人提供信息的存储、读取、下载等服务，为用户提供存储容量大、安全、稳定的跨平台文件服务。国内比较知名的有 360 云盘、百度云盘、金山快盘、够快网盘等。

本例借助前面已经注册的百度账号学习百度网盘的使用和管理。

1. 使用百度网盘存储资源

1）登录百度网盘

在浏览器地址栏中输入"http://pan.baidu.com"，按回车键进入百度网盘首页，单击页面上的"账号密码登录"，弹出登录界面如图 6-22 所示。用前面已经注册过的百度账号登录，进入百度网盘，如图 6-23 所示。

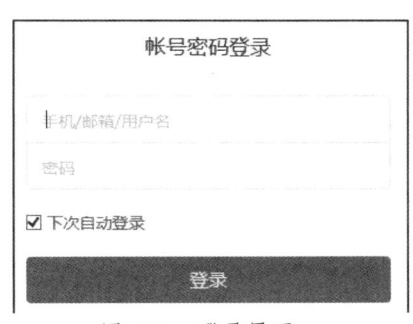

图 6-22　登录界面　　　　　图 6-23　百度网盘目录

2）新建文件夹

在"百度网盘"页面上单击"新建文件夹"按钮，可以创建文件夹，按资源类型给文件夹命名。

3）上传文件

双击打开要存放文件的文件夹，单击"上传文件"按钮，选择本地文件，完成上传。

> 温馨提示：上传文件时，可以多次上传不同的文件，也可以一次上传多个统一类型的文件。

4）下载文件

单击选中要下载的文件，单击"下载"按钮，完成文件下载。

> 提示：在云盘选中文件后，除了可以下载外，还可以分享、复制、删除、重命名等。

2. 使用百度网盘客户端管理云盘资源

虽然通过浏览器可以访问和管理云盘，但若要更便捷地查看、上传、下载百度云上的各种数据，则需要借助于客户端来实现。百度云管家是百度公司推出的一款云服务产品。支持便捷地查看、上传、下载百度云端各类数据。通过百度云管家存入的文件，不会占用本地空间。上传、下载文件过程更稳定，不会因为浏览器、网络等突发问题中途中断，大文件传输更稳定。

1）下载安装百度网盘客户端

在浏览器地址栏输入 http://pan.baidu.com/download，按回车键进入客户端下载页面，如图 6-24 所示，下载百度云管家并完成安装。

图 6-24　客户端下载页面

2）网盘客户端登录

打开网盘客户端，登录界面如图 6-25 所示。使用前面已经注册的账户登录进入网盘，可以查看网盘上的所有文件，可以新建文件夹，上传、下载以及分享文件，如图 6-26 所示。

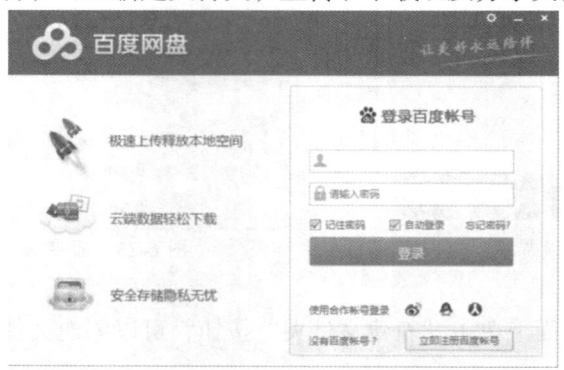

图 6-25　网盘客户端登录

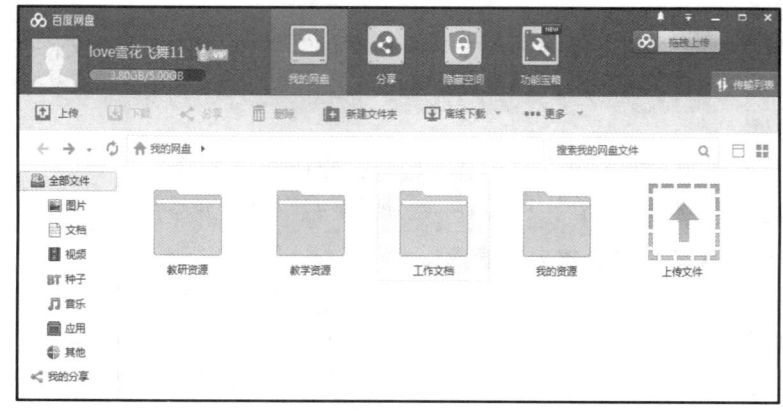

图 6-26　网盘客户端界面

3）上传文件（夹）

单击"上传"可上传本地文件或文件夹到云盘。

4）分享文件

单击"分享"按钮，选择要分享的文件及要分享的好友，生成分享文件的链接。

温馨提示：如果选择公开分享，则在浏览器地址栏中输入分享链接，回车后即可访问和下载分享的资源而无须密码。

【创新园】

申请自己的百度云盘账号，应用百度云存储学习资源。

第 7 章　信息化教学资源的加工与处理

知识地图

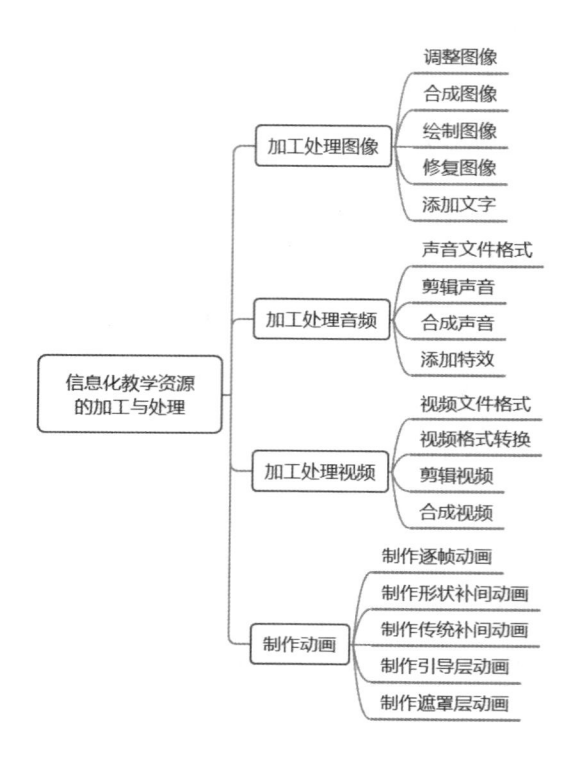

```
                              ┌─ 调整图像
                              ├─ 合成图像
                    加工处理图像 ─┼─ 绘制图像
                              ├─ 修复图像
                              └─ 添加文字

                              ┌─ 声音文件格式
                              ├─ 剪辑声音
                    加工处理音频 ─┼─ 合成声音
                              └─ 添加特效
信息化教学资源
的加工与处理
                              ┌─ 视频文件格式
                              ├─ 视频格式转换
                    加工处理视频 ─┼─ 剪辑视频
                              └─ 合成视频

                              ┌─ 制作逐帧动画
                              ├─ 制作形状补间动画
                    制作动画 ───┼─ 制作传统补间动画
                              ├─ 制作引导层动画
                              └─ 制作遮罩层动画
```

学习目标

1. 了解各类媒体素材的文件格式
2. 掌握用 Photoshop 加工处理图像的方法技能
3. 掌握音频的剪辑、合成
4. 掌握视频文件的格式转换、剪辑、合成
5. 会用 Flash 制作简单的动画

　　信息化教学资源的加工与处理是教学准备过程的重要环节，信息化教学资源的教学效果和作品质量，在一定程度上取决于各种媒体素材的加工处理技术，熟练掌握这些技术和方法将使我们的教学准备事半功倍。

第 7 章　信息化教学资源的加工与处理　　　　　　　　　　　　　　　～ 115 ～

本章主要介绍图像的加工与处理、音频的加工与处理、视频的加工与处理及动画制作。

7.1　图像资源的加工与处理

在教学过程中，已获取的数字图形/图像资源不一定适合直接使用，经常需要对这些图形/图像资源进行加工处理后才能使用。而在图形/图像处理领域中，Photoshop 软件已经成为行业权威和标准。本节主要学习 Photoshop CS6 的一些基本图像处理功能，如调整图像、裁剪图像、修复图像、为图像添加文字、合成多张图像以及绘制简单图像等。

7.1.1　初识 Photoshop CS6

1. 启动 Photoshop CS6

单击"开始"/"程序"/"Adobe Photoshop CS6"菜单命令，或者双击 Windows 桌面上的 Photoshop CS6 图标，即可启动 Photoshop CS6。首先出现 Photoshop CS6 欢迎界面，单击"关闭"按钮就可以进入 Photoshop CS6 主程序窗口。

2. Photoshop CS6 工作界面

Photoshop CS6 工作界面如图 7-1 所示，由菜单栏、工具箱、工具选项栏、调板、状态栏和画布窗口组成。可以看出，Photoshop CS6 窗口是一个标准的 Windows 窗口，可以对它进行移动、调整大小、最大化、最小化和关闭等操作。

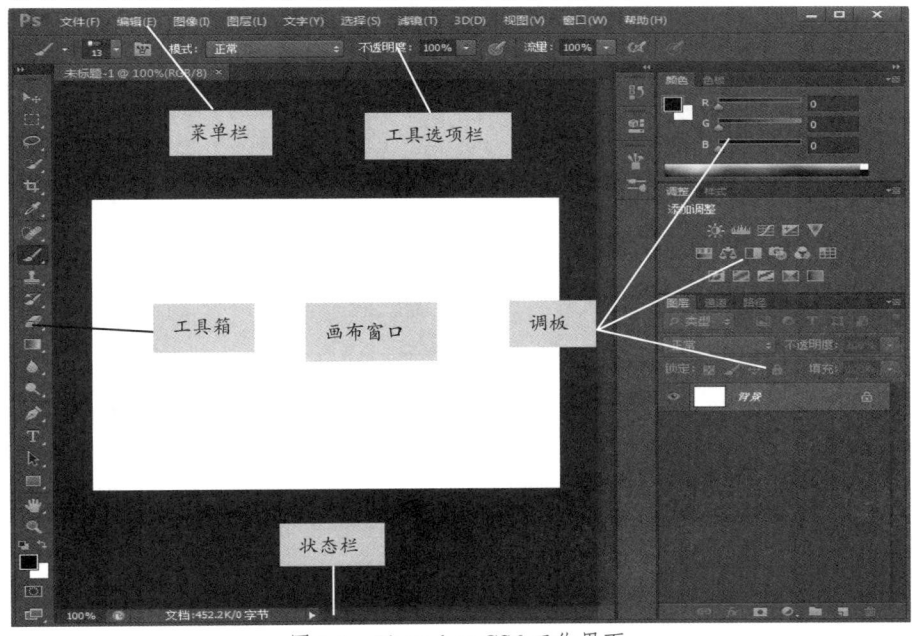

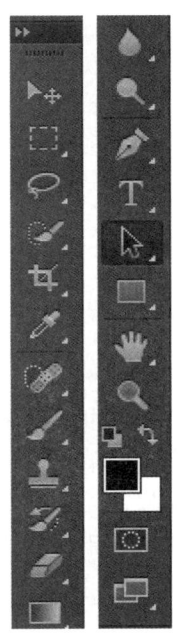

图 7-1　Photoshop CS6 工作界面　　　　图 7-2　Photoshop CS6 工具箱

菜单栏：菜单栏中包含了程序中所有的命令。

工具箱：工具箱中包含了程序中常用的工具按钮，如图 7-2 所示。在工具箱中有些工具共用一个按钮，即工具组，这时只需单击按钮右下角的小三角并按住不放即可显示工具组的其他工具。

画布窗口：画布窗口也叫图像窗口，是用来显示、绘制和编辑图像的窗口，是一个标准的 Windows 窗口，可以对它进行移动、调整大小、最大化、最小化和关闭等操作。

状态栏：状态栏位于窗口的底部，用来显示一些提示信息。例如，当前打开的图像的显示比例、当前选择工具的提示信息等。

工具选项栏：工具选项栏在默认状态下在菜单栏的下方，用于显示当前所选工具的各项参数。选项栏的各项因当前所选工具的不同而不同。图 7-3 所示是画笔工具的选项栏。用户可以选择"窗口"/"选项"菜单隐藏和显示工具选项栏。

图 7-3　画笔工具选项栏

调板：用户可以通过调板设置各种工具的参数，如颜色、图像编辑、移动图像、显示信息等。

3. Photoshop CS6 的文件操作

1）打开图像文件

单击"文件"/"打开"菜单命令，出现"打开"对话框，在"查找范围"下拉列表框内选定图像文件所在的文件夹，在列表中选定图像文件，单击"打开"按钮，图像文件就显示在 Photoshop 窗口中，可以对打开的图像进行加工。

2）新建图像文件

单击"文件"/"新建"菜单命令，调出"新建"对话框，如图 7-4 所示。

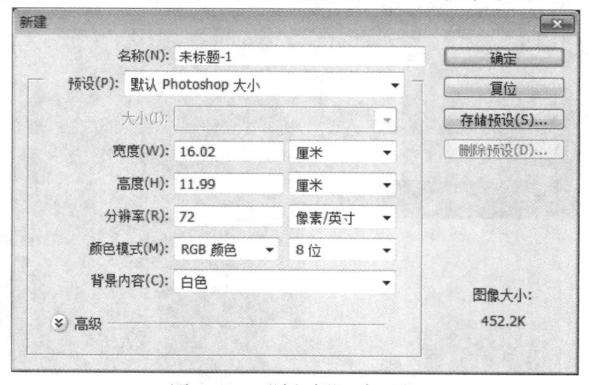

图 7-4　"新建"对话框

在此对话框中可以设置新建文件的名称、大小、分辨率、颜色模式、背景内容等。设置完后，单击"确定"按钮，即可在 Photoshop CS6 工作环境中增加一个新的画布窗口。在画布窗口内可以绘制图像内容。在"预设"栏选中"默认 Photoshop 大小"，可使用系统默认的图片尺寸进行操作。

3）保存图像文件

保存已有的文件有两种情况：

（1）如果是第一次保存该文件，执行"文件"/"存储"菜单命令，则会调出"存储为"对话框，在"文件名"组合框内输入文件名，在"格式"下拉列表框内选择要存储文件的格式，如图 7-5 所示。

只有采用 PSD 格式，才可以保存图像的图层、通道和蒙版等；如果采用 TIFF 格式，可以保存图像的通道等；采用 JPG 格式时，会调出图 7-6 所示的对话框。

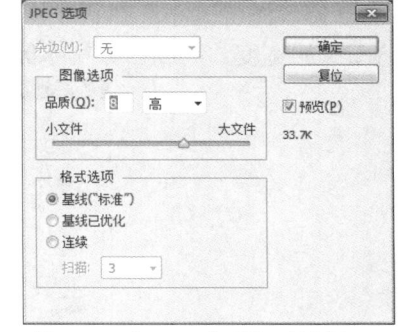

图 7-5 "格式"下拉列表框　　　　图 7-6 "JPEG 选项"对话框

（2）如果保存的是已经保存过的文件，单击"文件"/"存储"菜单命令，不会调出"存储为"对话框，而直接进行图像文件的存储，文件名不变，修改后的文件将原文件覆盖。

单击"文件"/"存储为"菜单命令，调出"存储为"对话框，可以修改文件的保存位置和文件名。

4）关闭文件

单击"文件"/"关闭"命令或单击画布窗口右上角的"关闭"按钮，则关闭当前打开的图像；单击"文件"/"退出"命令，则退出 Photoshop CS6 应用程序。

7.1.2　图像的简单处理

获取的图像与教学实际应用往往存在差异，需要对图像进行调整或简单处理，包括对图像大小的调整、颜色的调整、裁切、变换等操作。

实例 1　调整图像大小

【实例效果】

将一幅 1024×768 的照片的长和宽分别缩小为原来的二分之一，对比效果如图 7-7、图 7-8 所示。

图 7-7　原照片效果　　　　图 7-8 修改尺寸后效果

【实例分析】

本实例在保证图像的清晰度的前提下改变图像大小，图像的长宽比不发生变化。

【跟我做】

（1）打开图像文件。执行"文件"/"打开"命令，选定"照片"图片，打开图 7-7 所示"照片"素材。

（2）修改图像大小。执行"图像"/"图像大小"命令，弹出"图像大小"对话框，显示当前图像的宽度、高度、分辨率等，如图 7-9 所示。

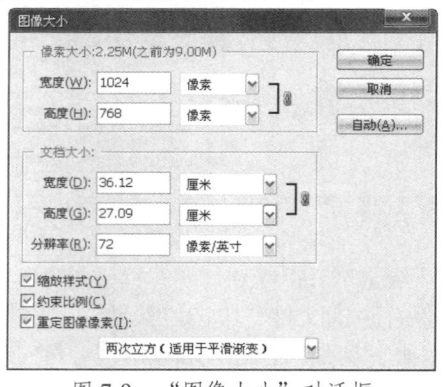

图 7-9　"图像大小"对话框

在对话框中勾选"约束比例"，在图像宽度输入框内中输入 512，单击"确定"，图像的高度也随之变化。

（3）保存图像文件。执行"文件"/"存储为"命令，文件另存为"照片修改"。

实例 2　裁剪图像

【实例效果】

从课本《哪座房子最漂亮》的图片中裁剪出图像部分，并得到指定尺寸 400*300 像素的背景图片，对比效果如图 7-10、图 7-11 所示。

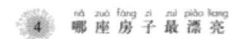

图 7-10　原图效果　　　　图 7-11　裁剪后效果

【实例分析】

利用裁剪工具，设定符合具体要求的尺寸，可以从原图像上裁剪出符合要求的背景或插图图像。

【跟我做】

（1）打开图片文件。执行"文件"/"打开"命令，找到《哪座房子最漂亮》的课本图片，打开图片文件。

（2）裁剪图像。单击工具箱中的"裁剪"工具按钮，在选项栏中设置 400*300，如图

7-12 所示，此时在图像中出现 400*300 的裁剪框，如图 7-13 所示。

图 7-12 裁剪工具选项设置

图 7-13 裁剪选区　　　　图 7-14 调整裁剪选区　　　　图 7-15 确认裁剪

通过鼠标拖曳移动选框位置和大小，得到所需图片范围，如图 7-14 所示，单击裁剪工具选项栏中最右边的"提交当前裁剪操作"，确认裁剪，得到图 7-15 所示图像。

（3）保存裁剪图片。执行"文件"/"存储为"命令，另存文件。

【知识窗】

裁剪工具可用来裁切图像，只保留需要的部分图像素材，得到需要的图像效果。工具的使用有三种方法：

（1）直接在要保留的图像上拖出一个方框作选区，可拖动边控点或角控点调整大小，框内是要保留的区域，框外是要被裁切的区域，然后在选区内双击或按回车或单击裁剪工具选项栏中最右边的"提交当前裁剪操作"，确认裁剪操作。

（2）利用裁剪选项栏，输入固定比例的约束值，裁剪出符合要求的图像，如图 7-12 所示。

（3）单击选项栏中的"不受约束"选项，如图 7-16 所示，在选项中直接选择符合要求的比例设置，或选择"大小和分辨率"命令，打开"裁剪图像大小和分辨率"对话框，如图 7-17 所示，根据需要进行宽度、高度和分辨率的设置，得到需要的图片。

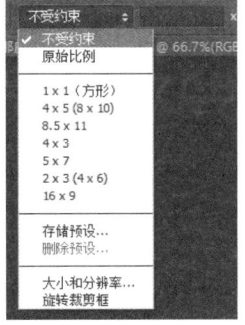

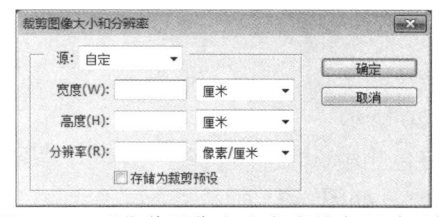

图 7-16 "不受约束"选项　　　　图 7-17 "裁剪图像大小和分辨率"对话框

实例3　调整图像色调

【实例效果】

用数码相机拍摄教学图片时，如果光线不佳，拍出来的照片会出现颜色偏暗、色彩不鲜艳等问题，这时，可用 Photoshop 进行后期调整。图 7-18 所示就是调整前后的不同效果。

调整前 　　　　　　　　　　　　　　调整后

图 7-18　调整色调

【实例分析】

利用"图像"/"调整"下的命令调整照片的亮度、对比度和颜色等，达到理想的图片效果。

【跟我做】

（1）打开图片文件。执行"文件"/"打开"命令，打开用手机拍摄的"古诗两首"课本照片。

（2）调整亮度/对比度。选择"图像"/"调整"/"亮度/对比度"，设置合适值，完成亮度和对比度调整，如图 7-19 所示。

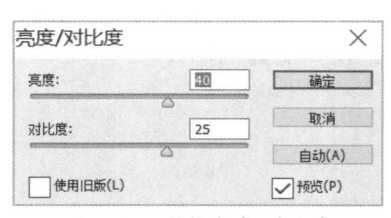

图 7-19　调整亮度/对比度 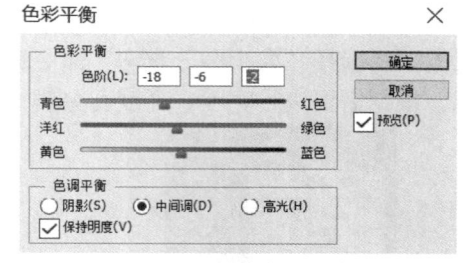　　　　　　　图 7-20　调整色彩平衡

（3）调整色彩平衡。选择"图像"/"调整"/"色彩平衡"，设置合适值，完成色彩平衡调整，如图 7-20 所示。

（4）调整色相/饱和度。选择"图像"/"调整"/"色相/饱和度"，设置合适值，完成色相和饱和度调整，如图 7-21 所示。

（5）保存调整后图片。执行"文件"/"存储为"命令，另存文件。

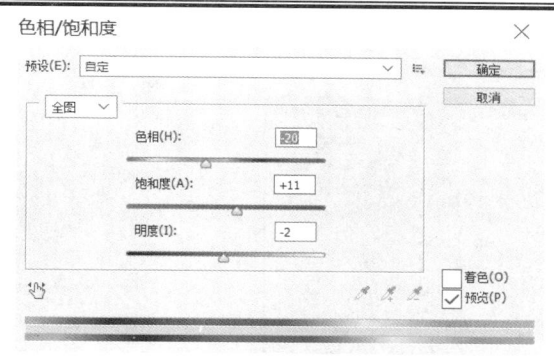

图 7-21　调整色相/饱和度

实例 4　制作透明色背景图像

【实例效果】

在我们制作教学课件时，往往需要透明背景的图像插图。本实例利用荷花图片（图 7-22），选取其中的荷花部分生成透明背景的单朵荷花图像，如图 7-23 所示。

图 7-22　荷花原图　　　　　图 7-23　透明背景的单朵荷花图片

【实例分析】

本实例利用 Photoshop 的抠图技术将荷花从整幅图像中分离出来，再新建透明背景图。图片的保存格式为 GIF 或 PNG 格式，才能保留图片的透明背景属性。

【跟我做】

（1）打开图片文件。执行"文件"/"打开"命令，找到荷花图片，打开图片。

（2）创建荷花选区。单击工具箱中的套索工具组，选择磁性套索工具，在荷花的边缘上任一点单击，然后沿着荷花边缘移动鼠标，有拐点处单击，围绕荷花一周，如图 7-24 所示，在终点与起点重合时单击，形成选区，如图 7-25 所示。

图 7-24　使用磁性套索　　　　　图 7-25　形成荷花选区

（3）复制选区图像。执行"编辑"/"复制"命令，复制荷花图像。

（4）新建透明背景空白图像。执行"文件"/"新建"命令，在"新建"对话框中设置透明背景，如图7-26所示。

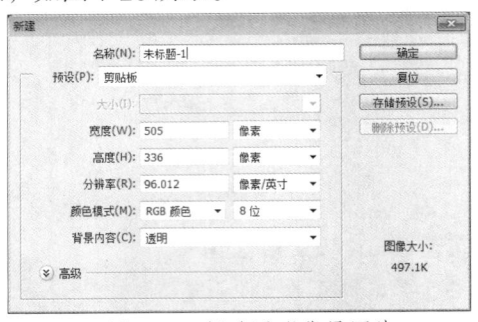

图7-26　新建透明背景图片　　　　图7-27　粘贴荷花

（5）粘贴荷花图像。在新建图像中执行"编辑"/"拷贝"命令，将荷花粘贴到透明背景图像上，如图7-27所示。

（6）调整荷花大小。执行"编辑"/"自由变换"命令，此时，荷花四周出现调整框，如图7-28所示。拖动控点可以改变荷花大小，拖动荷花可以改变荷花位置。

（7）保存文件。执行"文件"/"存储为"命令，格式选择GIF或PNG格式，如图7-29所示，另存文件。

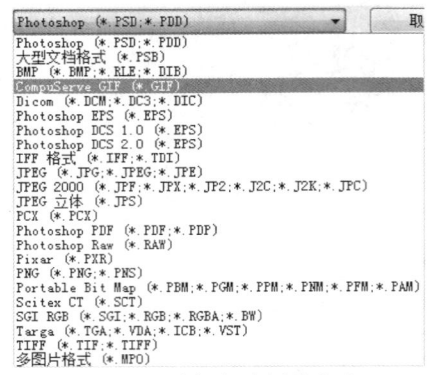

图7-28　调整荷花大小　　　　图7-29　选择保存图片格式

【知识窗】

创建选区是图像处理中最常用的基本操作，工具箱中提供了三组不同的创建选区工具（图7-30~7-32），用于创建不同类型的选区。

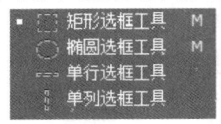

图7-30　选框工具组　　图7-31　套索工具组　　图7-32　快速选择工具组

1）选框工具组

选框工具组可以用来创建规则选区。选框工具组有四个工具，分别为矩形选框工具、椭圆选框工具、单行选框工具和单列选框工具，如图7-30所示。

（1）矩形选框工具：单击它，鼠标指针变为十字状，用鼠标在画布窗口内拖曳，即可创建一个矩形选区。

（2）椭圆选框工具：单击它，鼠标指针变为十字状，用鼠标在画布窗口内拖曳，即可创建一个椭圆选区。

对于矩形和椭圆选框工具，按住 Shift 键，同时用鼠标在画布窗口内拖曳，可创建一个正方形或圆形的选区；按住 Alt 键可以创建以当前点为中心的矩形或椭圆选区；按住 Alt+Shift 键，则以鼠标当前点为中心点，绘制正方形或圆形选区。

2）套索工具组

套索工具组用于创建不规则选区。套索工具组有三个工具，分别为套索工具、多边形套索工具和磁性套索工具，如图 7-31 所示。

（1）套索工具：单击它，鼠标指针变为套索状，用鼠标在画布窗口内拖曳，将起点与终点进行连接，即可创建一个不规则的选区。

（2）多边形套索工具：单击它，鼠标指针变为多边形套索状，单击多边形选区的起点，再依次单击多边形选区的各个顶点，最后双击多边形选区的终点，系统会自动将起点与终点进行连接，形成一个闭合的区域，即形成一个多边形选区。

（3）磁性套索工具：单击它，鼠标指针变为磁性套索状，用鼠标在画布窗口内拖曳，系统会自动根据鼠标拖曳出的选区边缘的色彩对比度来调整选区的形状，最后在终点处双击鼠标左键，即可创建一个不规则的选区。

对于选取区域外形比较复杂的图像，同时又与周围图像的色彩对比度反差比较大的情况，采用磁性套索工具创建选区是很方便的。

3）快速选择工具组

快速选择工具组用于创建不规则选区。快速选择工具组有两个工具，分别为快速选择工具和魔棒工具，如图 7-32 所示。

（1）快速选择工具：单击它，鼠标指针变为快速选择的靶子状，用鼠标在画布窗口内拖曳，即可创建一个不规则的选区。

（2）魔棒工具：单击它，鼠标指针变为魔棒状，单击画布窗口内需要选择的位置，可形成一片颜色相近的选区。利用容差值 容差：32 的设定，可控制选择颜色的相近程度。

对于大面积的选择，利用快速选择工具可以很方便地创建选区；对于背景比较简单的图片，利用魔棒工具可以快速方便地创建选区。

4）创建选区的四种方式

创建选区有四种方式，可以通过工具选项栏中的按钮 进行选择。

（1）"新选区"按钮，在图像中创建选区时，新创建的选区将取代原有的选区。

（2）"添加到选区"按钮，在图像中创建选区时，新创建的选区与原有的选区将合并为一个新的选区，如图 7-33 所示。

图 7-33　添加到选区　　　　图 7-34　从选区减去　　　　图 7-35　与选区交叉

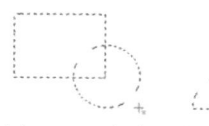

（3）"从选区减去"按钮，在图像中创建选区时，将在原有选区中减去与新选区重叠的部分，得到一个新的选区，如图 7-34 所示。

（4）"与选区交叉"按钮，在图像中创建选区时，将只保留原有选区与新选区相交的部分，形成一个新的选区，如图 7-35 所示。

【创新园】

在制作教学课件时，经常使用课本上的图片素材，这就需要从课本的书页上取图。图 7-36

是小学数学"认识图形"的电子书页，请你裁剪出圆柱部分，如图 7-37 所示。取出圆柱中"水杯"图形，保存成透明图片，如图 7-38 所示。

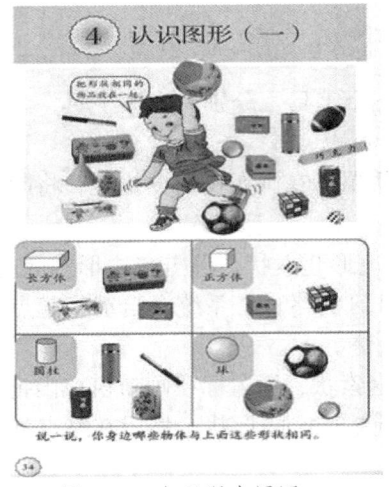

图 7-36 电子课本原图 　　图 7-37 裁剪出"圆柱体"部分 　　图 7-38 取出"水杯"图形

7.1.3 合成图像

在实际应用中，我们常常需要将多张图像合成一张图像，如常见的课件封面、宣传海报等。合成图像的方法和技术有很多，此处只介绍几种比较简单、实用的合成技术。

实例 5　利用运动会照片合成运动会相册

【实例效果】

利用运动会的多张照片和相册背景图合成运动会影集相册，照片使用逐渐淡出效果，边缘平滑、自然，合成效果如图 7-39 所示。

照片 1 　　照片 2 　　照片 3

相册背景 　　合成效果

图 7-39　运动会相册合成效果和使用的素材图片

【实例分析】

使用矩形选框或椭圆选框创建选区、羽化选区、复制图像、粘贴图像进行合成。对选区的羽化处理是为了达到更柔和自然的合成效果。

【跟我做】

（1）打开素材图片。执行"文件"/"打开"命令，同时选中照片 1、照片 2、照片 3 和相册背景，单击"打开"按钮。

（2）合成照片 1。选择照片 1，单击椭圆选框工具，在选项栏中设置羽化值为 10 px，如图 7-40 所示。在照片 1 中创建椭圆选区，选中人物，执行"编辑"/"拷贝"。

图 7-40　椭圆工具选项栏

切换到相册背景图像上，执行"编辑"/"粘贴"命令，再执行"编辑"/"自由变换"命令，调整合适大小，放置在相册背景图片中的合适位置上。

粘贴后会在背景图层上方自动添加一个图层。此时，"图层"调板如图 7-41 所示。双击"图层 1"，命名为"照片 1"。

图 7-41　生成图层 1 的"图层"调板　　　　图 7-42　完成后的"图层"调板

（3）合成照片 2。切换到照片 2 上，单击矩形选框工具，设置羽化值为 5 px，执行"编辑"/"拷贝"，切换到相册背景图像上，执行"编辑"/"粘贴"，调整图片大小和位置。

（4）合成照片 3。方法同（3）。完成后的"图层"调板如图 7-42 所示。

（5）保存文件。执行"文件"/"存储为"命令，文件另存为"运动会相册.psd"。

实例 6　环保海报——保护地球

【实例效果】

利用给定的背景图片素材、地球图片、双手图片素材，合成制作"保护地球"环保海报，合成效果如图 7-43 所示。

【实例分析】

图像合成的基本步骤是创建选区、复制图像、粘贴图像和调整图像。但在创建选区时，要根据图像的不同特点选择不同的工具。本实例使用魔棒工具选中单色背景，使用"选择"/"反向"得到想要的选区；当一次操作不能得到所需要的全部选区时，可使用"添加到选区"。

背景素材 　　　　　　　　　　　　　地球素材

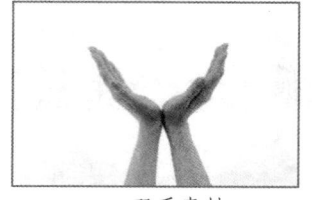

双手素材 　　　　　　　　　　　　　合成效果

图 7-43　"保护地球"环保海报素材及效果

【跟我做】

（1）打开素材图片。执行"文件"/"打开"命令，同时选中"背景""地球""双手"三个图片文件，单击"打开"按钮。

（2）创建"双手"的选区。选择双手图像，单击工具箱中的"魔棒工具"按钮，在双手图像的空白处单击，选中白色背景，单击选项栏中的"添加到选区"按钮，继续在图像上两臂之间的空白处单击，选中图像上所有白色背景，然后执行"选择"/"反向"命令，则选中双手，如图 7-44 所示。

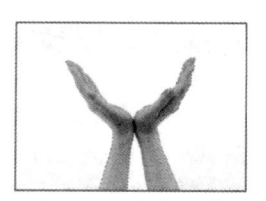

图 7-44　选中双手 　　　　　　　　图 7-45　调整双手

（3）复制双手图像。执行"编辑"/"拷贝"命令，切换到背景图像上，执行"编辑"/"粘贴"，将双手图像复制到背景图像上。

（4）调整双手图像。执行"编辑"/"自由变换"命令，双手图像出现调整框，如图 7-45 所示。调整合适大小，并放置在背景图片的最下方。

（5）合成地球与背景图像。切换到地球图像上，按上述方法选中地球，如图 7-46 所示。然后复制到背景图像上，调整大小和位置。完成后的"图层"调板如图 7-47 所示。

图 7-46　选中地球 　　　　　图 7-47　完成后的"图层"调板

（6）保存文件。执行"文件"/"存储为"，命名为"保护地球.psd"。

【知识窗】

1）羽化选区

羽化选区能够使选区边缘产生逐渐淡出的效果，让选区边缘平滑、自然。在创建选区时，可以在选项栏中设置羽化值，也可以单击"选择"/"修改"/"羽化"菜单命令，打开"羽化选区"对话框（图 7-48），输入羽化半径的数值，单击"确定"按钮，羽化效果如图 7-49 所示。

图 7-48　"羽化选区"对话框　　　　图 7-49　羽化效果

2）图层

图层是组成图像的基本元素，图像的每个部分都可以放置在不同的图层上，对其中一个图层的图像编辑，不会影响其他图层内的图像。图层可以看成是一张张透明胶片，当多个图层叠加在一起时，透过空白处可以看到下面图层上的内容，有图像的地方会产生遮挡效果。如图 7-50 所示，图中共有三个图层，每个图形都在独立的图层上。

图 7-50　图层顺序效果 　　　　图 7-51　"图层"调板

Photoshop 可以通过"图层"菜单命令来完成新建图层、删除图层等操作，也可以通过"图层"调板下方的按钮实现快捷操作，如图 7-51 所示。在"图层"调板中拖动图层可以改变图层的顺序，实现不同图像的遮挡效果。

【创新园】

《和时间赛跑》是人民教育出版社课标版小学语文三年级下册的一篇课文，请你利用图 7-52 所示素材制作课件封面。参考效果如图 7-52 所示。

素材 1 　　　　素材 2 　　　　素材 3 　　　　素材 4

图 7-52　使用的素材图片和封面合成效果图

7.1.4 绘制图像

Photoshop 有强大的绘画功能，不但可以利用创建选区、填充选区得到规则的几何图形，还可以利用铅笔工具、画笔工具等绘制出符合要求的图像效果。

实例 7　绘制正方体

【实例效果】

利用选区工具创建矩形选区，再利用渐变工具填充渐变颜色，绘制出有立体感的正方体，如图 7-53 所示。

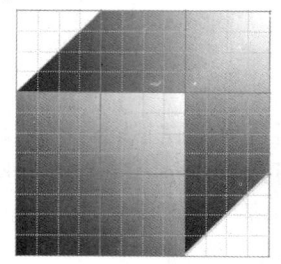

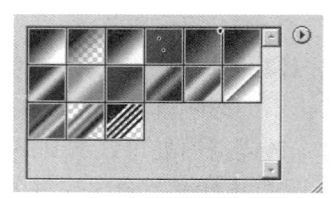

图 7-53　正方体图　　　　图 7-54　"渐变样式"面板

【实例分析】

绘制一个正方体只需要绘制三个面，用矩形选框工具、多边形套索工具创建选区，用渐变填充工具填充选区。为了使绘制的正方体准确，可以借助网格作为参照。

【跟我做】

（1）新建图像文件。执行"文件"/"新建"命令，新建图像文件，设置图像大小为 400×400 像素、模式为 RGB 颜色、背景为白色。

（2）显示网格。执行"视图"/"显示"/"网格"命令，显示网格。

（3）创建正方形选区。单击工具箱中的矩形选框工具，按住 Shift 键，拖动鼠标，创建一个正方形选区。

（4）填充渐变色。单击工具箱中的渐变填充工具，单击选项栏的"渐变样式"列表框的黑色箭头按钮，弹出"渐变样式"面板，如图 7-54 所示。选择由黑色到白色的线性渐变色，在正方形选区内拖曳鼠标，填充渐变色，如图 7-55 所示。按 Ctrl+D 键取消选区。

（5）绘制上底面。单击工具箱中的多边形套索工具，再在正方形的上边创建一个平行四边形选区，然后填充由黑色到白色的线性渐变色，如图 7-56 所示。按 Ctrl+D 键取消选区。

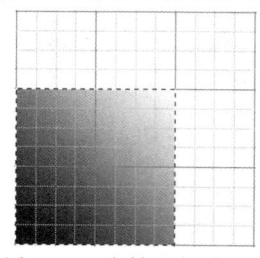

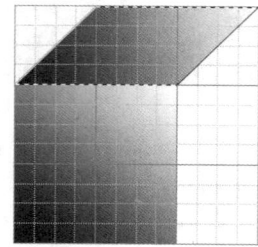

图 7-55　绘制正方形　　　　图 7-56　绘制上底面　　　　图 7-57　绘制侧面

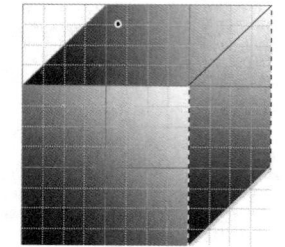

（6）绘制侧面。在正方形的右边创建一个平行四边形选区，然后填充由灰色到白色的线性渐变色，如图 7-57 所示。

（7）取消选区。按 Ctrl+D 键取消选区，正方体即绘制完毕。

（8）保存文件。执行"文件"/"存储为"命名，保存为"正方体.psd"。

【知识窗】

渐变工具的使用。

使用工具箱中的渐变工具■，在图像内拖曳鼠标，可以给选区内填充渐变颜色。当图像中没有选区时，在图像内拖曳鼠标，可以给整个画布填充渐变颜色。

1）渐变工具选项栏

单击工具箱内的渐变工具，此时的选项栏如图 7-58 所示。

图 7-58　渐变工具选项栏

（1）"填充方式"按钮组：用来选择渐变色的填充方式。它有五个按钮，分别表示线性渐变、径向渐变、角度渐变、对称渐变和菱形渐变。单击按下其中一个按钮，即可进入一种渐变色填充方式。

（2）"渐变样式"列表框：单击该列表框的黑色箭头按钮，可调出"渐变样式"面板。双击一种样式图案，即可完成填充样式的设置。

2）编辑渐变色

单击"渐变样式"列表框图案处，可调出"渐变编辑器"对话框，如图 7-59 所示。利用该对话框可以设计新的渐变样式。

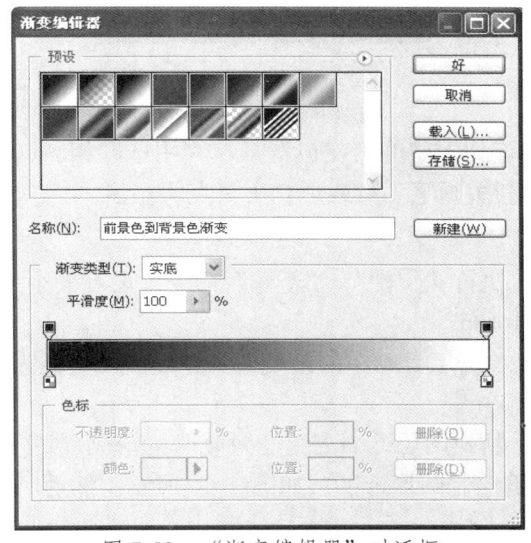

图 7-59　"渐变编辑器"对话框

设计方法及该对话框内主要选项的作用如下：

（1）在渐变设计条下边的两个色标之间单击，会增加一个颜色图标（简称色标），色标上面有一个黑色箭头，指示了该颜色的中心点，它的两边各备有一个菱形滑块。双击该色标，调出"拾色器"对话框，利用该对话框可确定色标的颜色。用鼠标拖曳菱形滑块，可以调整颜色的渐变范围。

（2）在完成上述操作后，"色标"栏内的"颜色"下拉列表框、"位置"文本框和"删除"按钮变为有效。利用"颜色"下拉列表框可以选择颜色的来源（背景色、前景色或用户颜色）；改变"位置"文本框内的数据可以改变色标的位置，这与用鼠标拖曳色标的作用一样；单击选中色标，再单击"删除"按钮，即可删除选中的色标。

（3）在渐变设计条 ▬▬▬▬ 上边的两个色标■之间单击，会增加一个不透明度色标■和两个菱形滑块，同时"不透明度"带滑块的文本框、"位置"文本框和"删除"按钮变为有效。利用"不透明度"带滑块的文本框可以改变色标■处的不透明度。

（4）在"名称"文本框内输入新填充样式的名称，再单击"新建"按钮，即可新建一个渐变样式。单击"好"按钮，即可完成渐变样式的创建，并退出该对话框。

（5）单击"存储"按钮，可将当前"预置"栏内的渐变样式保存到磁盘中。单击"载入"按钮，可将磁盘中的渐变样式追加到当前"预置"栏内的渐变样式的后面。

实例 8　绘制《小小的船》课件封面

【实例效果】

课件《小小的船》封面以渐变蓝色为背景颜色，弯弯的月亮使用渐变效果，周围点缀几颗星星，效果如图 7-60 所示。

图 7-60　《小小的船》课件封面

【实例分析】

利用渐变填充制作浅蓝到深蓝的渐变色背景，利用选区相减创建月牙选区，填充深黄到浅黄的渐变色月亮，最后利用画笔工具或形状工具点缀星星。

【跟我做】

（1）新建图像文件。执行"文件"/"新建"命令，设置大小为 600×600 像素、模式为 RGB 颜色、背景为白色的画布。

（2）填充渐变背景。单击工具箱中的渐变工具，编辑渐变色为深蓝到浅蓝渐变，在画布上拖动鼠标，填充背景。

（3）创建月亮选区。新建图层并命名为"月亮"，选择椭圆工具，在选项栏中设置羽化值为 5 像素，按住 Shift 键绘制圆形选区，如图 7-61 所示。然后，在选项栏中单击"从选区中减去"按钮，绘制另一个圆形选区，减成月牙形状，如图 7-62 所示。

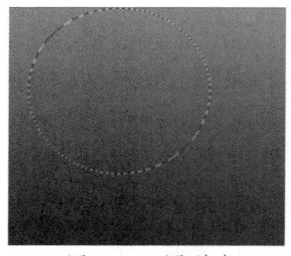

图 7-61　圆形选区　　　　图 7-62　月牙选区　　　　图 7-63　填充月牙

（4）填充月亮选区。单击工具箱中的渐变填充工具，在渐变编辑器中设置深黄到浅黄的线性渐变，在月亮选区上拖动鼠标，填充月牙选区，如图 7-63 所示。

（5）绘制星星。新建图层，命名为"星星"，单击工具箱中的"画笔工具"按钮，画笔工具选项栏如图 7-64 所示。单击画笔大小后面的按钮，打开"画笔预设"调板，如图 7-65 所示。单击"画笔预设"调板中的菜单按钮，弹出"画笔样式"调板菜单，如图 7-66 所示。选择"混合画笔"命令，弹出"确认"对话框（图 7-67），单击"追加"按钮，将混合画笔样式添加到"画笔样式"调板中，选择其中的星星形状，在画布中单击，即可绘制星星。

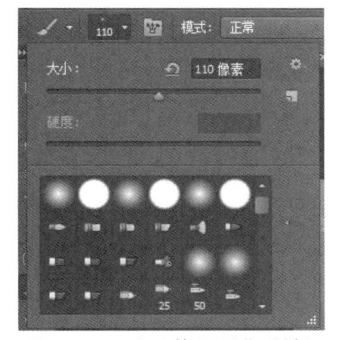

图 7-64　画笔工具选项栏

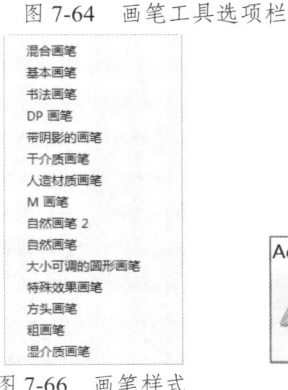

图 7-65　"画笔预设"调板　　图 7-66　画笔样式　　图 7-67　确认对话框

绘制完成的"图层"调板如图 7-68 所示。

图 7-68　完成后的"图层"调板

（6）保存文件。执行"文件"/"存储为"命名，保存为"小小的船.psd"。

【创新园】

（1）《找春天》是人教版二年级语文课文，用 Photoshop 绘制课文画面，参考效果如图 7-69 所示。

图 7-69　《找春天》画面效果　　图 7-70　创建区域

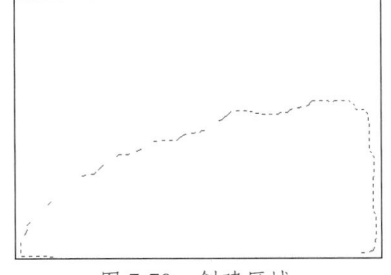

提示：渐变填充蓝天背景；创建草地选区如图 7-70 所示，羽化选区，填充绿色；设置画笔形状绘制小草、蝴蝶等，用铅笔工具绘制垂柳。

（2）《雪孩子》是人教版一年级语文课文，用 Photoshop 绘制课文画面，参考效果如图 7-71 所示。

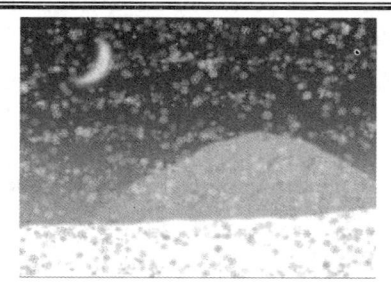

图 7-71 雪孩子封面效果图

提示：

（1）绘制雪山时，使用画笔工具设置合适的画笔笔尖大小和形状，如图 7-72 所示；

（2）绘制雪花时，使用画笔设置参数，大小、颜色随机分布等按图 7-73 所示设置。

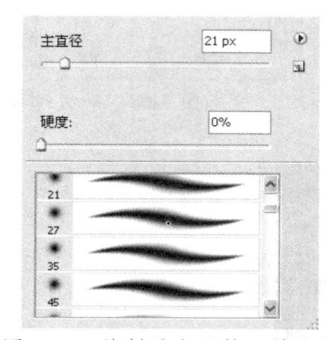

图 7-72 绘制雪山画笔工具设置 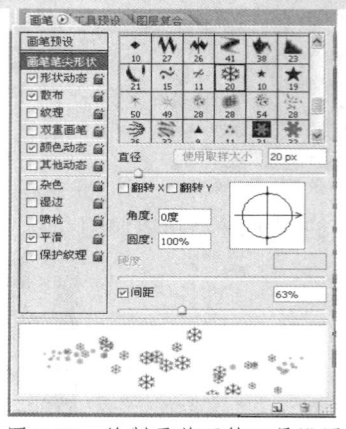　　　　图 7-73 绘制雪花画笔工具设置

7.1.5 修复图像

如果获取的图像存在一定的瑕疵、污点或有多余内容，可利用橡皮工具、修复工具组和仿制图章工具对图像进行加工，以达到满意的效果。

实例 9 单一背景下去掉图片多余信息

【实例效果】

修复去掉图片中的 logo 等多余信息，修复前后对比如图 7-74 所示。

修复前 　　　　　　　　　　　　修复后

图 7-74 单一背景下图像多余信息的修复对比图

【实例分析】

对于纯色背景下去掉多余信息，可利用吸管工具获取图像的单一背景颜色，设置为前景

第 7 章 信息化教学资源的加工与处理　　　　　　　　　　　　　　　　　　～ 133 ～

色，再利用画笔工具绘图覆盖多余信息，或交换前景/背景颜色，使用橡皮擦擦除多余信息。

【跟我做】

（1）打开图片文件。执行"文件"/"打开"命令，打开要修复的图像。

（2）获取背景颜色。单击工具箱中的吸管工具，在图片背景上单击，此时前景色设置为图片的背景颜色。

（3）去除多余信息。单击"交换前景/背景色"按钮，此时背景颜色设置与图片上的背景颜色一致，利用橡皮擦工具擦除要去掉的信息。

（4）保存图片。执行"文件"/"存储为"命令，另存文件。

实例 10　修复复杂背景图片

【实例效果】

在复杂背景下修掉图中多余的文字信息，得到背景图片，效果如图 7-75 所示。

修复前　　　　　　　　　　　　　　修复后

图 7-75　复杂背景下修复前后效果对比图

【实例分析】

图像中的文字所在位置背景颜色较为复杂，完全利用吸管工具难以达到所要效果。可使用修复工具组中的仿制图章工具、修复画笔工具、修补工具等对图片进行修饰，去掉文字信息得到图像的背景图片。

【跟我做】

（1）打开图片文件。执行"文件"/"打开"命令，打开要修复的图像文件。

（2）放大图片。在工具箱中单击放大镜按钮，单击图像，将图像放大数倍，方便进行修饰。

（3）使用仿制图章工具修复。单击工具箱中的图章工具组，选择仿制图章工具，在"画笔样式"调板中选择合适的大小和样式，然后按住 Alt 键，在图像中文字附近单击取样，如图 7-76 所示，在文字上拖动鼠标，则取样覆盖该处图像，如图 7-77 所示。

图 7-76　选取采样点　　　　　　　　　　图 7-77　覆盖图像

（4）使用修补工具修复图像。单击工具箱中的修复工具组，选择修补工具，在选项栏中选中"修补"中的"源"单选项，如图7-78所示。

图7-78　修补工具选项栏

在要修复的地方创建选区，如图7-79所示，再将选区拖曳到希望采样的地方，根据预览效果调整好位置，放开鼠标，则将采样复制到需要修补的地方，如图7-80所示。

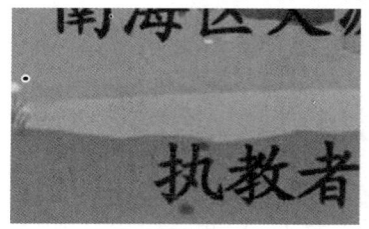

图7-79　定义需要修补选区 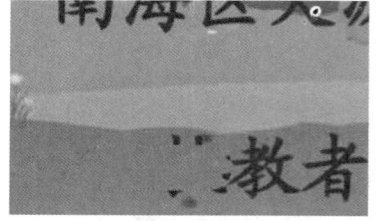　　　　　图7-80　拖曳选区到采样区

（5）使用修复画笔工具修复图像。在修复工具组中选择修复画笔工具，在选项栏中选择"取样"单选项，如图7-81所示。

图7-81　修复画笔工具选项栏

按住 Alt 键，同时在图像上单击鼠标选择一个采样点，调整合适的笔刷，然后在需要修补的图像上按住鼠标左键拖曳填涂，直到采样点的样本图像覆盖原有图像，达到需要的修复效果。（使用方法与仿制图章相同）

（6）重复使用。多次重复步骤（3）（4）（5），使图像恢复完整。

（7）保存文件。执行"文件"/"存储为"命令，另存文件。

实例 11　修改《我要的是葫芦》课文插图

【实例效果】

在《我要的是葫芦》课文插图中，葫芦个数较少，本实例是将图片中的葫芦复制多个，形成葫芦丰收景象的图片。图7-82所示为复制前后的对比图。

复制前 　　　　　　　　　　　　复制后

图7-82　复制前后的对比图

【实例分析】

利用仿制图章的特性，在现有葫芦位置取样，填图到合适位置上，形成葫芦丰收景象的图片。

【跟我做】

（1）打开背景图片。执行"文件"/"打开"命令，找到"我要的是葫芦"图片，打开图片。

（2）取样葫芦。利用仿制图章工具，按住 Alt 键在葫芦位置单击进行取样。

（3）复制葫芦。在合适位置拖曳鼠标，填充葫芦图像，注意边界位置的填图。

（4）保存图片。执行"文件"/"存储为"命令，另存文件。

【创新园】

1）去掉图片中的文字

利用修复工具组和仿制图章工具去掉图片中的多余文字信息，达到只保留图片本身的效果。对比图如图 7-83 所示。

图 7-83　修饰前后对比效果图

2）修复照片瑕疵

旧照片本身有很多瑕疵，利用修复工具对照片中的瑕疵进行修复，达到满意的效果，对比图如图 7-84 所示。

图 7-84　"旧照片"修复前后对比图

7.1.6　添加文字

在日常教学中，我们经常会需要在图片上添加文字，或用文字描述图片，或用图片衬托文字内容，如课件封面上的标题等。Photoshop 中使用文字工具可以给图像加入各种样式和效果的文字。

文字工具组包括横排文字工具、直排文字工具、横排文字蒙版工具、直排文字蒙版工具，如图 7-85 所示。

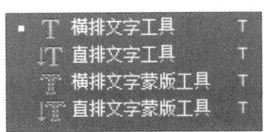

图 7-85　文字工具

实例 12　《找春天》课件封面文字——变形文字

【实例效果】

利用文字工具设计《找春天》课件封面的文字效果，如图 7-86 所示。

图 7-86　《找春天》文字效果图

【实例分析】

使用横排文字工具和文字工具选项栏中的"创建文字变形"，可以创建图 7-86 中的"找春天"字样。

【跟我做】

（1）打开图片。执行"文件"/"打开"命令，打开"找春天"图片文件。

（2）输入文字。选择工具箱中的横排文字工具按钮，在文字工具选项栏中设置字体为隶书，大小为 60 点，字体颜色为红色，如图 7-87 所示，然后在画布上单击，输入"找春天"。

图 7-87　文字工具选项栏

（3）设置文字变形。使用文本工具选中文字，单击文字工具选项栏中的"文字变形"按钮，弹出"变形文字"对话框，在"样式"下拉列表框中选择"拱形"，如图 7-88 所示。

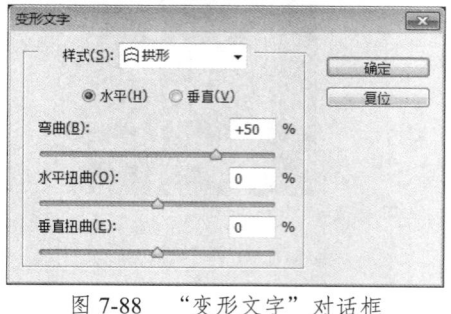

图 7-88　"变形文字"对话框　　图 7-89　"字符"调板

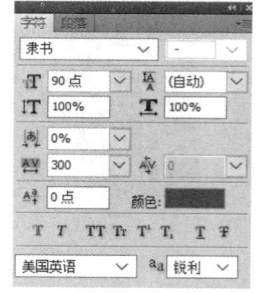

（4）调整效果。单击文字选项栏中的"切换字符和段落调板"按钮，弹出"字符/段落"调板，如图 7-89 所示，设置字符间距，用移动工具调整文字位置，达到理想效果。

（5）保存文件。执行"文件"/"存储为"命令，另存文件。

实例 13　《小小的船》课件封面文字——立体文字

【实例效果】

在《小小的船》封面上添加标题文字，效果如图 7-90 所示。

【实例分析】

使用文字横排工具输入文字，然后应用图层样式对文字图层应用斜面和浮雕、投影等效果。

图 7-90　《小小的船》文字效果

【跟我做】

（1）打开图片。执行"文件"/"打开"命令，打开"小小的船"图片文件。

（2）输入文字。单击工具箱中的横排文字工具，在文字工具选项栏中设置字体为楷体，大小为 80 点，颜色为黄色，然后在画布窗口上单击，输入文字"小小的船"。此时，Photoshop 将自动创建一个文字图层，如图 7-91 所示。单击工具箱中的移动工具，用鼠标拖曳文字，调整到合适位置。

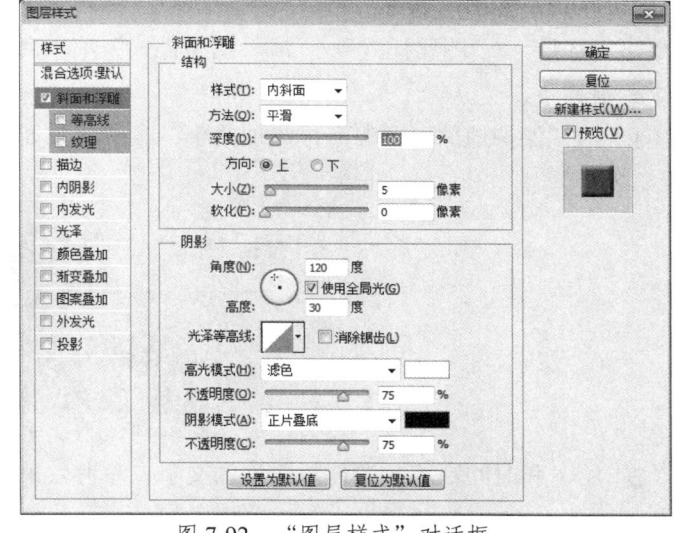

图 7-91　文字图层　　　　　图 7-92　"图层样式"对话框

（3）添加文字效果。单击"图层"调板下方的"添加图层样式"按钮 fx.，弹出快捷菜单，在菜单中选择"斜面和浮雕"命令，弹出"图层样式"对话框，如图 7-92 所示。在对话框中设置样式为内斜面，深度为 160%，大小为 6 像素，软化为 1 像素，角度为 120 度。

选中"图层样式"对话框中的"投影"复选框，在对话框中设置距离为 20 像素，扩展为 8%，大小为 10 像素，不透明度为 75%，其他设置默认，单击"确定"按钮。

（4）保存文件。执行"文件"/"存储为"命令，另存文件。

【知识窗】

使用图层样式可以快捷方便地创建图层中整个图像的阴影、发光、斜面、浮雕和描边等效果。图层被赋予样式后，会产生许多图层效果，这些图层效果的集合就构成了图层样式。

1）添加图层样式

（1）选中要添加图层样式的图层。

（2）单击"图层"调板内的"添加图层样式"按钮，调出"图层样式"菜单。

（3）单击菜单中任一命令，即可调出"图层样式"对话框，如图 7-92 所示。利用该对话框可以添加图层样式，产生各种不同的效果。

另外，单击"图层"/"图层样式"/"混合选项"菜单命令，或单击"图层"调板菜单中的"混合选项"菜单命令，或双击要添加图层样式的图层，也可调出"图层样式"对话框。

2）编辑图层样式

在添加图层样式后，图层右边添加了一个"f"符号，双击此符号可重新弹出"图层样式"对话框，可再次修改图层效果。

3）删除图层效果

（1）删除一个图层效果：用鼠标将"图层"调板内的效果名称层如"投影"拖曳到"删除图层"按钮之上，再松开鼠标左键，即可将该效果删除。

（2）删除一个或多个图层效果：选中要删除图层效果的图层，再调出"图层样式"对话框，然后取消该对话框"样式"栏内复选框的选取。如果取消全部复选框的选取，可删除全部图层效果。

（3）删除全部图层效果：右击添加了图层样式的图层，选择快捷菜单中的"清除图层样式"，即可删除全部图层效果。

单击"图层"/"图层样式"/"清除图层样式"菜单命令，也可删除全部图层效果。

【创新园】

（1）给"保护地球"环保海报添加文字，参考效果如图 7-93 所示。

图 7-93　"保护地球"海报文字效果

（2）给《和时间赛跑》课件封面添加文字，参考效果如图 7-94 所示。

图 7-94　《和时间赛跑》封面文字设计效果图

7.2　声音资源的加工与处理

音频（声音）是表达思想和感情的一种必不可少的媒体，是多媒体信息的重要组成部分。适当地运用声音，能产生文字、图像、动画等媒体无法替代的效果。声音作为一种信息载体，其主要作用是直接、清晰地表达语义，在教学活动中起着非常重要的作用。

7.2.1 数字音频文件格式

计算机中广泛使用的音频文件格式主要有 WAV、MP3、WMA、RA 等。

1. WAV 格式

WAVE（波形音频，Waveform Audio）文件的扩展名为.wav，是 Microsoft 公司的音频文件格式，它来源于对声音模拟波形的采样。该格式记录声音的波形，故只要采样率高、采样字节长、机器速度快，利用该格式记录的声音文件就能够和原声基本一致，质量非常高，但这样做的代价就是文件太大，不方便通过网络和其他媒介传递和保存。所以，在教学中，WAV格式多用于短时间的音效声，不适合做长时间的背景音乐和解说。

2. MP3 格式

MP3 是一种基于 MPEG Layer3 压缩的数字音频文件，音频质量好，文件体积小，便于网络上传播，也广泛应用于教学中，既可做长时间播放的背景音乐，也可以作解说。

3. WMA 格式

WMA 是微软公司推出的与 MP3 格式齐名的一种新的音频格式，在保证音频质量的前提下，文件的压缩比率比 MP3 更高。WMA 音乐文件格式受 DRM（Digital Rights Management）技术保护，可以限制播放时间、播放次数和播放器，无法被转换成 MP3 格式等。目前 WMA格式的通用性和普及性不如 MP3 格式广，部分软件不能直接插入 WMA 格式的音频文件。

4. RA 格式

RA（Real Audio）是由 Real Networks 公司推出的一种可以在网络上实时传递和播放的音频文件格式。RA 文件压缩率比较高，可以根据网络带宽的不同而改变声音质量，适合在网络传输速度较慢的互联网上使用。

5. MIDI

MIDI 是 Musical Instrument Digital Interface（乐器数字接口）的缩写。它是由世界上主要电子乐器制造厂商建立起来的一个通信标准，是一种规定计算机音乐程序、电子合成器和其他电子设备之间交换信息与控制信号的方法。由于 MIDI 文件是一种电子乐器通用的音乐数字文件，只能模拟乐器的发声，因此教学中只能作为纯音乐使用。

数字音频可以使用多种格式进行存储，但每种格式都有自己的优劣，各种软件和音频设备对音频格式的支持也是有限的，并不能兼容所有格式，因此，我们经常需要把某种音频文件转换成不同的格式，而这种转换一般由音频转换软件实现。使用非常广泛的音乐播放软件一般也具有一定的格式转换功能，如千千静听、酷狗音乐、酷我音乐盒、QQ 音乐、搜狗音乐盒等。如果进行大量音频文件的转换，建议使用专业音频文件转换软件。常用的转换软件有Total Video Converter、超级转换秀、格式工厂等。

7.2.2 音频资源的加工与处理

音频编辑软件有多种，如 Adobe Audition、Gold Wave、Audacity 等，它们都可以对音频进行各种编辑和加工，这里我们学习使用 Adobe Audition 3.0 处理和加工音频资源。

Adobe Audition（前身是 Cool Edit Pro）是 Adobe 公司开发的一款功能强大、效果出色的多轨录音和音频处理软件。它提供了音频混合、编辑、控制和效果处理功能，能方便地处理多音轨音频，同时广泛支持 WAVE、MP3、WMA 等各种音频文件格式，适合各类音频编辑工作。

Adobe Audition 3.0 提供了三种操作模式："编辑""多轨"和"CD"。"编辑"模式用于对单个声音文件进行基本编辑和特效处理；"多轨"模式则用来处理多个声音文件的混响和特效等；"CD"模式相对比较少用。

Audition 的工作界面如图 7-95 所示。默认的工作模式为"多轨"模式，单击工具栏左侧的按钮可以在不同的模式间进行切换。

图 7-95 Audition 3.0 工作界面

1. 声音剪辑

裁剪声音素材是处理声音素材最常见的技术。在教学中，有时需要使用某声音文件的一部分，这是就需要对音频文件进行裁剪，删除不需要的部分。

实例14 从音乐文件"天空之城"中裁剪出部分音频

【实例描述】

在制作配乐朗诵用到"天空之城"作为背景音乐，但是整个音乐的长度不合适，需要进行裁剪处理，将音乐文件的时长由 4 分 20 秒裁剪成 1 分 25 秒，需要删掉前 10 秒和 1 分 35 秒后的部分。

【跟我做】

（1）导入音频文件。启动 Adobe Audition3.0，选择"文件"/"导入"命令，打开"导入"文件对话框，如图 7-96 所示。选择"天空之城"音乐文件，单击"确定"按钮，此时，音频文件出现在窗口左侧的"文件"面板内。

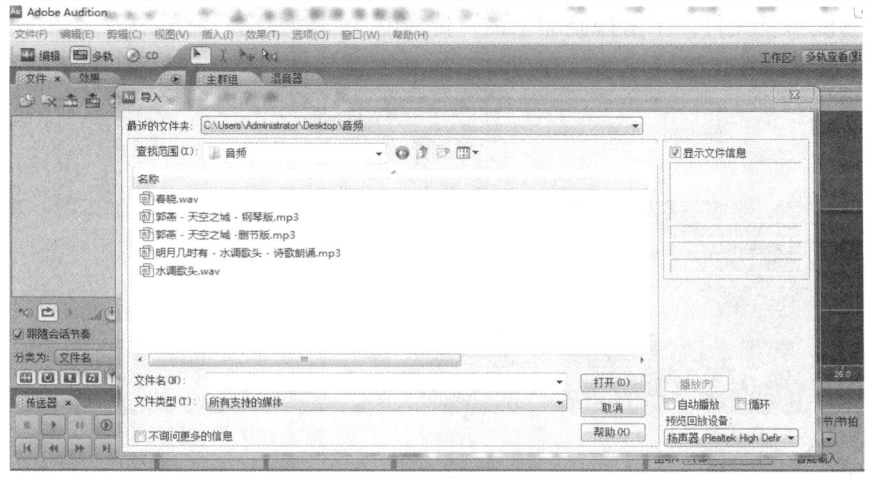

图 7-96 导入音频

（2）标记裁剪位置。单击左上角的"编辑"按钮，进入编辑模式，音频就显示在"主群组"的音轨中，如图 7-97 所示。通过滚动鼠标滚轮来缩放音频，以找到更精细的节奏位置。在第 10 秒处、1 分 35 秒处需要剪辑的位置点按 F8 做上标记。

图 7-97 音轨显示

（3）删除裁剪部分。拖动鼠标选中音频中不需要的部分，如图 7-98 所示，并按 Delete 删除，也可右击鼠标，在弹出的快捷菜单中选择"删除"命令。

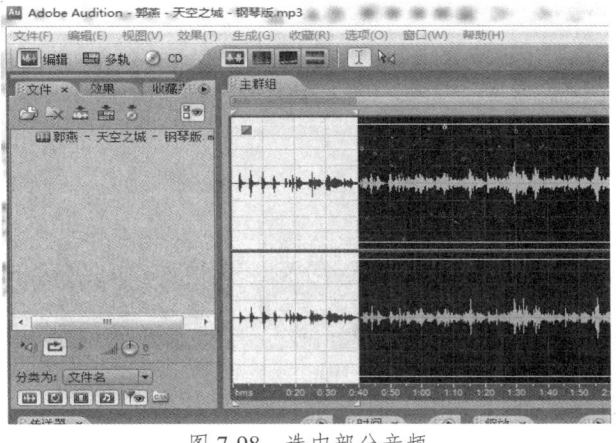

图 7-98 选中部分音频

（4）测试声音文件。单击控制器上的"传送器"播放按钮，测试声音，如图 7-99 所示。

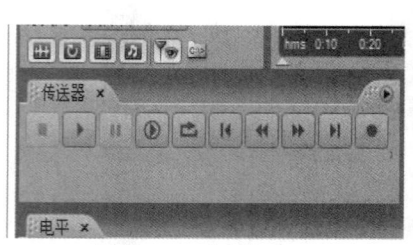

图 7-99　测试声音　　　　　图 7-100　保存声音

（5）保存声音文件。选择"文件"/"另存为"命令，弹出"另存为"对话框，按图 7-100 所示完成保存。

2. 声音的特殊效果与合成

声音的特殊效果是指给原有的声音素材设置声音的变化效果，如声音出现的形式淡入淡出、配乐诗的音乐声音需要降低等。声音的合成是指两个或两个以上的声音文件合成一个文件，如配乐诗朗诵、给解说词加音效等。

实例 15　配乐诗朗诵——《水调歌头》

【实例描述】

抒情的音乐声由低到高趋于平稳后，接着《水调歌头》的朗诵声缓缓吟出，饱满而富有感情，朗诵结束后，音乐逐渐隐去。

【跟我做】

1）导入音频素材

选择"多轨"模式，选择"文件"/"导入"命令，选中提前录制的音频文件"水调歌头.mp3"和背景音乐"天空之城.mp3"，音频文件出现窗口左侧"文件"面板内。将"天空之城"音频拖至右侧"主群组"面板音轨 1，将"水调歌头"音频拖至右侧"主群组"面板音轨 2，如图 7-101 所示。

图 7-101　多轨模式

2）录制音频的降噪处理

（1）选中音轨 2，单击左上角的"编辑"按钮进入编辑模式。

（2）选取音频开始时的一段平直的噪声区域，选择"效果"/"修复"/"降噪器（进程）"命令，弹出"降噪器"对话框，如图 7-102 所示。

（3）在"降噪器"对话框中单击右上角的"获取特性"按钮，可以从刚才选中的音频中提取噪音样本，提取后再单击"波形全选"按钮选取整段音频，调整左侧的"降噪级别"，然后单击"试听"按钮试听效果，试听满意后单击"确定"按钮，降噪器就会自动消除音频中的环境噪音。

温馨提示：过多地降噪会让音频的质量受损。

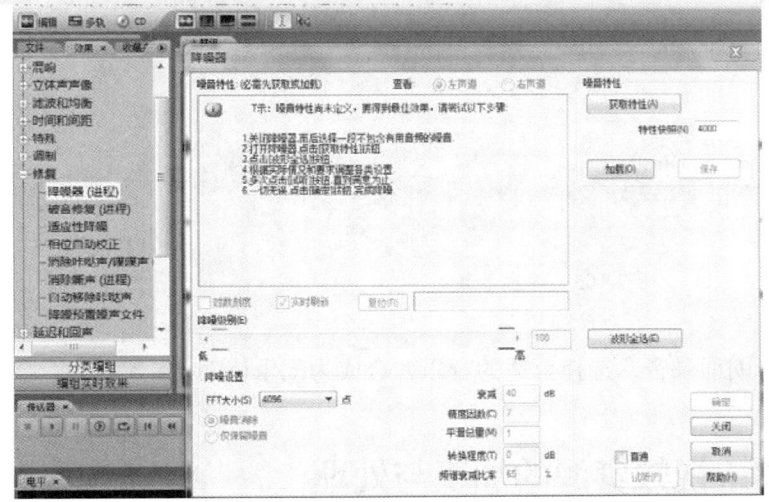

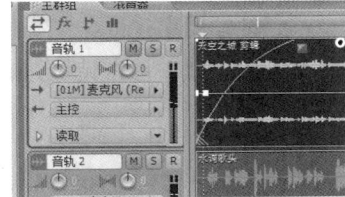

图 7-102 声音降噪　　　　　　　　图 7-103 声音淡入

3）音频的特效设置

选中音轨 1，单击左上角的"多轨"按钮进入多轨编辑模式，拖动音轨左上角的矩形控制点到第 15 秒处，会出现一条弧线，如图 7-103 所示，对声音进行淡入处理；同样，拖动右上角的矩形控制点到第 1 分 10 秒处，也会出现一条弧线，对声音进行淡出处理。

这样就对音轨 1 中的"天空之城"音频进行了淡入淡出效果设置。

4）合并音频

选择"编辑"/"合并到新音轨"/"所选范围的音频剪辑（立体声）"菜单命令，系统经过一番运算后，在相应的轨道中显示合成后的混缩音频，如图 7-104 所示。

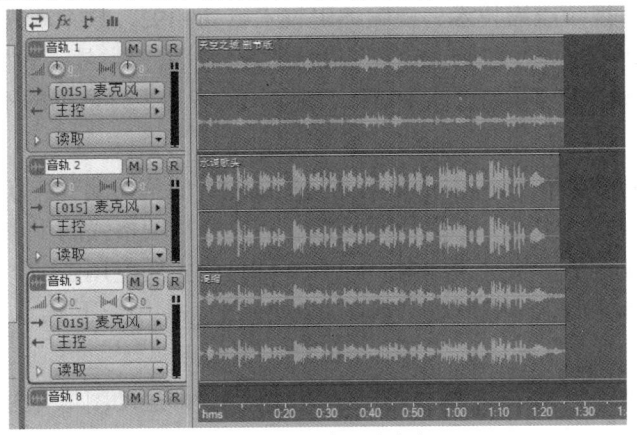

图-104 合并混缩音频

5）导出混音文件

选择"文件"/"导出"/"混缩音频"命令，弹出"导出音频混缩"对话框，如图 7-105 所示，文件名为"水调歌头合成文件"，在"保存类型"下拉列表框中选择需要保存的文件类型 MP3，单击"保存"导出文件。

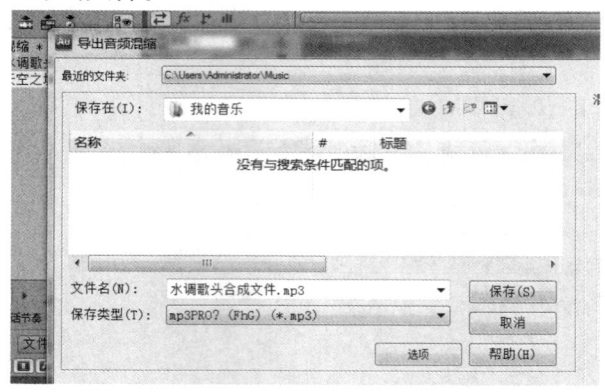

图 7-105　导出音频

【创新园】

自己选择一首古诗词进行朗诵录音，选择合适的音乐，合成为配乐诗朗诵。

7.3　视频资源的加工与处理

数字视频能客观记录现实，真实地再现事物发生、发展的过程，表现事物细节，突破时空限制，拓宽人的视野，能变抽象的理论为形象的画面，帮助学生建构理解知识的情境，从而提高学习者的学习效果。但并不是我们录制的或下载的视频都能直接适用于教学中，往往要对视频资源进行相应的处理，使之满足我们的教学需求。因此，掌握视频资源的处理、加工也是教师必备的基本技能。

7.3.1　常用数字视频文件的格式

视频文件格式与视频压缩技术、视频编辑技术密切相关，数字视频文件格式大体可分为两大类：一类是影像文件，如 AVI、MOV、MPG 等格式；另一类是流式视频文件，如 WMA、ASF、FLV、RM 等格式。不同的数字视频文件格式代表着视频数据的不同编码。

1. AVI 格式

AVI 是音频、视频交错（Audio Video Interleaved）的英文缩写，所谓"音频视频交错"，就是可以将视频和音频交织在一起进行同步播放。这种视频格式的优点是图像质量好，可以跨多个平台使用，缺点是体积过于庞大。AVI 文件目前主要应用在多媒体光盘上，用来保存电影、电视等各种影像信息，有时也出现在 Internet 上，供用户下载、欣赏影片的精彩片段。

2. MPEG 格式

MPEG 的英文全称为 Moving Picture Expert Group，即运动图像专家组格式，家里常看的 VCD、SVCD、DVD 就是这种格式。MPEG 文件格式是运动图像压缩算法的国际标准，它采用了有损压缩方法，从而减少了运动图像中的冗余信息。

3. WMV 格式

WMV（Windows Media Video）也是 Microsoft 推出的一种采用独立编码方式并且可以直接在网上实时观看视频节目的文件压缩格式。WMV 格式的主要优点包括本地或网络回放、可扩充的媒体类型、可伸缩的媒体类型、多语言支持、环境独立性、丰富的流间关系以及扩展性等。

4. RM 格式

Networks 公司所制定的音频视频压缩规范称为 RealMedia，用户可以使用 RealPlayer 或 RealOne Player 对符合 RealMedia 技术规范的网络音频/视频资源进行实况转播，并且 RealMedia 可以根据不同的网络传输速率制定出不同的压缩比率，从而实现从低速率的网络上进行影像数据实时传送和播放。RM 格式的另一个特点是用户使用 RealPlayer 或 RealOne Player 播放器可以在不下载音频/视频内容的条件下实现在线播放。

5. RMVB 格式

这是一种由 RM 视频格式升级延伸出的新视频格式，其先进之处在于 RMVB 视频格式打破了原先 RM 格式那种平均压缩采样的方式，在保证平均压缩比的基础上合理利用比特率资源，即静止和动作场面少的画面场景采用较低的编码速率，这样可以留出更多的带宽空间，而这些带宽会在出现快速运动的画面场景时被利用。这样在保证静止画面质量的前提下，大幅度地提高了运动图像的画面质量，从而图像质量和文件大小之间就达到了微妙的平衡。

6. FLV 格式

FLV 是 Flash Video 的简称，是一种新的视频流媒体格式，它是基于 Flash MX 的，可以看作一种 Flash 动画，需要 Flash 回访插件支持，广泛应用于网络视频。

7.3.2 视频资源的加工与处理

视频资源的处理包括视频文件格式的转换、视频的截取、视频的合并等操作。视频编辑软件有很多，如 Adobe Premiere、会声会影、视频编辑专家等。这里我们介绍简单易用的视频编辑专家软件的使用。

视频编辑专家是一款免费的视频编辑软件，操作简单，具有转换视频格式、视频合并、分割和截取等功能，其主界面如图 7-106 所示。

图 7-106　视频编辑专家主界面

1. 视频文件格式的转换

有些视频因受某些设备的播放限制或受文件大小的限制需要转换视频文件格式,使用视频编辑专家可以进行视频文件格式的转换。

实例 16　将视频"野生动物.wmv"转换成 MP4 格式

【跟我做】

单击图 7-106 所示界面上的"编辑与转换"按钮,进入"格式转换"向导,如图 7-107 所示。

(1)选择需要转换成的格式。在图 7-107 所示窗口左侧的列表中选择"常用视频格式",单击右侧"MP4"图标,单击"下一步"按钮,进入步骤二(添加需要转换的文件),如图 7-108 所示。

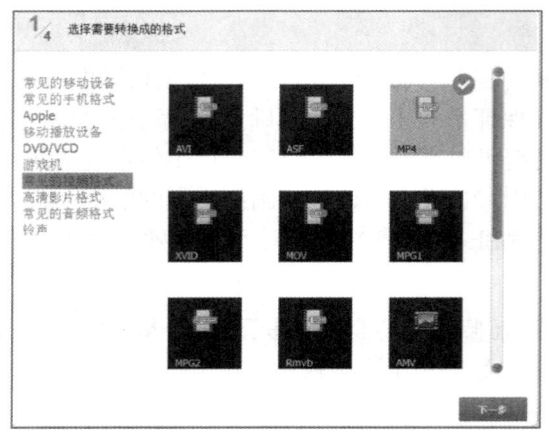

图 7-107　选择需要转换成的格式　　　　图 7-108　添加需要转换的文件

(2)添加需要转换的文件。在图 7-108 所示窗口中单击"添加"按钮,添加要转换的文件,该视频文件出现在窗口内。单击"下一步"按钮,进入步骤三(输出设置),如图 7-109 所示。

(3)输出设置。在图 7-109 所示窗口中,选择输出文件的位置,单击"下一步"按钮,进入步骤四(转换文件),如图 7-110 所示。

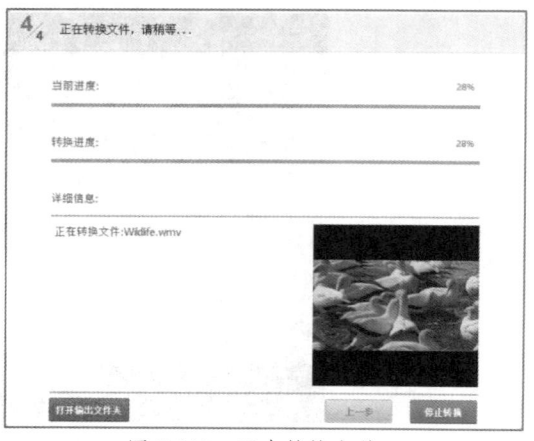

图 7-109　输出设置　　　　图 7-110　正在转换文件

(4)转换文件。如图 7-110 所示,界面上出现转换文件的进度条,完成后即可在输出文件夹中找到转换后的文件。

2. 剪辑视频

视频文件截取就是从较长的视频中截取一段，或者录制的视频太长，需要将其分割成几段用于分段教学。

实例17　从视频"野生动物.wmv"中截取海鸟活动的部分视频

【跟我做】

在视频编辑专家工作界面上单击"视频文件截取"按钮，进入视频文件截取向导界面，如图7-111所示。

（1）添加要截取的视频文件。在图7-111所示的窗口中单击"加载"按钮，弹出"打开"对话框，选择要截取的视频文件，单击"打开"按钮，这时在窗口中出现视频文件，如图7-112所示。设置好输出目录，单击"下一步"按钮，进入步骤二（截取设置），如图7-113所示。

图 7-111　添加要截取的视频文件　　　　图 7-112　添加要截取的视频文件后

图 7-113　截取设置　　　　图 7-114　正在截取

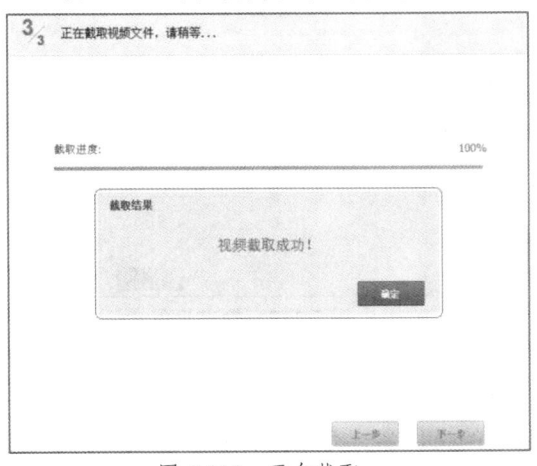

（2）截取设置。在"截取设置"窗口下方分别设置开始时间和结束时间，也可以拖动时间线上的开始和结束滑块进行设置，单击"下一步"按钮，进入步骤三（进行截取）。

（3）进行截取。在"正在截取"界面上出现截取进度条，完毕后弹出"视频截取成功"提示，如图7-114所示。单击"确定"按钮，即可在输出文件夹中找到截取后的视频文件。

3. 合成视频

视频文件的合成是将两段或者多段简短的视频文件链接起来合成一个视频文件。

实例 18　将三段短小的视频合并成一段视频

在视频编辑专家工作界面上单击"视频合并"按钮，进入视频合成向导界面。

（1）添加需要合并的视频文件。在视频合成向导界面上单击"添加"按钮，弹出"打开"对话框，在对话框中依次选中要合并的视频文件，如图 7-115 所示。

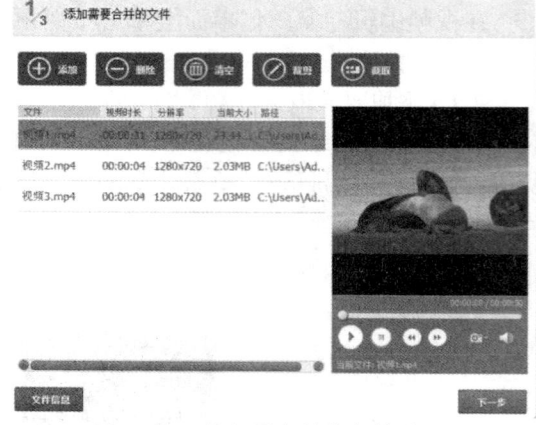

图 7-115　选择要合并的文件　　　　　图 7-116　添加要合并的文件后

单击"打开"按钮，视频文件添加到合并窗口中，如图 7-116 所示。单击"下一步"按钮进入步骤二（输出设置），如图 7-117 所示。

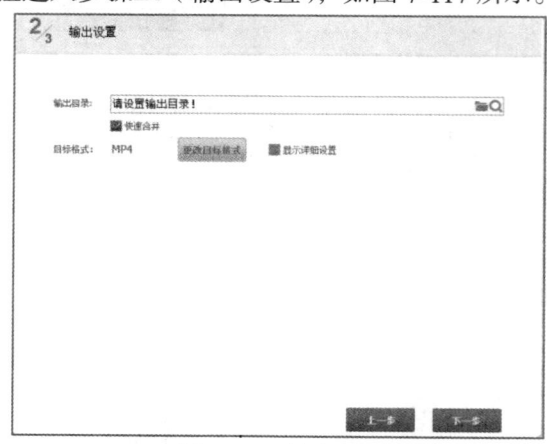

图 7-117　输出设置　　　　　　　　　图 7-118　正在合成

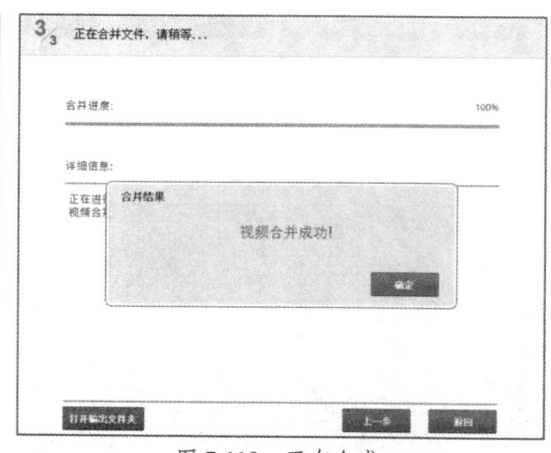

（2）输出设置。设置输出目录，输出格式默认与原格式相同；单击"更改目标格式"按钮更改输出视频的格式。设置完毕，单击"下一步"按钮，弹出"另存为"对话框，输入合成后的文件名，单击"保存"按钮进入步骤三（合并），如图 7-118 所示。

（3）合并。界面上出现合并进度条，完毕后弹出"视频合并成功"提示，单击"确定"按钮，即可在输出文件夹中找到合并后的视频文件。

【创新园】

（1）从网站上下载教学视频，截取其中的一部分。

（2）自己用手机录制几小段视频，然后合成一个视频文件。

7.4 制作动画资源

动画是课件中使用的重要元素，通过活灵活现的动画，可以有效地帮助学生理解教学中的抽象问题。Flash 是由 Macromedia 公司出品的用于矢量图形编辑和动画制作的专业软件，具有支持交互、文件体积小、效果明显等特点，广泛应用于多媒体领域，也是教师制作教学动画使用较多的软件。

7.4.1 初始 Flash CS6

1. 熟悉工作环境

启动 Flash CS6，首先出现的是"开始页"，如图 7-119 所示。

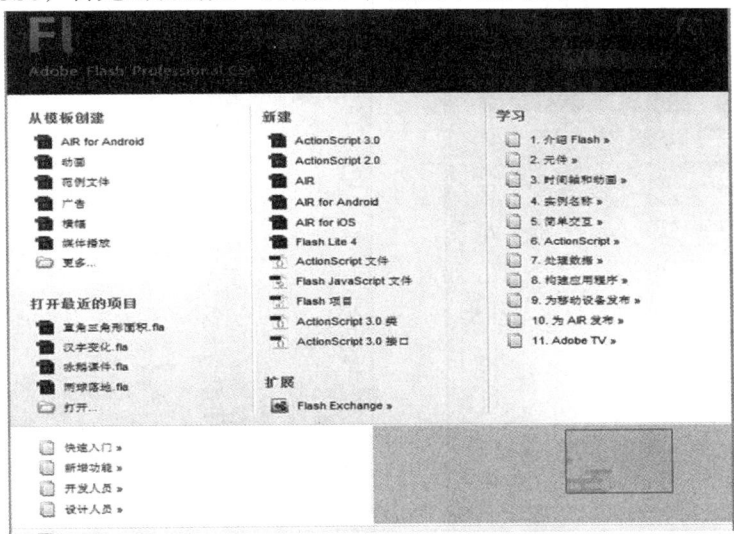

图 7-119　开始页

单击"新建"下的"ActionScript 3.0"，即新建一个 Flash 文档，进入其工作窗口，如图 7-120 所示。工作窗口主要包括应用程序栏、菜单栏、绘图工具箱、时间轴、舞台和面板。

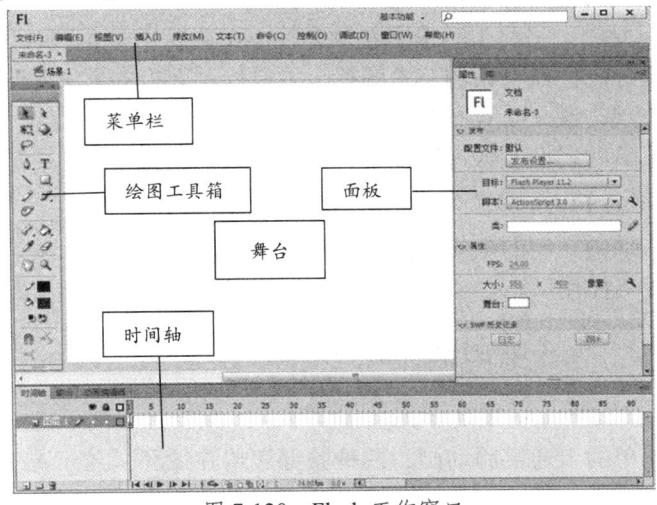

图 7-120　Flash 工作窗口

1）时间轴

在 Flash 中，时间轴是进行 Flash 作品创作的核心部分。时间轴由图层、帧和播放头组成，影片的进度通过帧来控制。时间轴从形式上可分为两个部分：左侧的图层操作区和右侧的帧操作区。在时间轴的上方标有帧号，播放头标示当前帧的位置。在时间轴上，帧是用小格符号来表示的。

2）绘图工具箱

位于工作界面左边的长条形状就是绘图工具箱，绘图工具箱包括了 Flash CS6 中所有的绘图工具、选择工具、颜色工具、查看工具及选项，利用这些工具可以绘制和编辑图形、创建文字、选择对象、填充颜色等。

3）舞台

舞台位于工作界面的中间矩形区域（默认是白色背景），是放置动画内容的区域。这些内容包括矢量绘图、文本框、按钮、导入的位图图像或视频剪辑等。默认状态下，舞台宽 550 像素，高 400 像素。可以在"属性"面板中设置舞台的大小和背景色，如图 7-121 所示。

图 7-121　"文档属性"面板　　　图 7-122　"工具属性"面板

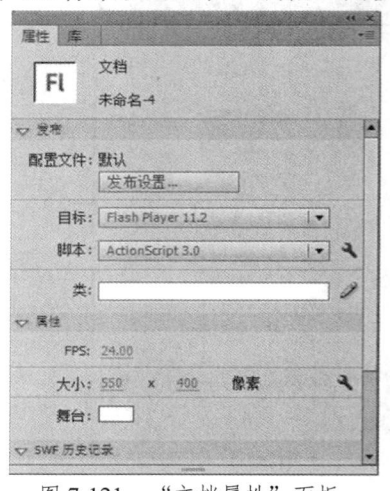

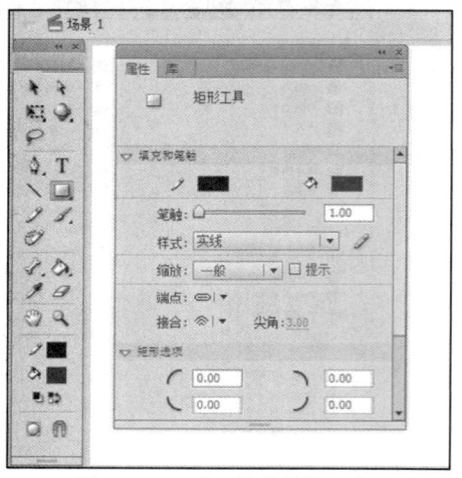

4）面板

面板默认显示在舞台的右侧，用户也可以自行设置面板的位置，方法是：将光标放在面板的左上角，当光标变成十字箭头时按下左键并拖放面板，也可单独拉出、交换位置或重新组合面板。单击面板标题栏左上角的三角图标，可以控制面板的展开与收缩。

在绘图工具箱中单击某个工具按钮选中该工具时，在"属性"面板中将显示该工具的设置选项，可以对该工具的属性参数进行设置，如图 7-122 所示。

2. 制作一个简单的 Flash 影片

通过一个简单的动画实例的制作过程，学会创建 Flash 文档、设置文档属性、保存文件、测试影片、发布影片等操作。

实例 19　制作卡通笑脸动画

【实例效果】

该实例是一个简单的卡通笑脸动画，两种脸部表情在循环播放情况下交替出现，形成动画效果，如图 7-123 所示。

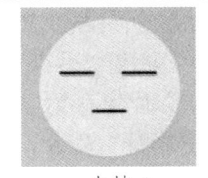

表情 1　　　　　　　　表情 2

图 7-123　笑脸动画截图

【跟我做】

（1）新建文档。启动 Flash CS6，在"开始页"的"新建"下单击"ActionScript 3.0"选项，创建一个新的 Flash 文档，帧频默认 24 fps。

（2）设置影片属性。单击"窗口"菜单中的"属性"命令，弹出"属性"对话框，在"文档属性"面板中设置舞台大小为 200×200 像素，背景颜色为浅蓝色。

（3）绘制卡通脸。单击工具箱中的椭圆工具，在"椭圆属性"面板设置笔触颜色为无、填充色为黄色，如图 7-124 所示。按住 Shift 键，在舞台上拖动鼠标，拉出一个合适大小的圆后释放鼠标，即创建一个浅黄色圆形。

（4）绘制眼睛嘴巴。单击工具箱中的线条工具，在"线条属性"面板中设置笔触颜色为黑色、笔触高度为 3 像素，如图 7-125 所示。在舞台的圆形上面绘制三条短线，作为卡通笑脸上的眼睛和嘴巴，如图 7-123 表情 1 所示。

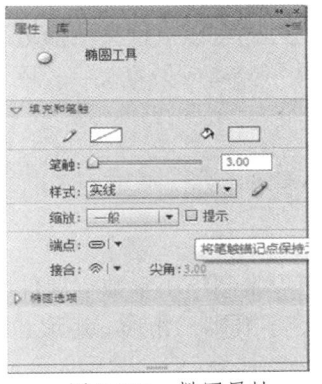

图 7-124　椭圆属性　　　　　　　图 7-125　直线属性

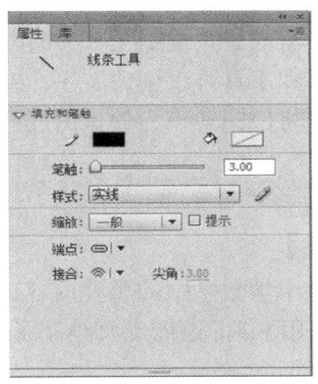

（5）插入关键帧。在时间轴的第 10 帧右击，在弹出的快捷菜单中选择"插入关键帧"命令。

（6）改变表情。单击工具箱中的选择工具，分别指向表示眼睛的线条边缘，当鼠标指针变成 ↳ 形状时轻轻拖动，使线条弯曲。同样的方法拖动代表嘴巴的线条，效果如图 7-123 表情 2 所示。

（7）插入帧。为了延长第二个表情的时间与第一个表情的时间一致，在时间轴的第 20 帧上右击，在弹出的快捷菜单中选择"插入帧"命令，时间轴如图 7-126 所示。

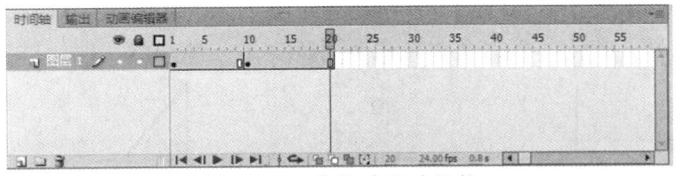

图 7-126　笑脸动画时间轴

（8）测试影片。单击菜单"控制"/"测试影片"命令（或按 Ctrl+Enter 键），弹出影片测试窗口，在窗口中显示动画效果，系统会自动生成一个 SWF 文件。

（9）保存影片。单击"文件"/"保存"命令，弹出"另存为"对话框，选择保存文件的位置，输入文件名"笑脸"，单击"保存"按钮，影片保存为"笑脸.fla"。

（10）导出影片。选择"文件"/"导出"/"导出影片"命令，弹出"导出影片"对话框，输入导出的文件名，单击"保存"按钮，即可导出影片。导出的影片文件类型是播放文件，文件扩展名为.swf。

至此，一个简单的笑脸动画制作完毕。

【知识窗】

上面的笑脸动画是由两个关键帧形成的动画，这种由连续的关键帧序列组成的动画叫逐帧动画。在 Flash 中，除了逐帧动画，还有补间动画，补间动画只需要创建起始关键帧和结束关键帧，中间帧由系统自动生成。其中补间动画又分为形状补间动画和传统补间动画。

【创新园】

按照实例 1 的制作步骤制作你的第一个 Flash 影片，内容自选，保存为 FLA 文件，导出为 SWF 播放文件。

7.4.2 制作动画元素

制作动画首先要准备动画的元素，动画元素包括图形、文字、外部导入的位图等。绘图工具箱提供了丰富的矢量绘图工具，可以绘制各种图形，还可以对这些图形进行编辑变形等；绘图工具中的文本工具可以创建文字，Flash 可以将文字分离成矢量文字；还可以从外部导入位图，并且可以将位图转换为矢量图进行编辑修改。

实例 20　绘制一组几何图形

【实例效果】

认识图形是小学数学中的重要内容，绘制几何图形是制作小学数学课件中经常用到的操作。本实例中使用 Flash 绘图工具绘制了直角三角形、不规则三角形、矩形、圆和五角星，如图 7-127 所示。

图 7-127　几何图形

【跟我做】

（1）绘制直角三角形。在绘图工具箱中选择直线工具，在"属性"面板中设置笔触颜色为黑色、笔触高度为 2 像素；按住 Shift 键，同时在舞台上拖曳鼠标画出一条垂直的直线，接着画出水平直线，使其与垂直直线相交，如图 7-128 所示。松开 Shift 键，拖曳鼠标将垂直直线和水平直线封起来，形成一个直角三角形，如图 7-129 所示。

图 7-128　垂直相交的两条直线　　　　图 7-129　直角三角形

（2）复制三角形。切换到选择工具，在已经绘制好的直角三角形周围拖曳鼠标，用框选的方法选中这个三角形，按住 Ctrl 键的同时，拖曳三角形则可快速复制一个三角形，如图 7-130 所示。

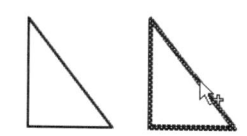

图 7-130　快速复制三角形

（3）将直角三角形改变为钝角或锐角三角形。在舞台的空白处单击鼠标取消对图形的选择，将鼠标靠近三角形的一个顶点，当鼠标指针下方有一个直角形状时，拖曳鼠标改变顶点的位置使其变成钝角三角形或锐角三角形，如图 7-131 所示。

图 7-131　直角三角形改变为钝角或锐角三角形

（4）绘制无填充矩形。在绘图工具箱中选择矩形工具，在"属性"面板中设置笔触颜色为黑色、笔触高度为 2 像素，填充色为"无"，矩形选项中边角半径均为 0，如图 7-132 所示。设置完毕，在舞台上拖曳鼠标即可绘制无填充矩形。

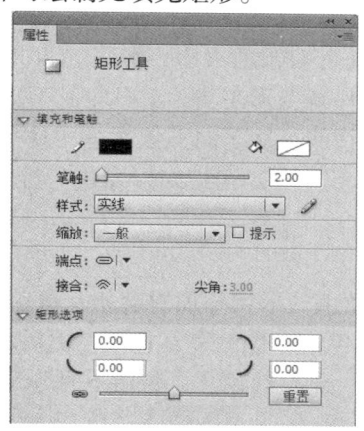

图 7-132　矩形工具"属性"面板

（5）绘制圆形。选择绘图工具箱中的椭圆工具，在"属性"面板中设置笔触颜色、笔触高度、填充色等，设置方法与矩形设置相似。设置完毕，按住 Shift 键，同时拖曳鼠标即可在舞台上绘制圆形。

> 提示：椭圆工具绘制的是任意椭圆，当按住 Shift 键时绘制的是圆。这同样适用矩形工具，即按住 Shift 键绘制的是正方形。

（6）绘制五角星。选择绘图工具箱中的多角星形工具，打开"属性"面板，如图 7-133 所示。笔触、填充色的设置方法与前面相同。单击"选项"按钮，弹出"工具设置"对话框，在"样式"中选择"星形"，边数为 5，如图 7-134 所示。在舞台上拖曳绘制五角星如图 7-135 所示。

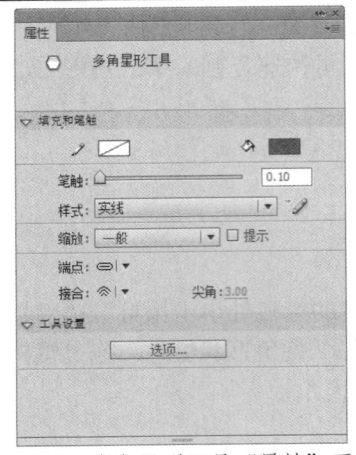

图 7-133　多角星形工具"属性"面板 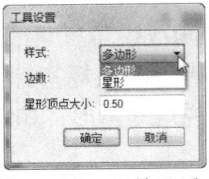　　图 7-134　工具设置 　　图 7-135　绘制五星

【知识窗】

绘制图形的同时往往需要编辑修改图形，编辑图形的方法有以下几种：

1）选择工具

选择工具 主要用于选择对象、移动对象和改变线条、对象轮廓。在工具箱中选择选择工具，然后移动鼠标指针到直线的端点处，指针右下角变成直角状 ，这时拖动鼠标可以改变线条的方向和长短；将鼠标指针移到线条上，指针右下角会变成弧线状 ，拖动鼠标，可以将直线变成曲线。这是一个很有用处的功能，它可以帮助我们画出所需要的各种曲线形状。

2）任意变形工具

任意变形工具 可以改变 Flash 对象的大小、形状。

选中对象，在工具箱中选择任意变形工具，工具箱的下边会出现相应的"选项"。任意变形工具的"选项"中共包括五个按钮，从上向下依次是"对齐对象" 、"旋转与倾斜" 、"缩放" 、"扭曲" 和"封套" 。可以对对象进行旋转、缩放、扭曲、封套变形等操作。

3）图形的覆盖与分割

在 Flash 绘图中，两个不同颜色的形状叠加时会相互覆盖和分割，从而得到新的图形。如月亮的制作。先绘制两个不同颜色的白色圆和红色圆，然后将红色圆移到白色圆的上面，如图 7-136 所示，单击鼠标确定后，删除红色圆，只留下月牙形状。

图 7-136　月牙的绘制过程

实例 21　制作一支盛开的鲜花

【案例效果】

一支盛开的鲜花，有规则的花朵，弯曲的花茎上有两片绿叶，如图 7-137 所示。

第 7 章 信息化教学资源的加工与处理

图 7-137 一支盛开的鲜花

【实例分析】

花朵有明显的结构特征，就是由同一个花瓣按照一定的角度旋转并复制。花瓣是一个椭圆的渐变色填充，花茎是直线的变形，叶子也是用直线变形的方法制作的。

【跟我做】

（1）新建文档。设置舞台宽度为 550 像素，高度为 400 像素，背景颜色为白色。

（2）绘制花瓣。选择椭圆工具，在"颜色"面板中设置笔触颜色为无色，设置填充类型为径向渐变，渐变色为白色到红色，如图 7-138 所示。在舞台上拖曳鼠标绘制一个无边框的椭圆，如图 7-139 所示。

（3）调整填充。单击工具箱中的渐变变形工具，调整填充范围，如图 7-140 所示。

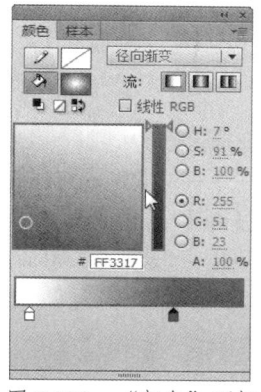

图 7-138 "颜色"面板　　图 7-139 无边椭圆　　图 7-140 调整填充范围

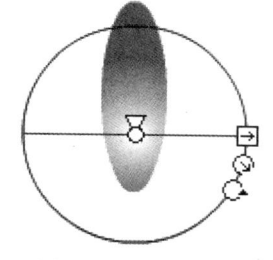

（4）制作花朵。单击绘图工具箱中的任意变形工具，调整椭圆的注册中心到椭圆下方，如图 7-141 所示。执行"窗口"/"变形"命令，打开"变形"控制面板，设置旋转角度为 450°，如图 7-142 所示，多次单击"复制并应用变形"按钮，形成花朵，如图 7-143 所示。

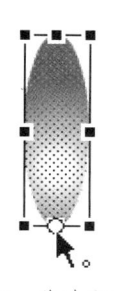

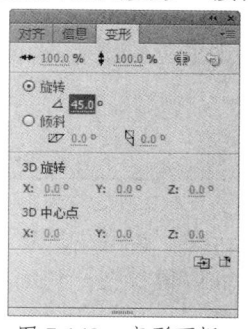

图 7-141 移动注册中心　　图 7-142 变形面板　　图 7-143 形成花朵

（5）制作花蕊。绘制一个黄色的小圆，拖到花的中心作为花蕊。

（6）制作花茎。用直线工具在花的下面画一条直线，然后用选择工具指向直线拖出一弧度作为花茎。

（7）绘制叶子。用直线工具绘制直线，单击选择工具靠近直线，鼠标指针下方出现一弧形，拖曳鼠标则直线变弯曲；绘制另一条直线，以同样方法使其弯曲，用颜料桶填充绿色。绘制过程如图 7-144 所示。

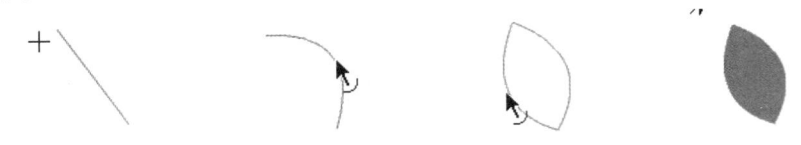

图 7-144　绘制叶子过程

（8）复制叶子。用前面复制三角形的方法复制另一片叶子，然后用任意变形工具调整叶子方向、位置。一支盛开的鲜花就绘制完成了。

【知识窗】

元件、实例和库。

上例中的花朵、叶子如果要重复使用，将其转换成元件即可。

元件是存放在动画库中的可以反复使用的图形、按钮、动画或声音资源。它是创作 Flash 动画最重要也最基本的元素，它在 Flash 动画中对文件的大小和交互能力的大小起着重要的作用。制作的元件或从外部导入的文件都会被保存在库中。

1）元件类型

元件可分为图形元件、按钮元件和影片剪辑元件。

（1）图形元件：图形元件主要用来制作动画中的静态图形，没有交互性。

（2）按钮元件：按钮元件通常有强大的交互功能，它不是一个简单的图形。按钮元件有四个状态，即弹起、指针经过、按下和点击，每种状态都可以通过图形、元件及声音来定义。

（3）影片剪辑元件：影片剪辑元件是影片中可以需要重复使用一段动画，可以看作是影片中的小影片。其创建方法与图形元件的创建方法基本相同，只是影片剪辑元件包含多帧的动画。

2）创建元件的方法

创建元件的方法有两种：一种是直接创建，另一种是转换。

（1）直接创建元件。

① 选择"插入"/"新建元件"命令，或按下 Ctrl+F8 快捷键，打开"创建新元件"对话框，如图 7-145 所示。

图 7-145　"创建新元件"对话框

② 在"名称"文本框中输入元件名称，在"类型"选项中选定元件的类型为图形。

③ 单击"确定"按钮，进入图形元件的编辑状态，利用绘图工具创建元件内容。

（2）转换为元件。

① 在主场景中绘制好图形。

② 使用选择工具选中图形，然后选择"修改"/"转换为元件"命令，或者按下 F8 键，打开"转换为元件"对话框。

③ 在该对话框中输入元件名称，选择元件的类型为"图形"，单击"确定"按钮，即可将图形转换为图形元件。

3）应用元件

从库中拖到舞台上的元件称为实例，如图 7-146 所示。重复拖出可以得到多个花朵和叶子。

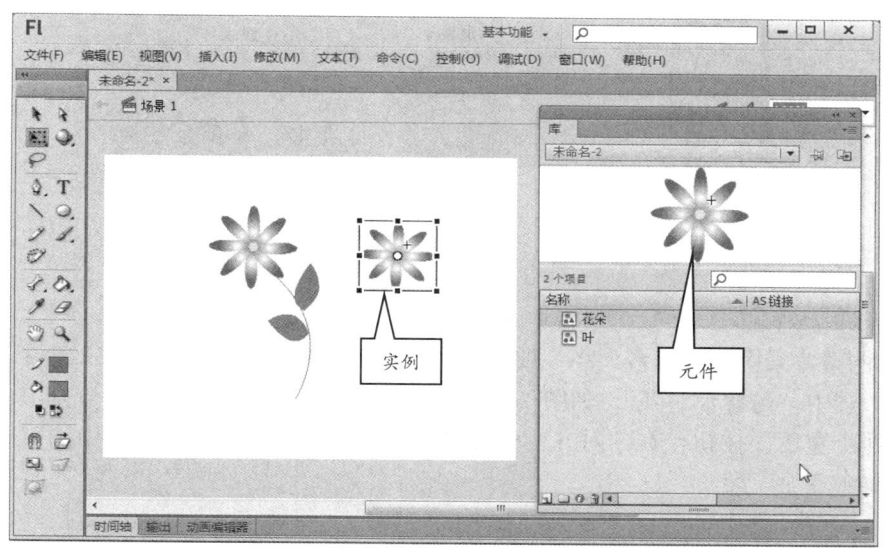

图 7-146　元件和实例

实例22　制作《咏鹅》课件封面

【实例效果】

小学语文课文《咏鹅》的课件的素材和封面效果如图 7-147 所示。

素材　　　　　　　　　　　效果

图 7-147　《咏鹅》课件封面

【实例分析】

导入外部图片素材，用 Flash 文本工具添加文字。为了增强文字效果，应用滤镜添加了发光效果。

【跟我做】

（1）新建文档。在文档"属性"面板中设置舞台宽度为 550 像素，高度为 400 像素，背景颜色为白色。

（2）导入背景图片。单击"文件"/"导入"/"导入到舞台"，弹出"导入"对话框，按

图 7-148 所示选择图片，单击"打开"按钮，图片被导入到舞台上。

图 7-148 "导入"对话框

（3）调整背景图片与舞台大小一致。选中图片，单击"窗口"/"对齐"命令，弹出"对齐"面板，选中"与舞台对齐"，如图 7-149 所示，然后在"匹配大小"中分别单击"匹配高度"和"匹配宽度"按钮，在"对齐"中分别单击"水平中齐"和"垂直中齐"按钮，使背景图片和舞台完全一致。

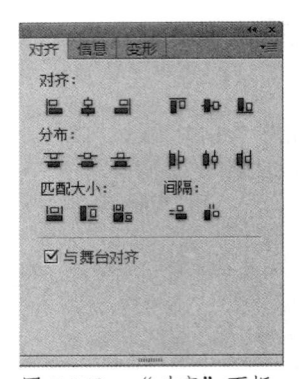

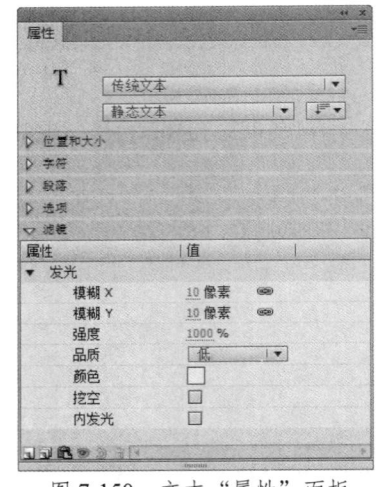

图 7-149 "对齐"面板　　　　图 7-150 文本"属性"面板

（4）输入课题文字。单击工具箱中的文本工具，在"属性"面板中设置字体为楷体、大小 60、颜色为黑色，如图 7-150 所示。在舞台上单击鼠标，输入"咏鹅"；再次设置字体、字号，输入作者"骆宾王"。

（5）添加文字效果。选中文字，在文本"属性"面板中展开"滤镜"栏，单击"添加滤镜"按钮，在弹出的菜单中选择"发光"滤镜，设置模糊 X 值为 10 像素，模糊 Y 值为 10 像素，强度为 1000%，颜色为黄色，添加后效果如图 7-147 所示。

【知识窗】

导入到 Flash 中的位图可以作为背景应用，也可以作为动画的元素。作为动画元素时往往要经过加工处理，如位图中的背景色不利于作品整体风格的设计，则在 Flash 中可以去掉原有的背景。方法如下：

（1）执行"文件"/"导入"/"导入到舞台"，将图片导入到舞台。

（2）执行"修改"/"分离"命令或按 Ctrl+B 将位图分离，分离后图像呈点状显示。

（3）单击工具箱中的套索工具，在选项栏中单击"魔术棒"按钮，然后单击图像背景，再按 Del 键删除背景。也可以用选择工具框选要删除的部分，按 Del 键删除。

（4）放大舞台比例，选择橡皮擦工具，将不干净的边缘小心擦除，如图 7-151 所示。

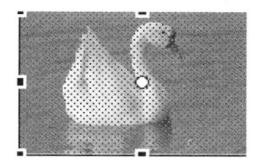

（1）导入位图　　（2）分离位图　　（3）删除背景　　（4）擦除边缘

图 7-151　位图处理过程

【创新园】

自选课题，制作课件封面。

提示：课件背景图片从网上下载，文字使用滤镜效果，使用绘图工具绘制课题相关的内容，添加到封面上。

7.4.3　制作逐帧动画

逐帧动画是由连续的关键帧序列组成的动画，每一关键帧都是由制作者编辑加工而成，而不是由 Flash 通过计算机自动生成的。

实例23　制作"红绿灯"动画

为了提高小学生的安全意识，树立"珍爱生命，遵守交通规则"的正确信念，培养学生严格遵守交通规则的高尚品质，学校都会组织学生学习了交通安全法则。"红绿灯"是最基本的交通法则，可以用 Flash 将红绿灯的变化规律做成动画有利于学生的学习。

【实例效果】

按"红灯——绿灯——黄灯"的顺序依次亮起一盏灯，其他两盏等呈暗灰色，灯亮的同时出现提示语，如图 7-152 所示。

图 7-152　"红绿灯"动画截图

【实例分析】

该动画实际上是三张不同的静态图片在时间上的连续播放，利用人的"视觉暂留"现象形成动画效果，是典型的逐帧动画。

【跟我做】

（1）新建文档。在文档"属性"面板中设置舞台宽度为550像素，高度为400像素，背景颜色为白色，帧频为 12 fps。

　　（2）导入背景图片。单击"文件"/"导入"/"导入到舞台"，弹出"导入"对话框，选择图片，单击"打开"按钮，图片被导入到舞台上，同时将图层 1 命名为"背景"。

　　（3）调整背景图片与舞台大小一致。利用"对齐"面板调整背景图片的大小和位置，使背景图片和舞台完全一致。

　　（4）插入帧延长背景停留时间。在第 35 帧处插入帧。

　　（5）绘制红灯。新建图层，命名为"灯"，在"灯"图层的第 1 帧绘制红色的圆，使其覆盖在交通图的红灯的位置，其他两盏灯用灰色圆覆盖。

　　（6）添加红灯提示语。新建图层，命名为"文字"，在"文字"图层的第 1 帧上输入"红灯停"。

　　（7）制作绿灯及提示语。分别在"灯"图层和"文字"图层的第 15 帧插入关键帧，在"灯"图层上绘制绿色圆覆盖绿灯的位置，其他两盏灯为灰色；在"文字"图层上输入"绿灯行"。

　　（8）制作黄灯及提示语。分别在"灯"图层和"文字"图层的第 30 帧插入关键帧，制作黄灯及提示语，方法同上。

　　温馨提示：由于黄灯的停留时间与红灯、绿灯的停留时间是不一样的，所以后面延长的帧数也是不一样的。

　　"红绿灯"动画制作完毕，时间轴如图 7-153 所示。

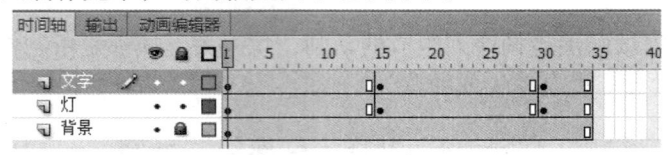

图 7-153　"红绿灯"动画时间轴

【知识窗】

　　在新建的 Flash 动画中只有一个图层，默认的图层名称为"图层 1"。在创作过程中，可以根据需要添加图层来组织动画元素，也可以删除多余的图层。

　　1）添加普通图层

　　选中一图层作为当前层，单击时间轴上的按钮 ，即可在当前图层的上方创建一个新图层。新建的图层会自动排在当前图层的上面，并且成为当前层。图层名称将以图层 1、图层 2、图层 3、……依次排序命名，如图 7-154 所示。

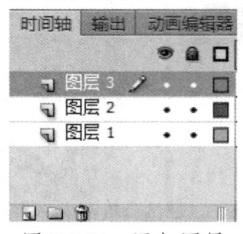

图 7-154　添加图层　　　图 7-155　图层命名

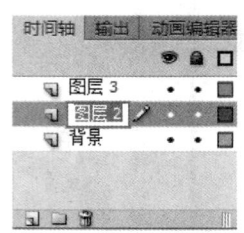

　　2）图层命名

　　为了方便地识别图层，可以根据图层的内容为图层命名。

　　双击要改名的图层名称，然后输入新的图层名称，按 Enter 键即可，如图 7-155 所示。

　　3）删除普通图层

　　删除图层的方法有以下两种。

第7章 信息化教学资源的加工与处理　　　　　　　　　　　　　　　　　　　～ 161 ～

方法一：选中要删除的图层，单击时间轴上图层区域右下方的 🗑 按钮，即可将其删除。
方法二：在图层列表中，在图层名称上右击，选择快捷菜单中的"删除图层"命令，即可将所选图层删除。

4）调整图层顺序

图层的顺序决定了画板上对象的重叠状态。根据 Flash 绘图原理，可以将图层想象成透明的纸，每一张纸代表一个图层，多个图层就像多张透明的纸摞在一起。上面图层上的对象遮住下面图层上的对象，下面图层上的对象只能从上面图层的空白处显示出来。所以，可以通过改变图层的顺序来改变所看到的内容。

要改变图层的顺序，只需在时间轴上单击并拖动图层，向上或向下拖曳到合适位置即可。

5）修改图层的编辑状态

编辑是在当前图层进行的。当选择一图层时，在图层的名称右边会出现一支铅笔，表示可以在当前图层上绘图和添加动画元素。同一时刻当前图层只有一个。对对象的编辑只能在可见的、未锁定的层上进行。

（1）显示/隐藏图层：

默认情况下，图层都是处于显示状态的。当影片存在多个图层时，为了便于查看和编辑各图层的内容，需要将其他图层隐藏。隐藏图层的方法如下：

单击要隐藏图层上眼睛图标 👁 下方的圆点，出现红色叉号图标 ✕ 时表示该层被隐藏，如图 7-156 中的图层 2。如果要取消隐藏，单击红色叉号图标即可。单击图层列表顶部的眼睛图标可以隐藏所有图层，再次单击则取消隐藏。

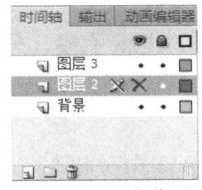

图 7-156　隐藏图层　　　　图 7-157　锁定图层

（2）锁定/解锁图层：

在编辑某个图层的对象时，常会对其他图层的对象产生误操作。为了避免影响到其他图层的内容，可以将其他图层锁定。锁定图层的方法如下：

单击要锁定图层锁形图标 🔒 下方的圆点，图层被锁定。如果锁定的是当前图层，其左侧的铅笔被划上一条线 ✕，表示不能编辑，如图 7-157 所示。单击图层列表顶部的锁形图标，可以锁定所有层，再次单击则取消所有层的锁定状态。

实例 24　一笔一画写字

【实例效果】

在小学低年级的语文教学中，在田字格上规范地书写汉字是很重要的教学内容。本实例就是以"王"为例演示在田字格上写字的过程，分解图如图 7-158 所示。

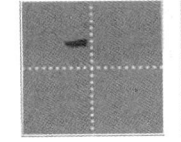

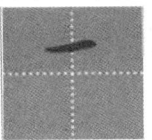

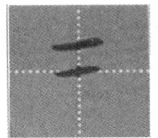

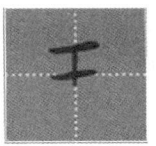

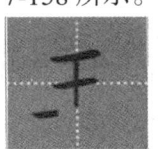

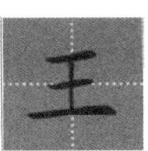

图 7-158　一笔一画写字分解图

【实例分析】

本实例按照笔画顺序逐渐显示各笔画，用逐帧动画可以显示得细腻逼真。本实例是先从输入一个规范的正楷"王"字，将其分离，然后按写字相反的顺序逐渐擦去，再用"翻转帧"改变显示顺序。

【跟我学】

（1）新建文档。设置文档的舞台大小为 300×300 像素，背景为灰色，帧频为 12 fps。

（2）绘制田字格。在工具箱中选择直线工具，在"属性"面板中设置颜色为白色、线型为虚线，在舞台上绘制出田字格，将图层1命名为"田字格"。

（3）输入文字。新建图层，命名为"字"，在工具箱中选择文本工具，设置字体为楷体、颜色为红色、大小为72，输入"王"字。

（4）分离文字。执行"修改"/"分离"命令或按 Ctrl+B，将文字分离。

（5）反方向擦除文字。在第 2 帧按 F6 键插入关键帧，用橡皮擦工具擦除"王"字最后一笔的最后一小部分。用同样的方法继续向后插入关键帧，每插入一个关键帧，就用橡皮擦按书写顺序的反序擦除一点，直到全部擦除。

（6）翻转帧。单击时间轴上的第 1 帧，按住 Shift 键再单击时间轴上的最后一帧选中所有帧，右击，在快捷菜单中选择"翻转帧"命令。

（8）测试影片。按 Ctrl+Enter 键，测试影片，就会看到写字的效果。

（9）保存文件。保存文件为"写字.fla"。

【知识窗】

"图层"和"帧"是 Flash 对于动画的两种最重要的组织手段，分别从空间维度和时间维度将动画有效地组织起来。

1）认识帧

（1）空白关键帧：没有内容的关键帧认为是一个空白关键帧，显示为空心圆圈，如图 7-159 中的第 1 帧。可以在空白关键帧上创建内容，一旦创建了内容，空白关键帧就变成了关键帧。

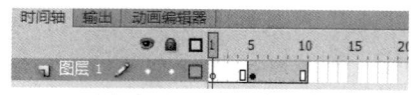

图 7-159 空白关键帧

（2）关键帧：关键帧用来定义动画在某一时刻的新的状态。关键帧显示为黑色的圆圈，如图 7-159 第 5 帧所示。

（3）帧：关键帧后面呈灰色没有圆圈的帧将继续沿用该关键帧上的内容，这些帧都是一般的帧，如图 7-159 第 6 帧到第 10 帧。

（4）空白帧：普通空白帧是没有任何内容的帧，多用在动画中的拖延时间，如图 7-159 中第 2 帧到第 4 帧。

2）帧的操作

虽然帧的类型比较复杂，在影片中起到的作用也各不相同，但对于帧的各种编辑操作是相同的。在时间轴上右击，弹出图 7-160 所示的"时间轴"菜单，该菜单中包含了各种帧的操作命令。

（1）选取帧：在对各种帧的操作之前都必须先选取帧。

选取一帧：直接在时间轴上单击要选择的帧即可，被选中的帧呈黑色，舞台中显示该帧的内容。

选取多帧：一种是选择连续的多个帧，另一种是选择不连续的多个帧。选择连续的多个帧的方法是：选择某一帧后，在按住 Shift 键的同时单击另外一帧，可以选中包含在两帧之间的所有帧。选择不连续的多个帧的方法是：按住 Ctrl 键并单击，可以选中单击过的所有帧。

（2）插入帧：插入一帧。

（3）插入关键帧：插入一个关键帧。

（4）转换为关键帧：把普通的帧转换为关键帧。

（5）删除帧：删除选中的一帧或多帧。

（6）清除帧：用于清除帧中的内容，即清除帧内部所有对象。清除后该帧将转换为空白关键帧。如果清除的是中间部位的帧，则该帧转换为空白帧，其后的帧将变成关键帧。

（7）清除关键帧：用于清除关键帧。如果清除的是位于图层开始的关键帧，则该关键帧被位于其后的关键帧所取代。

（8）复制帧：复制选中的帧，然后在待复制的位置选择"粘贴帧"，即可实现复制。

图 7-160 "时间轴"菜单

（9）移动帧：选取要移动的帧或关键帧，用鼠标拖到目的位置即可。

（10）翻转帧：在时间轴上按照时间的顺序倒转选定的帧。

【创新园】

《雪地里的小画家》是小学语文课本的一篇课文，写各种动物在雪地上留下一串串的脚印。请你利用 Flash 的逐帧动画制作这种动态的脚印，使脚印逐个显示，像走路的动作。动画截图如图 7-161 所示。

图 7-161 "雪地里的小画家"动画截图

7.4.4 制作形状补间动画

形状补间动画是使一个形状逐渐变成另一个形状，可以实现图形到图形的变化，也可以实现分离文本和图形之间的变化，在教学中可以展示相关的形成或变化的过程。

制作的基本方法是，在一个关键帧上绘制一个形状，在另一个关键帧上改变这个形状或绘制另一个形状，定义形状补间后，Flash 自动补上中间的形状渐变过程。

形状补间动画的变形对象必须是矢量图形，如果使用元件、文本或位图，则需要执行"修改"菜单中的"分离"命令将文本打散，或执行"转化成矢量图"命令将位图转换为矢量图，才能创建形状补间动画。

实例 25　汉字的演变

【实例效果】

该动画展示象形文字"山"到汉字"山"的变化过程，如图 7-162 所示。

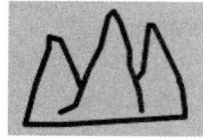

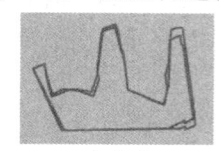

变化前　　　　　　　　变化中　　　　　　　　变化后

图 7-162　汉字"山"的变化动画截图

【实例分析】

这是一个形状补间动画，第 1 帧手绘象形文字，第 20 帧上是输入的汉字，中间的变化过程由 Flash 生成。

【跟我学】

（1）新建文档。设置文档的舞台大小为 300×300 像素，背景为浅蓝色。

（2）绘制图形文字。在第 1 帧上用刷子工具绘制象形文字"山"，如图 7-162 左图所示。

（3）插入空白关键帧。在第 20 帧上右击鼠标，在快捷菜单中选择"插入空白关键帧"。

（4）输入文字。在工具箱中选择文本工具，输入文字"山"。

（5）分离文字。执行"修改"/"分离"命令，将文字打散。

（6）添加补间。单击第 1 帧，执行"插入"/"补间形状"菜单命令，或在第 1 帧上右击，在快捷菜单中选择"创建补间形状"命令，创建形状补间动画。

（7）测试保存。

【知识窗】

形状补间动画建好后，"时间轴"面板的背景色变为淡绿色，在起始帧和结束帧之间有一个长长的箭头，如图 7-163 所示。如果出现了虚线，如图 7-164 所示，说明不满足形状补间的条件，动画没有生成。

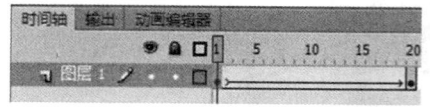

图 7-163　形状补间动画在时间轴上的标记 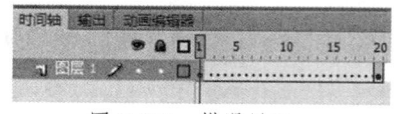　　　　图 7-164　错误显示

实例 26　制作"角的概念"演示动画

【实例效果】

"从一点引出的两条射线形成的图形叫作角"，为了让学生理解这一概念，我们用 Flash 动画形象地演示角的形成，从一点出发两条射线延伸出来，形成角。效果如图 7-165 所示。

图 7-165　角的概念演示

【实例分析】

根据角的概念"从一个顶点出发的两条射线",该动画是两条射线由点到线的变化,实际上是两段互不相干的动画,因此,在制作时两段动画分别放在两个图层上。

【跟我做】

(1)新建文档。新建文档,设置舞台宽度为 550 像素,高度为 400 像素。

(2)导入背景图片,输入文字,如图 7-166 所示。

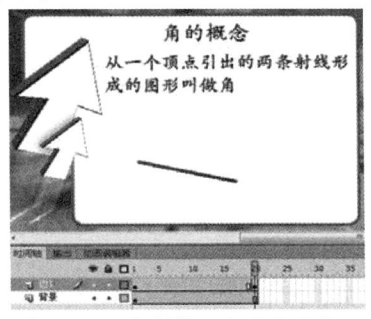

图 7-166 制作背景、文字　　　图 7-167 绘制第一条边的直线

(3)绘制第一条边。新建图层并命名为"边 1",在第一帧上绘制一条直线,在第 20 帧插入关键帧,这时两个关键帧上都为直线,如图 7-167 所示。

(4)制作顶点。单击"边 1"第一个关键帧,用橡皮擦工具擦除直线,留下一个小圆点作为角的顶点,如图 7-168 所示。

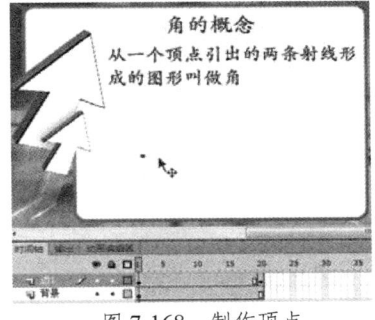

图 7-168 制作顶点　　　图 7-169 创建动画

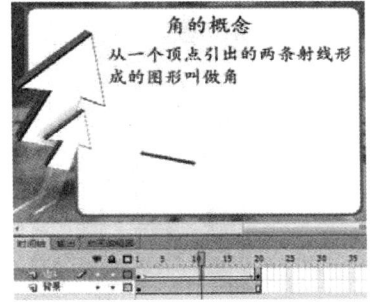

(5)创建动画。右击"边 1"第一个关键帧,在快捷菜单中选择"创建形状补间",得到由点到线的变化动画,如图 7-169 所示。

(6)制作另一条边的变化。新建图层并命名为"边 2",重复步骤(3)~(5)。

(7)测试保存。

至此,动画制作完毕,时间轴如图 7-170 所示。

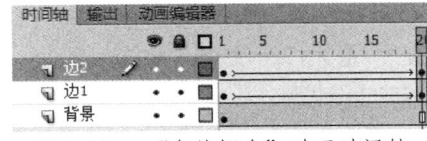

图 7-170 "角的概念"动画时间轴

【创新园】

制作小学"科学"课月相动画。

月相是小学"科学"课中的教学内容,制作 Flash 动画可以形象地展示月亮圆缺变化的各种状态,如图 7-171 所示。请你利用前面学过的月亮的绘制方法在不同关键帧上绘制不同的

月亮形状，然后制作形状补间动画，演示月亮变化的过程。

图 7-171　月亮变化周期

温馨提示：

（1）由于"新月"看不到月亮，因此我们可以把第一个关键帧设为空白关键帧，"蛾眉月"从第二个关键帧开始。

（2）为了月亮的位置不发生变化，可以先绘制好一个圆月，插入所需要的几个关键帧复制这个圆月，然后根据需要改变每个关键帧上月亮的形状。

（3）创建形状补间后，如果变化效果不理想，可以添加形状提示。

插入方法：

（1）单击形状补间动画的起始关键帧，执行"修改"/"形状"/"添加形状提示"命令，该帧形状上会增加一个带字母的红色圆圈，相应地，在结束关键帧的形状上也会出现一个提示圆圈。

（2）分别调整两个圆圈至合适位置，安放成功后，起始关键帧上的圆圈变成黄色，结束关键帧上的圆圈变成绿色。

（3）按照上述方法在一个形状补间动画中可以添加多个形状提示，如图 7-172 所示。

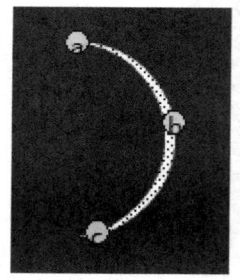

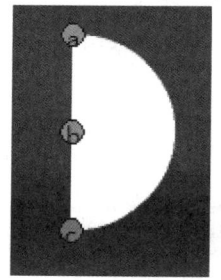

图 7-172　添加形状提示

7.4.5　制作传统补间动画

传统补间动画是在某个关键帧上放置一个对象，在另一个关键帧上改变这个对象的位置、大小、颜色等属性，中间帧由 Flash 自动生成，因此可以实现对象的位置移动、大小变化、颜色变化、透明度变化等效果，是教学中应用最多的一种动画形式。

传统补间动画的构成对象必须是元件、文字、位图、组等，但不能是形状，只有把形状组合或转换成元件才能制作传统补间动画。

实例 27　篮球滚动

【案例效果】

篮球滚动不仅是位置的移动，同时还有自身的转动。动画截图如图 7-173 所示。

图 7-173　篮球滚动

【跟我做】

（1）新建文档。新建 Flash 文档，舞台大小、颜色使用默认。

（2）制作背景。导入背景图片，调整背景图片大小与舞台一致，并将图层 1 命名为"背景"。

（3）创建"篮球"元件。单击"插入"/"新建元件"命令，在弹出的"创建元件"对话框中命名为"篮球"，类型为"图形元件"，单击"确定"按钮进入元件编辑状态。

（4）绘制篮球。单击工具箱中的椭圆工具。设置笔触颜色为"无"，填充颜色为#FF8F74 到#F56900 的径向渐变，如图 7-174 所示。按住 Shift 键，在舞台上画圆，用填充变形工具调整填充效果，使其有立体感。用直线工具在篮球上面添加线条，用选择工具拖动变形，如图 7-175 所示。

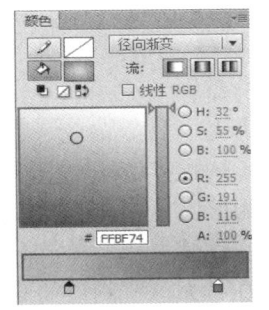

图 7-174　"篮球"颜色设置　　　图 7-175　篮球

（5）创建"篮球"图层。回到主场景，新建图层，命名为"篮球"。

（6）设定篮球初始位置。单击"篮球"图层的第 1 帧，从"库"面板中拖出篮球，放在舞台左侧的合适位置，调整篮球大小。

（7）设定篮球终点位置。在"篮球"图层的第 40 帧上插入关键帧，将篮球移到舞台右侧的合适位置。

（8）创建传统补间动画。右击"篮球"图层的第 1 帧，在"时间轴"菜单中选择"创建传统补间动画"命令，完成篮球移动的动画，时间轴如图 7-176 所示。

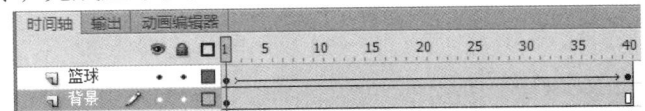

图 7-176　"篮球滚动"动画时间轴

（9）设置篮球转动。单击"篮球"图层第 1~39 帧的任一帧，在"属性"面板的"旋转"中选择"顺时针"6 次。

（10）测试保存。

实例 28　两个铁球同时落地

【案例效果】

该课件演示著名的意大利物理学家伽利略"两个铁球同时落地"的实验。课件播放时，处在斜塔顶部的一大一小两个铁球从同一高度同时开始下落，下落过程中逐渐加速，最后同时落到地面上。动画截图如图 7-177 所示。

两球在塔顶　　　　　　　　两球落到地面

图 7-177　"两球同时落地"动画截图

【跟我学】

（1）新建文档。新建 Flash 文档，设置舞台宽为 500 像素，高为 700 像素，帧频 12 fps。

（2）制作背景。执行"文件"/"导入"/"导入到舞台"命令，导入准备好的比萨斜塔图片，调整图片的大小与舞台一致，将图层 1 命名为"背景"。

（3）创建铁球元件，绘制铁球。单击"插入"/"新建元件"命令，在弹出的"创建元件"对话框中命名为"ball"，类型为"图形元件"，单击"确定"按钮进入元件编辑状态。单击工具箱中的椭圆工具，设置笔触颜色为无，填充颜色为黑白径向渐变，按住 Shift 键，在舞台上画圆，然后用填充变形工具调整填充效果，使其有立体感。

（4）创建大球图层。新建图层，命名为"大球"，在"大球"图层的第 1 帧上，将元件 ball 从库中拖出。

（5）创建小球图层。新建图层，命名为"小球"，在"小球"图层的第 1 帧上，将元件 ball 从库中拖出。

（6）调整两球的大小。选中"小球"图层上的铁球，选择"窗口"/"变形"命令，在"变形"面板中设置约束比例为 50%，如图 7-178 所示。

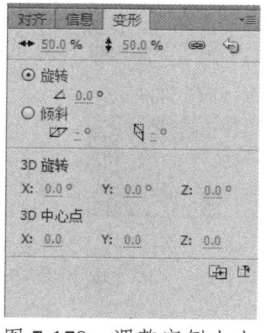

图 7-178　调整实例大小 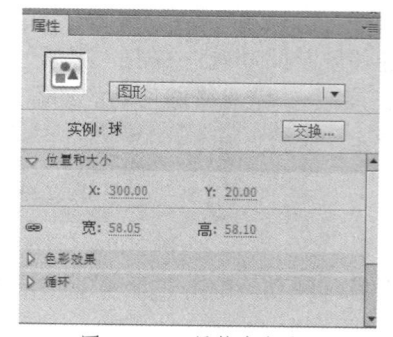　　　　　　图 7-179　调整实例位置

（7）调整两球初始位置。利用"属性"面板调整两球在舞台上的位置，选中"小球"图

层上的实例,将坐标改为 X 为 200、Y 为 30;选中"大球"图层上的实例,将坐标改为 X 为 300、Y 为 20,如图 7-179 所示。效果如图 7-177 中左图所示。

(8)插入关键帧。分别在"小球"和"大球"两个图层的第 40 帧处插入关键帧,在"背景"图层的第 40 帧处插入帧。

(9)移动两球。在第 40 帧上选中两个实例,用键盘上的方向键将两个实例垂直向下移动到背景图片的地面位置,效果如图 7-177 中右图所示。

(10)创建传统补间动画。分别在"小球"和"大球"两个图层的第 1 帧右击,在弹出的快捷菜单中选择"创建传统补间动画"。

(11)测试影片。测试影片,可以看到两个球同时落地了。此时,两个球是匀速直线下落,不符合实际。

(12)设置加速。分别在"小球"和"大球"两个图层的第 1~39 帧任意位置单击,在"属性"面板的"缓动"文本框中输入"-100"。

此时测试影片,可以看到加速下落的效果了。为了铁球下落后有停顿的时间,在所有图层的第 50 帧处插入帧。时间轴如图 7-180 所示。

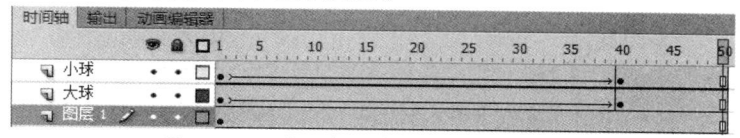

图 7-180 "两球同时落地"动画时间轴

实例 29 角的大小比较

【实例效果】

动画播放时,画面上出现∠1 和∠2 两个角的图形,如图 7-181 所示,接着∠2 移动到∠1 上面,两个角的顶点重合,然后∠2 发生转动,使∠1 和∠2 的一条边重合,比较出角的大小,然后∠2 回到原处。

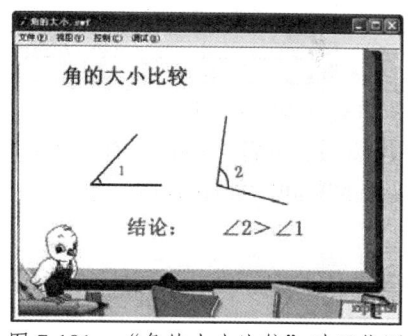

图 7-181 "角的大小比较"动画截图

【实例分析】

该案例运用了动作补间动画,首先要创建∠1 和∠2 两个元件,然后对∠2 制作位置移动动画和转动动画。

【跟我做】

(1)新建 Flash 文档。

(2)设置背景。执行"文件"/"导入"/"导入到舞台"命令,导入准备好的背景图片,调整图片的大小与舞台一致,将图层 1 命名为"背景"。

（3）创建∠1元件。新建图层，命名为"角1"，单击工具箱中的线条工具，设置笔触颜色和粗细，绘制∠1的图形，如图7-182所示。选中图形，转换成元件。

（4）创建∠2元件。新建图层，命名为"角2"，用同样的方法绘制∠2，使∠2大于∠1，如图7-183所示，转换成元件。

图7-182　绘制∠1　　　　　　　图7-183　绘制∠2

（5）∠1和∠2顶点重合。在图层"角2"的第20帧插入关键帧，移动∠2，使其顶点与∠1的顶点重合，如图7-184所示。在第20帧上创建传统补间动画。

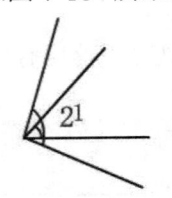

图7-184　移动角2到角1　　　　　图7-185　转动角2

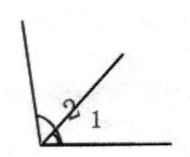

（6）转动∠2。在图层"角2"的第25帧和第40帧分别插入关键帧，单击工具箱中的任意变形工具，先将转动∠2的注册中心移到角的顶点上，然后转动∠2，使其一条边与∠1的一条边重合，如图7-185所示。在第25帧上创建传统补间动画。

（7）∠2回原处。在图层"角2"的第50帧和第70帧分别插入关键帧，在第70帧上，将∠2移动到开始位置，在第50帧上创建传统补间动画，时间轴如图5-186所示。

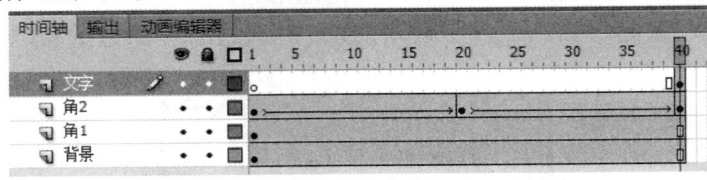

图7-186　"角的大小比较"动画时间轴

（8）添加结论性文字。创建图层，命名"文字"，在第40帧插入关键帧，选择文本工具，输入"结论：∠2＞∠1"。完成后的时间轴如图7-186所示。

【创新园】

制作动画，展示两个直角三角形的面积等于一个长方形的面积，动画截图如图7-187所示。

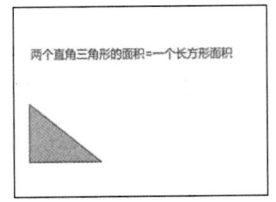

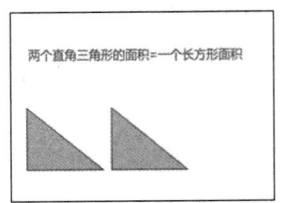

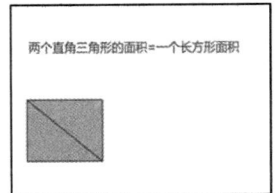

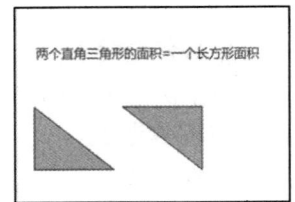

两个全等直角三角形重合　一个三角形移动出来　移出的三角形旋转180°　移动三角形使两条斜边重合

图7-187　直角三角形的面积动画截图

7.4.6 制作引导层动画

在 Flash 中有两个特殊的图层：引导层和遮罩层。

利用传统补间动画制作的位置移动动画都是沿直线进行的，但在实际生活中，很多运动是曲线或不规则的运动，如月亮绕地球旋转、鱼儿在水中游动、鸟儿在天空飞翔等。这些运动可以用 Flash 中的"沿路径运动的传统补间动画"来完成。将一个或多个图层链接到一个引导层上，使一个或多个对象沿同一条路径运动的动画被称为"路径动画"。这种动画可以使一个或多个对象沿曲线做不规则的运动。

实例 30　蝴蝶飞

【实例效果】

在小学语文课文《找春天》插图上添加一只自由飞舞的蝴蝶，以增加小学生热爱大自然的欢乐气氛。动画截图如图 7-188 所示。

图 7-188　《找春天》动画截图

【实例分析】

根据前面学习的传统补间动画，我们已经会制作蝴蝶位置移动的动画，不过这种移动是沿直线进行的，而蝴蝶飞舞的路线是不规则的曲线，本实例就是用 Flash 中"沿路径运动的传统补间动画"来完成的。

【跟我做】

（1）新建文档。新建 Flash 文档，设置舞台宽度为 550 像素、高度为 400 像素。

（2）设置背景。导入背景图片，调整大小与舞台一致。

（3）创建"蝴蝶"影片剪辑元件。执行"插入"/"新建元件"命令，弹出"创建新元件"对话框，在对话框的"名称"框中输入"蝴蝶"，类型选择"影片剪辑"，如图 7-189 所示，单击"确定"按钮进入元件编辑状态。

图 7-189　"创建新元件"对话框　　图 7-190　"影片剪辑"时间轴

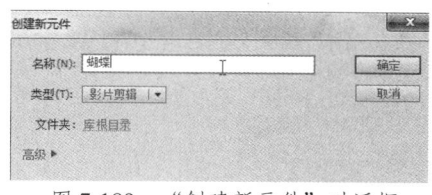

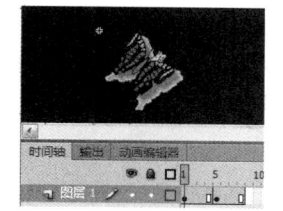

（4）编辑影片剪辑。在元件编辑状态，执行"文件"/"导入"/"导入到舞台"，在弹出的对话框中选择"蝴蝶.gif"动态图片，时间轴如图 7-190 所示。

（5）创建"蝴蝶"图层。单击"场景 1"标签，回到主场景，新建图层，命名为"蝴蝶"，在第 1 帧上从库中拖出"蝴蝶"元件。

（6）添加运动引导层。在"蝴蝶"图层上右击，在快捷菜单中选择"添加运动引导层"，单击工具箱中的铅笔工具，在选项中选择"平滑"模式，在舞台上绘制一条曲线，作为蝴蝶飞的引导线，如图 7-191 所示。

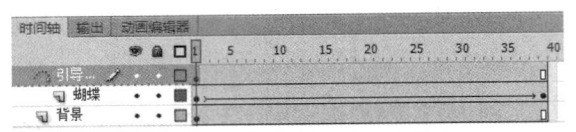

图 7-191　绘制引导线　　　　图 7-192　"蝴蝶飞"动画时间轴

（7）创建动画。在第一个关键帧上让蝴蝶吸附在引导线的一端，在"蝴蝶"图层的第 60 帧插入关键帧，让蝴蝶吸附到引导线的另一端，创建传统补间动画，时间轴如图 7-192 所示。

（8）调整到路径。完成上述动画后测试影片，会发现蝴蝶已经沿引导线飞行了，但在飞行过程中蝴蝶自身的方向不能做自身调整，不符合实际。单击"蝴蝶"图层上第 1~60 帧的任一帧，在"属性"面板"补间"栏中选中"调整到路径"，如图 7-193 所示。

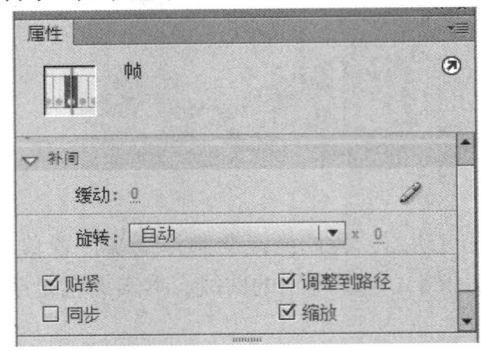

图 7-193　选中"调整到路径"

（9）测试保存。测试影片，可以发现蝴蝶姿势优美地沿引导路径飞舞。

温馨提示：
（1）测试或发布影片后，引导线不会显示，是自动隐藏的。
（2）当 Flash 中引用的外部素材是动态图片或一段动画时，一般先创建影片剪辑元件，再导入到元件中。

【创新园】

制作海底世界动画：海草中鱼儿游来游去，气泡缓缓上升。
请你用提供的素材应用引导层动画制作海底景象。截图效果如图 7-194 所示。

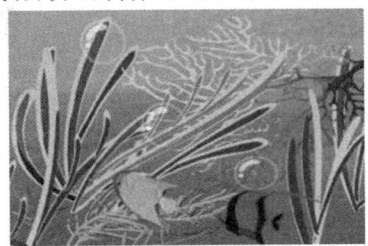

图 7-194　"海底世界"动画截图

温馨提示：一个引导层可引导多个图层的物体运动。

7.4.7 制作遮罩层动画

在制作动画时，有时需要显示特定的区域，而将其他区域隐藏，有时需要将显示区域扩大或减小，使用遮罩层可以实现这种效果。

遮罩层是一个不透明的图层，当遮罩层上有了图形，这个图形就像一个窗口，通过窗口可以看到下面图层上的内容。巧妙运用遮罩层可以制作出很多炫目神奇的动画效果，如探照灯、水波纹、万花筒等。

实例 31　古诗展现

【实例效果】

本实例是使用 Flash 遮罩层使古诗的诗句逐行逐字显示，效果如图 7-195 所示。

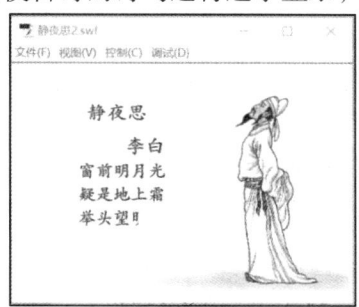

图 7-195　逐字显示古诗

【实例分析】

先输入古诗的文字内容，然后利用遮罩层上窗口逐渐扩大，实现古诗字句逐渐显示的效果。

【跟我做】

（1）新建 Flash 文档。

（2）导入背景图片。选择"文件"/"导入"/"导入到舞台"命令，导入李白图片，调整图片大小与舞台一致，将图层 1 命名为"背景"。

（3）输入古诗文字。在背景图层的上方新建图层，命名为"文字"，选择文本工具，在"属性"面板中设置文本属性，然后在舞台上输入"静夜思"的内容，如图 7-196 所示。

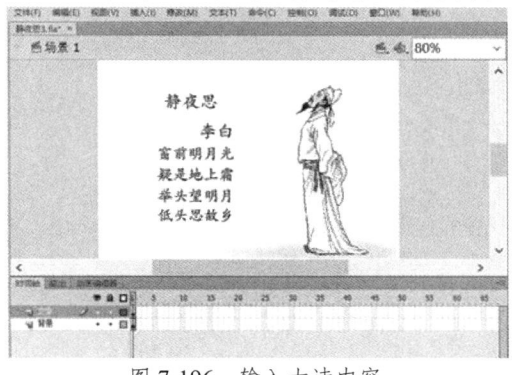

图 7-196　输入古诗内容　　　　　图 7-197　绘制动画的起始形状

（4）绘制遮罩形状。在"文字"图层上方新建图层，命名为"遮罩"，在舞台上"静夜思"的左边绘制一个无边线的小矩形，作为动画的起始形状，如图 7-197 所示。

在所有图层的第 100 帧插入帧。在"遮罩"层的第 10 帧插入关键帧，选择任意变形工具拖动矩形变大直到完全覆盖"静夜思"，作为动画的结束形状，如图 7-198 所示。

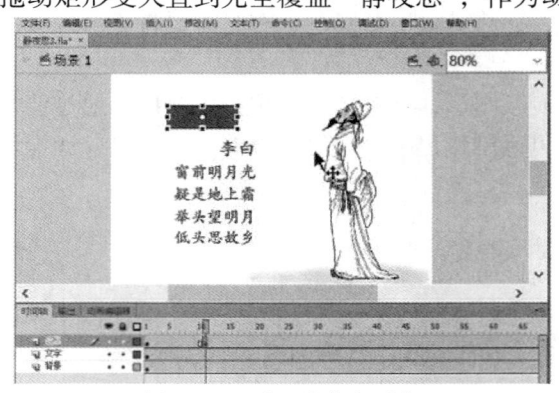

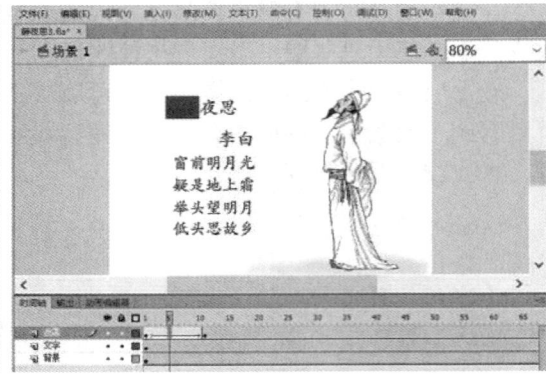

图 7-198　动画的结束形状　　　　　图 7-199　创建形状补间动画

（5）创建遮罩层上动画。在"遮罩"图层的第 1 帧和第 10 帧创建形状补间动画，如图 7-199 所示，使图形由小变大，逐渐覆盖文字。

（6）按上述方法制作覆盖其他文字的形状补间动画。

（7）设置遮罩层。在"遮罩"图层上右击，在快捷菜单中选择"遮罩层"命令，完成后时间轴如图 7-200 所示。

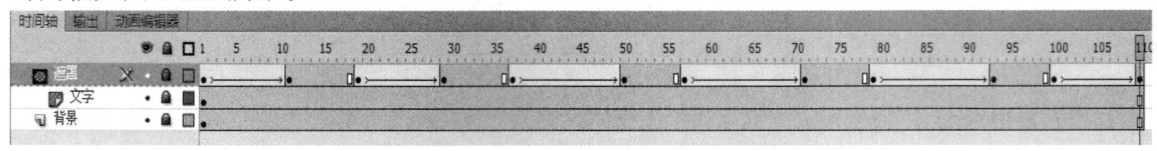

图 7-200　"静夜思"逐字显示时间轴

（8）测试影片，保存文件。

【创新园】

自选一首古诗词，上网搜索相应的图片素材，制作逐字显示的动画。

模块四　教学软件设计与制作

第 8 章　多媒体课件的设计与制作

第 9 章　微课的设计与制作

第 8 章　多媒体课件的设计与制作

知识地图

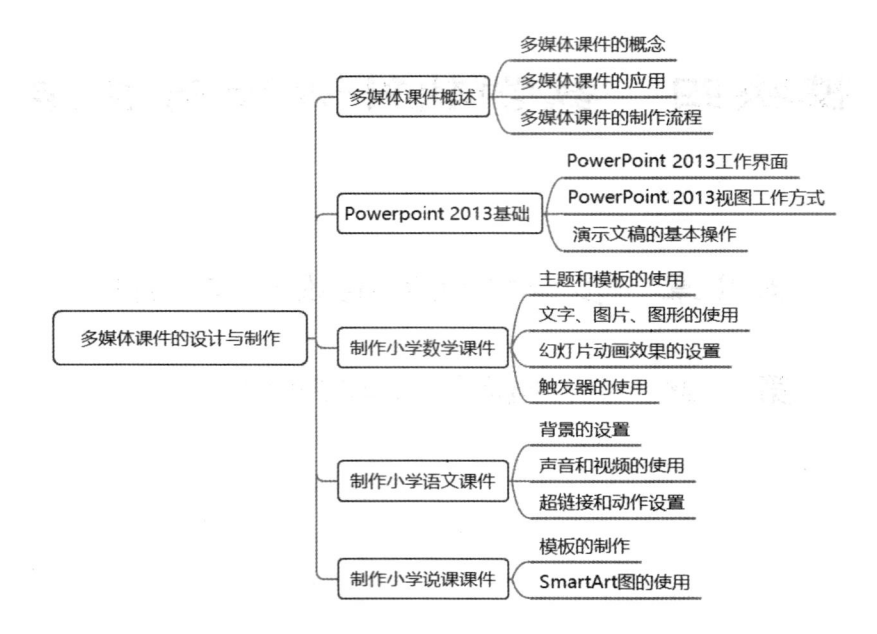

```
多媒体课件的设计与制作
├── 多媒体课件概述
│   ├── 多媒体课件的概念
│   ├── 多媒体课件的应用
│   └── 多媒体课件的制作流程
├── Powerpoint 2013基础
│   ├── PowerPoint 2013工作界面
│   ├── PowerPoint 2013视图工作方式
│   └── 演示文稿的基本操作
├── 制作小学数学课件
│   ├── 主题和模板的使用
│   ├── 文字、图片、图形的使用
│   ├── 幻灯片动画效果的设置
│   └── 触发器的使用
├── 制作小学语文课件
│   ├── 背景的设置
│   ├── 声音和视频的使用
│   └── 超链接和动作设置
└── 制作小学说课课件
    ├── 模板的制作
    └── SmartArt图的使用
```

学习目标

1. 理解课件和多媒体课件的概念
2. 理解课件在教学中的作用
3. 掌握多媒体课件设计与制作的一般流程，明确课件制作的基本要求
4. 掌握 PowerPoint 2013 的基本操作
5. 能够结合自己专业熟练的制作小学 PPT 课件

8.1　多媒体课件概述

8.1.1　多媒体课件的概念

随着信息时代的到来，多媒体技术在军事、生产管理、广告宣传、学校教育、娱乐以及

家庭生活等领域得到了越来越广泛的应用。多媒体技术是把文本、图像、图形、声音、动画等多种媒体信息结合在一起，通过计算机进行综合处理和控制，支持完成一系列交互式操作的技术。使用多媒体技术制作的课件也成为教育活动、课堂教学中重要的工具。

课件是以教学大纲为依据，根据教学目标设计的，反映一定的教学策略、承载特定教学内容的教学软件。多媒体课件就是使用多媒体技术制作的课件，它借助于计算机的综合处理功能，将教学内容以文字、图形、图像、动画、声音和视频等多种媒体形式呈现，并可以实现人机交互。课件是教师用来辅助教学的工具，具有教学性、辅助性和工具性的特点。

现在的小学生从小接触网络，思维活跃，想象力丰富。小学多媒体课件将教学内容通过多种媒体形式进行呈现，使教学内容更加形象生动，更符合小学生的思维特点，能够吸引学生的注意，激发学生的兴趣，使学生更全身心地投入课堂活动中，达到更好的教学效果。

8.1.2 多媒体课件的应用

在多媒体辅助教学过程中，并非所有的教学内容和教学活动都要使用多媒体课件。课件作为课堂教学的辅助工具，它的使用应该根据教学设计，活动内容及活动过程的各个环节的需要来决定。

1. 教学内容比较复杂或抽象，难以用语言、文字准确描述的教学内容

复杂和抽象的教学内容采用多媒体课件来呈现，化难为易、化繁为简，使学生更易理解，有利于突出重点、突破难点，真正起到辅助教学的作用。比如公式的推导或科学实验演示等。

案例 1：小学数学中三角形面积公式的推导，可以借助于动画演示，将三角形转化为平行四边形。

效果：先出现一个三角形，然后在此三角形上复制出一个一模一样的三角形，通过动画生动的旋转和拼接，最终形成一个平行四边形，如图 8-1 所示。

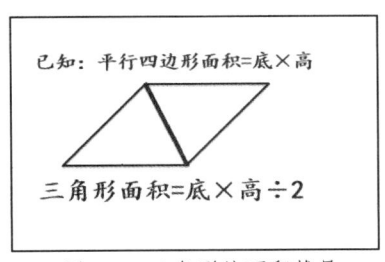

图 8-1　三角形的面积推导　　　　图 8-2　光的折射

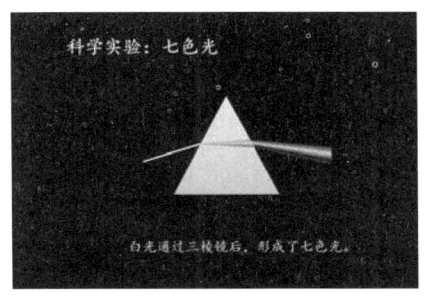

案例 2：在讲解科学实验"七色光"时，光的折射原理描述起来比较抽象，可以借助动画演示光的折射现象，让学生先观察，再通过实践操作完成实验，有利于学生的理解。

效果：白光出现，到达三棱镜，通过三棱镜后出现七色光，如图 8-2 所示。

2. 生活中难以观察到或者教学活动场景无法实时创造的教学内容

教学内容在生活中难以观察到或者教学活动场景无法实时创造时，可以借助多媒体整合文本、图像、图形、声音、视频、动画等多种要素，创设情境，激发学生的学习兴趣，提高课堂时效。

案例 3：小学语文学习《草原》这一课的内容时，因为很多学生并没有见过草原，单纯的文字描述可能不能引起学生的共鸣，可以借助于多媒体课件展示草原景色。

效果：在导入部分可以出示草原的图片或视频，并配上《我的草原我的家》这首耳熟能详的歌曲，将学生带入到美丽的大草原，感受大草原之美，如图8-3所示。

图8-3 《草原》课件 　　　　图8-4 《小池》课件

案例4：古诗是古人对当时所处环境的情感抒发，学生要了解诗的内容，也要感受诗的意境。因为诗人所在的时代比较久远，学生很难从文字上感受到诗人的情感，此时可以借助于多媒体制作配乐诗朗诵。

效果：在朗诵古诗的同时，配上背景音乐，添加合适的动画，从而真正感受古诗的意境之美，如图8-4所示。

3. 利用多媒体交互功能制作练习型课件

利用多媒体课件的交互功能制作交互性练习，吸引学生的注意力，提高练习的兴趣，更好地巩固所学知识。

案例5：听古诗词选作者的选择题课件。

效果：通过"播放""暂停""停止"按钮控制古诗词朗诵声音的播放；单击选择选项，选择错误会出现文字"答错了，再听听试试！"，选择正确会出现文字"恭喜你，答对了！"，如图8-5所示。

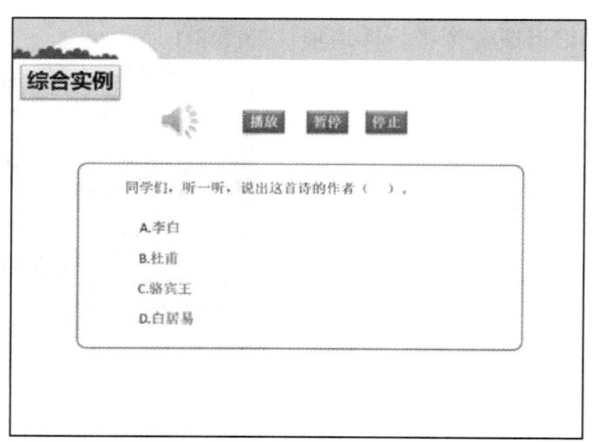

图8-5 选择题

8.1.3　多媒体课件的制作流程

课件的制作是一项系统工程，一般来说，课件的制作流程包括选题分析、课件设计、素材整理、课件制作、课件测试五个基本步骤。

1. 选题分析

课件的使用是为了提高课堂效率，发挥课件的多媒体优势，通过文字、图片、图形、动画、声音和视频的综合应用，将静态的内容动态化、抽象的问题具体化，从而突出重点，突破难点,让学生更容易接受所学的知识。在实际应用过程中,能用传统的教学方式很容易讲明白的内容,可以不用课件。课件的使用要选择的是能突出多媒体特点、发挥多媒体优势、适合多媒体表现的教学内容。

2. 课件设计

课件作为辅助教学的工具,在课堂上能否发挥优势,关键在于设计。课件设计之前首先要进行教学设计,教学设计以教学大纲为依据,要根据教学目标和学习者的特点,确定教学目标、教学重难点、教学方法及教学过程等环节。课件的设计要体现教学设计的思路,考虑哪个教学环节以及哪些教学内容适合通过多媒体来辅助,并选择合适的多媒体形式来呈现教学内容。另外,还要从整体上进行页面设计、层次结构的设计、页面导航以及交互设计等。一般课件的整体结构如图 8-6 所示。

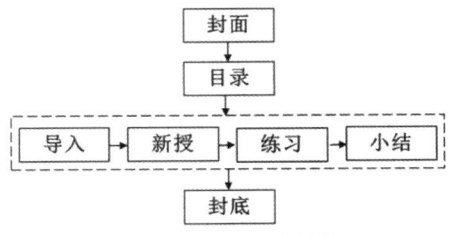

图 8-6 课件的整体结构图

3. 素材整理

多媒体素材包括文字、图片、图形、动画、声音和视频等,根据课件设计中对素材的需求,选择素材并进行处理。课件素材的质量直接关系到课件的优劣,这就要求制作者要掌握图像处理软件 Photoshop、动画制作软件 Flash、视频编辑软件 Premiere 或绘声绘影、音频编辑软件 Audition 等常用软件。

4. 课件制作

多媒体课件的制作工具包括 PowerPoint、Authorware、Flash 等,PowerPoint 以其简单易学、功能强大、资源丰富的特点成为教师制作课件的首选工具。根据课件设计思路和整体结构,编辑页面内容,添加动画,设置交互以及页面之间的链接,形成完整的多媒体课件。

5. 课件测试

课件编辑制作完后,要按照课堂教学活动过程进行测试,然后对课件中存在的问题进行修改、补充和完善,达到课件最好的质量和效果。

8.2 PowerPoint 2013 基础

PowerPoint 2013 是微软公司开发的 Office 办公软件中重要的组件。PowerPoint 2013 界面友好、操作简单且功能强大,广泛应用于教育教学、工作汇报、产品展示以及学术交流等方面。

PowerPoint 创建的文件叫作演示文稿,演示文稿是由多张幻灯片组成的。使 PowerPoint 2013 能够轻松地制作出集文字、图片、动画、音频和视频于一体的多媒体课件,简称 PPT 课件。

8.2.1 PowerPoint 2013 工作界面

PowerPoint 2013 的工作窗口主要由标题栏、快速访问工具栏、选项卡、功能区、"幻灯片/大纲"窗格、"编辑"窗格、"备注页"窗格以及状态栏组成，如图 8-7 所示。

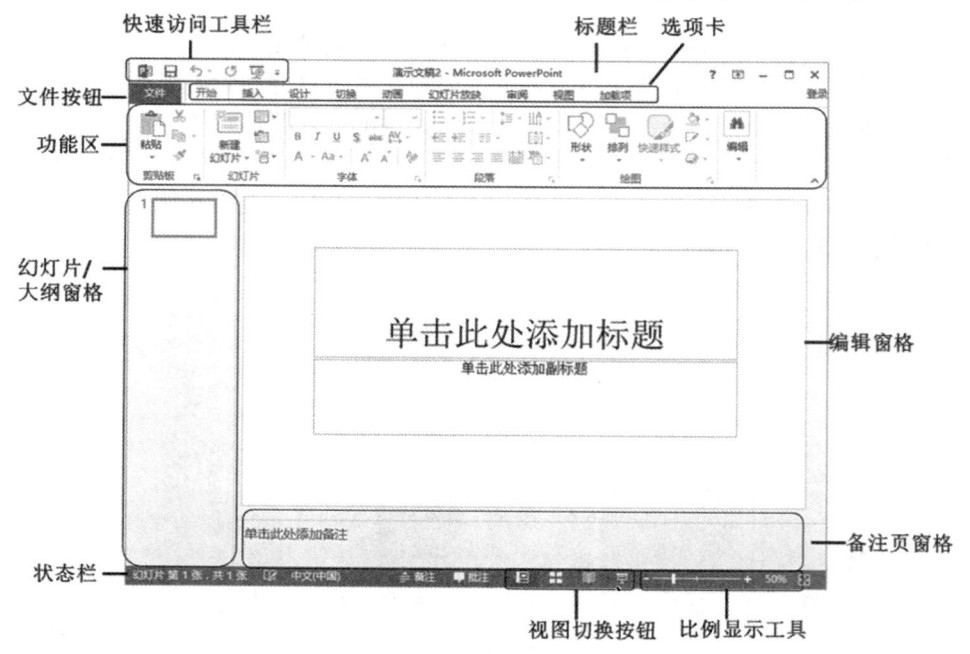

图 8-7 PowerPoint 2013 工作窗口

8.2.2 PowerPoint 2013 文档视图方式

1. 普通视图

普通视图为幻灯片默认的编辑视图，包括"幻灯片/大纲"窗格、"编辑"窗格和"备注页"窗格三个工作区。在"编辑"窗格中可以进行幻灯片的编辑，如添加文字、表格、图形、图像、声音、视频等多媒体素材以及建立超链接等。

2. 幻灯片浏览视图

浏览视图显示当前所有幻灯片的缩略图，可以从整体上添加、删除和移动幻灯片，设置幻灯片的切换效果，查看每张幻灯片的动画效果和排练计时时间等。

3. 阅读视图

阅读视图只显示标题栏、幻灯片和状态栏，可以根据需要调整窗口的大小。该视图主要是进行幻灯片的简单放映预览。

4. 幻灯片放映视图

幻灯片放映视图显示幻灯片最终的演示效果，如对象的动画效果、交互效果及声音或视频的播放效果等。在按此视图显示时，右击，从弹出的快捷菜单中可以选择荧光笔和笔进行标注和绘图。

8.2.3 演示文稿的基本操作

1. 新建演示文稿

单击"文件"选项卡,选择"新建"命令,显示图 8-8 所示界面。

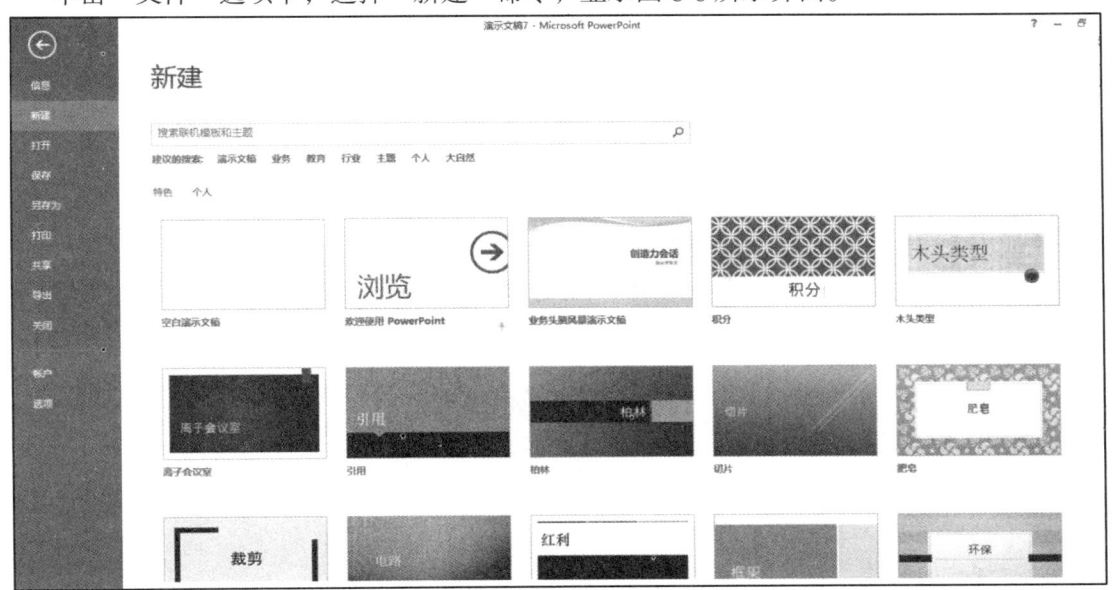

图 8-8 新建演示文稿

1)创建空白演示文稿

在"搜索联机模板和主题"列表框单击"空白演示文稿"选项,即可新建一个空白演示文稿。用户可以在空白演示文稿上设计背景、配色方案、文本格式和图片。

2)使用主题创建演示文稿

在"搜索联机模板和主题"列表框中选择所需要的主题,打开主题创建界面,如图 8-9 所示,从右侧选择主题变体,单击"创建"按钮生成带有主题的演示文稿。主题规定了演示文稿的配色、文字、母版和效果等,可以简化设计演示文稿的大量工作。

图 8-9 主题创建界面

3)使用模板创建演示文稿

在搜索框中输入要搜索的模板类型名称或者选择搜索框下的建议搜索选项,比如选择"教育",显示图 8-10 所示界面,在列表框中选择一种模板,单击"创建"按钮即可。模板是预先设计好的演示文稿样本，包括多种幻灯片，表达特定的提示内容。使用模板后，幻灯片的背景、配色方案等就都确定了，只需要修改模板内容即可。

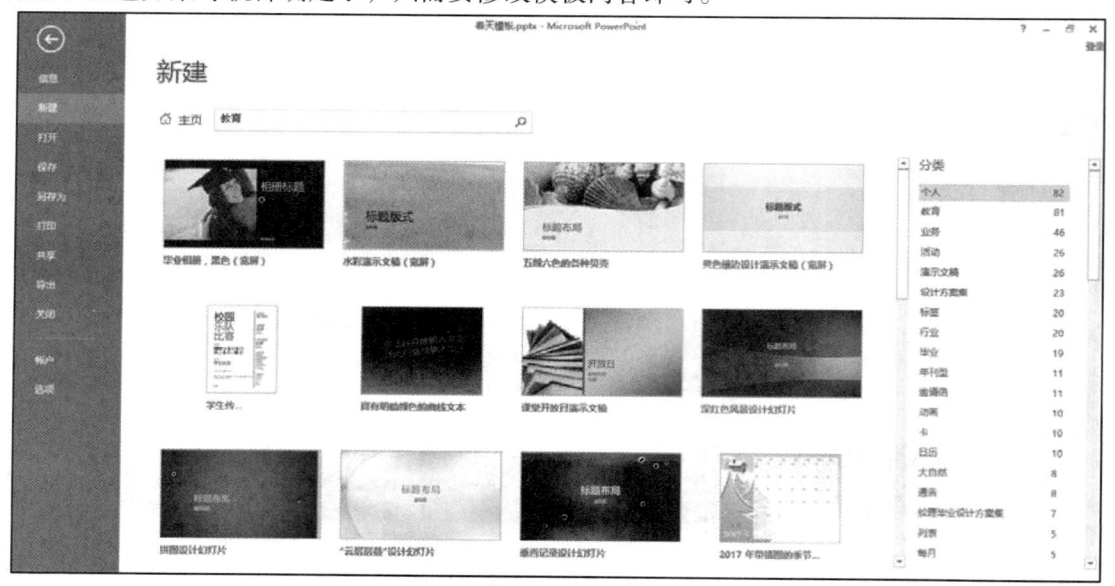

图 8-10　使用模板创建演示文稿

2. 幻灯片的操作

1）新建幻灯片

新建幻灯片有三种方法：

（1）在"幻灯片/大纲"窗格中，在幻灯片上右击，选择"新建幻灯片"命令。

（2）在"开始"选项卡"幻灯片"组中单击"新建幻灯片"按钮。

（3）选择幻灯片，然后按下回车键，可以新建幻灯片。

2）复制幻灯片

（1）在"幻灯片/大纲"窗格中，在幻灯片上右击，选择"复制幻灯片"，可以在当前幻灯片下面复制相同幻灯片。

（2）在"幻灯片/大纲"窗格中或者在"开始"选项卡中使用"复制"/"粘贴"命令，可以实现演示文稿内部和不同演示文稿间的幻灯片复制。在"粘贴"选项中可以选择"使用目标主题""保留原格式"和"图片"三种粘贴方式。

3）移动幻灯片

（1）在"幻灯片/大纲"窗格中使用鼠标拖动幻灯片到新的位置，实现幻灯片内部的移动。

（2）在"幻灯片/大纲"窗格中或者在"开始"选项卡中使用"剪切"/"粘贴"，可以实现演示文稿内部和不同演示文稿间的幻灯片移动。

3. 使用主题格式化幻灯片

主题是设置幻灯片统一外观最简便的方法，它为演示文稿提供完整的幻灯片设计，包括背景图片、字体、颜色以及布局等。

在演示文稿中选择"设计"选项卡，在"主题"功能组中选择合适主题，并可以在"变体"功能组中对主题的外观进行设置，包括颜色、字体、效果和背景样式等。

主题默认应用于所有幻灯片，也可以为单张幻灯片设置主题。选择主题，右击，在快捷菜单中选择"应用于选定幻灯片"即可,如图 8-11 所示。

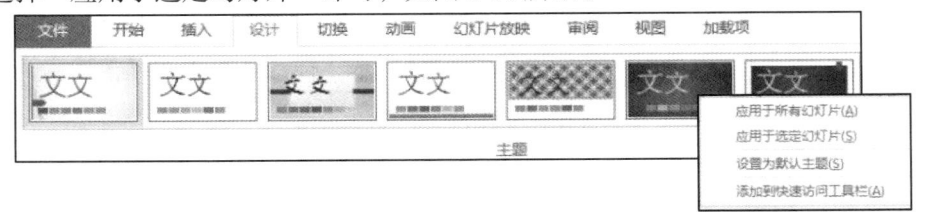

图 8-11 幻灯片设置快捷菜单

8.2.4 简单应用实例

实例 1 制作演示文稿"校园风景"

【实例效果】

通过多张校园图片的播放展示校园风景,同时配有文字介绍,如图 8-12 所示。

图 8-12 校园风景

【实例分析】

本实例应用初步创建演示文稿,使用主题,新建幻灯片,在幻灯片上插入图片及文本框,并保存文件,完成"校园风景"演示文稿的制作。

【跟我做】

1)新建空白演示文稿

启动 PowerPoint 2013 应用程序,创建空白演示文稿。

2)使用主题

在功能区中选择"主题"选项卡,在"主题"组中选择主题"环保",如图 8-13 所示。

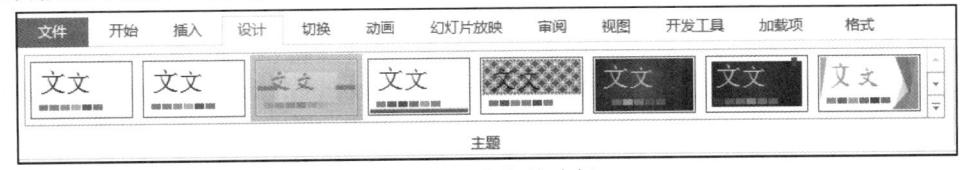

图 8-13 主题的选择

3）编辑标题幻灯片

根据提示在标题占位符中输入标题文字"校园风景"，在"开始"选项卡中设置文字格式为华文琥珀、88号、加粗。在"格式"选项卡的"艺术字样式"组中选择艺术字样式"填充-绿色，着色1，阴影"，如图8-14所示。

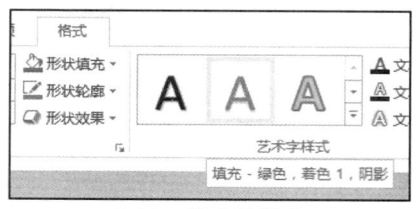

8-14　艺术字样式

4）创建第二张幻灯片

单击"开始"选项卡，在"幻灯片"组中单击"新建幻灯片"按钮，在打开的下拉列表中选择空白版式。

5）编辑第二张幻灯片内容

（1）插入图片。单击"插入"选项卡"图像"组中的"图片"按钮，在打开的对话框中选择图片，插入图片并调整图片的大小和位置。

（2）插入文本框。单击"插入"选项卡"文本"组中的"文本框"按钮，在下拉列表中选择"横排文本框"，在幻灯片上拖动鼠标创建文本框，输入文字"沐浴着四月的阳光，漫步在淄师的校园"。设置字体为楷体、32号、加粗，如图8-12所示。

6）创建其他幻灯片

按照相同方法创建并编辑第三、四、五张幻灯片。

7）创建封底幻灯片

在窗口左侧"幻灯片"窗格中右击标题幻灯片，在快捷菜单中选择"复制幻灯片"，将复制的幻灯片移至最后，将标题占位符中的文字改为"谢谢欣赏"。

8）保存文件

单击"文件"选项卡，选择"保存"命名，选择保存路径并命名为"校园风景.pptx"。

8.3　制作小学数学课件

小学数学课件要以小学教学大纲为依据，根据小学教学目标、小学数学内容和小学生的年龄特点设计。小学数学包括数与代数、统计、图形等方面，在课件制作过程中，借助于课件的绘制图形、动画、交互等功能，让学生形成好的数学思维习惯。本节以小学数学"三角形分类"课件的制作为例学习掌握小学数学课件的制作。

实例2　制作小学数学课件《三角形的分类》

【实例效果】

本课件通过谜语进行导入，用动画形象地展示对组成帆船的三角形进行分类的过程，最后通过交互性练习让学生巩固新知识。图8-15所示是课件中部分幻灯片的截图，包括课件封面、课件内容。

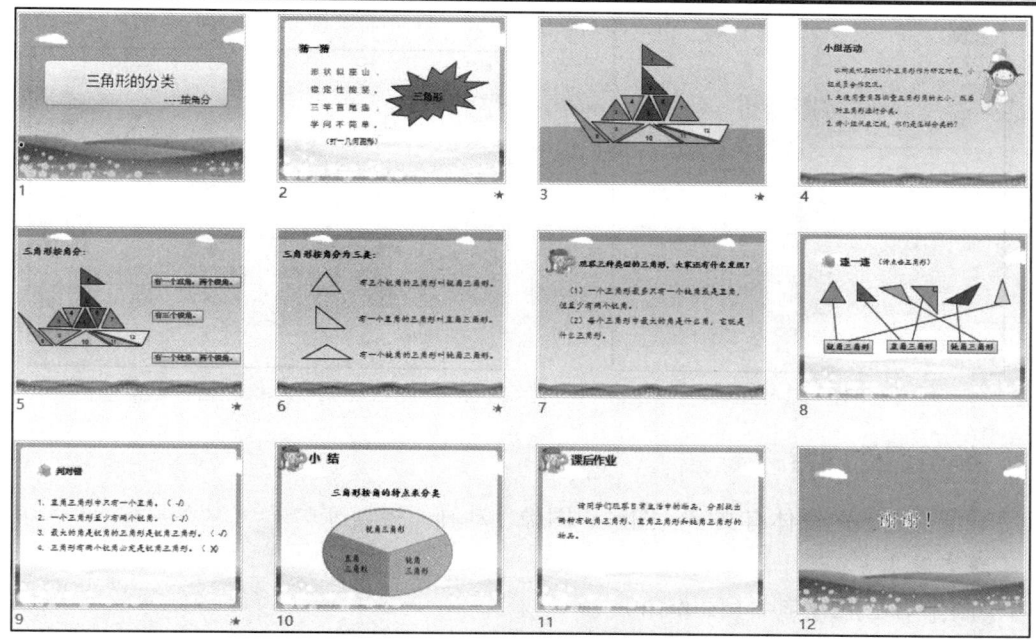

图 8-15 课件《三角形的分类》

【实例分析】

课件设计要根据教学设计的内容和环节选择合适的多媒体对象来呈现教学内容，准备相应的素材，然后进行课件制作。该课件的制作过程包括创建演示文稿并制作封面、编辑课件内容、设置动画效果和制作交互型练习四个步骤，贯穿于以下 8.3.1~8.3.4 四个小节中。

8.3.1 创建演示文稿，制作课件封面

课件封面包括幻灯片背景和标题文字。

【跟我做】

1）新建演示文稿

打开 PowerPoint 2013 应用程序，创建空白演示文稿。

2）选择模板

选择"设计"选项卡，单击"主题"组右侧的下拉按钮，在打开的列表中选择"浏览主题"，在对话框中选择素材模板"小学数学课件模板.potx"。

3）设置版式

选择"开始"选项卡，单击"幻灯片"组中的"版式"按钮，选择"标题幻灯片"版式，如图 8-16 所示。

4）制作课件封面

利用标题幻灯片制作课件封面。在标题占位符中输入标题"三角形的分类"，在"开始"选项卡中设置字体为微软雅黑、44 号。在"绘图工具/格式"选项卡的"艺术字样式"组中，选择样式"填充-黑色，文本 1，轮廓-背景 1，清晰阴影-背景 1"，如图 8-17 所示。在副标题占位符中输入副标题"按角分"，设置字体为微软雅黑、32 号。

5）保存文件

将课件命名为"小学数学课件-三角形的分类.pptx"。

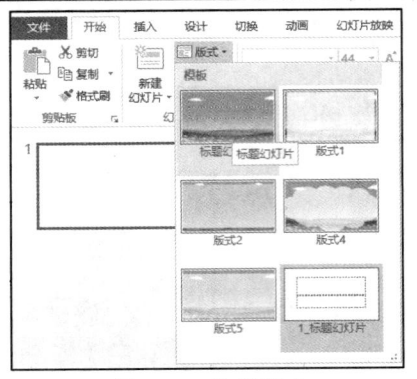

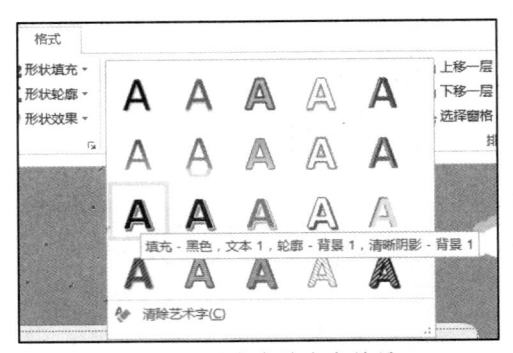

图 8-16　选择版式　　　　　　　　　图 8-17　设置文字艺术字效果

8.3.2　编辑课件内容

呈现课件内容的媒体有文字、图形、图像、动画、视频等。

【跟我做】

1）制作第二张幻灯片（图 8-18）

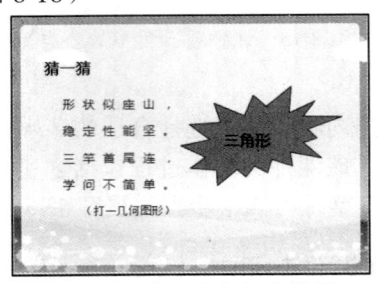

图 8-18　第二张幻灯片效果

（1）新建幻灯片。单击"开始"选项卡"幻灯片"组中的"新建幻灯片"按钮，在标题幻灯片下面会出现一张新的幻灯片，然后单击"版式"按钮，选择"版式1"。

（2）插入"猜一猜"艺术字。单击"插入"选项卡"文本"组中的"艺术字"按钮，选择艺术字样式"填充-黑色，文本1，轮廓-背景1，清晰阴影-着色1"，如图 8-19 所示，此时在幻灯片上会出现带有"请在此放置您的文字"字样的文本框，单击文本框，输入"猜一猜"。单击"绘图工具/格式"选项卡"艺术字样式"组中的"文本轮廓"按钮，选择"黄色"，如图 8-20 所示。

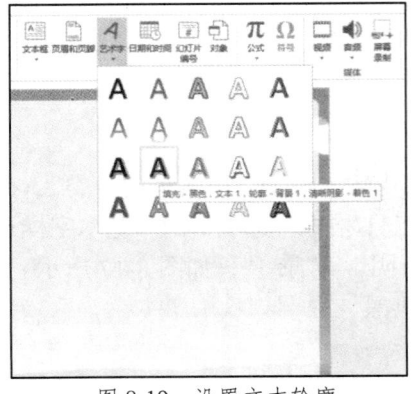

图 8-19　设置文本轮廓　　　　　　　　图 8-20　插入艺术字

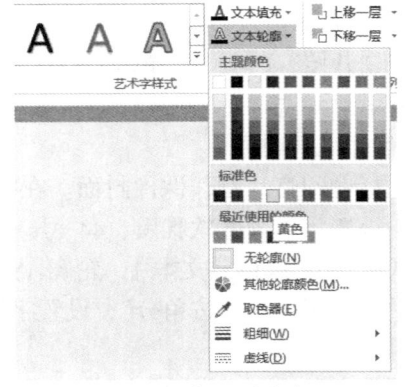

（3）插入文本框，输入谜语。单击"插入"选项卡的"文本框"按钮，在打开的菜单中选择"横排文本框"，如图 8-21 所示。在幻灯片上拖动鼠标绘制文本框，在文本框中输入文字内容"形状似座山，稳定性能坚。三竿首尾连，学问不简单。（打一几何图形）"，设置字体为微软雅黑、24 号，行距为 2.0，并将文本框放置到图 8-18 所示的位置。

图 8-21 插入文本框

（4）插入"爆炸"形状。单击"插入"选项卡的"形状"按钮，在下拉列表中选择"爆炸形 2"，如图 8-22 所示，在幻灯片上拖动鼠标，绘制形状。单击"绘图工具/格式"选项卡"形状样式"组中的"形状填充"按钮，在下拉列表中选择蓝色，如图 8-23 所示。单击"形状轮廓"按钮，在下拉列表中选择黑色，如图 8-24 所示。

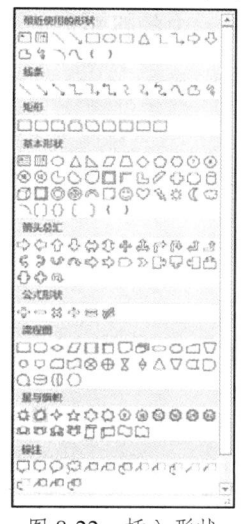

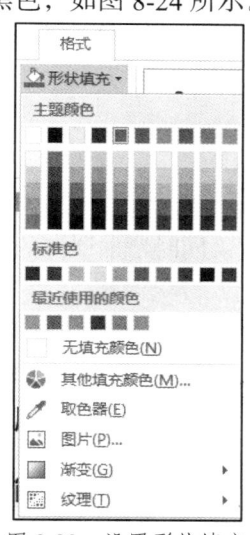

图 8-22 插入形状　　图 8-23 设置形状填充　　图 8-24 设置形状轮廓

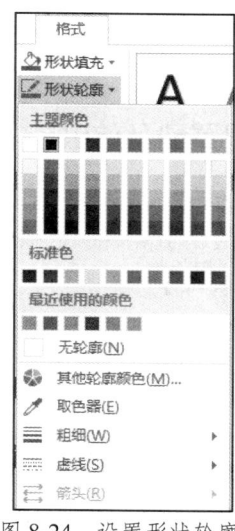

选中形状，右击，在打开的快捷菜单中选择"编辑文字"命令，在形状中输入文字"三角形"，字体设置为微软雅黑、32 号、加粗。

2）制作第三张幻灯片（图 8-25）

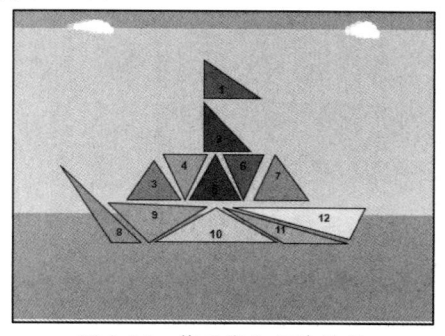

图 8-25 第三张幻灯片效果

（1）新建幻灯片。单击"开始"选项卡"幻灯片"组中的"新建幻灯片"按钮，创建新幻灯片，然后单击"开始"选项卡的"版式"按钮，选择"版式 2"。

（2）绘制矩形。单击"插入"选项卡"插图"组中的"形状"按钮，在下拉列表中选择"矩形"，在幻灯片上拖动鼠标绘制矩形，在"格式"选项卡中设置"形状填充"为浅蓝色，"形状轮廓"为无，放在幻灯片的下方。

（3）绘制三角形。单击"插入"选项卡"插图"组中的"形状"按钮，在下拉列表中选择"三角形"，绘制 12 个三角形。

（4）调整三角形的形状。单击选中三角形，单击"绘图工具/格式"选项卡"插入形状"组中的"编辑形状"按钮，在下拉列表中选择"编辑顶点"命令，则在三角形的三个顶点上出现控点，拖动控点可将任意三角形改变成钝角三角形、锐角三角形或直角三角形。

（5）填充三角形。在"绘图工具/格式"选项卡"形状样式"组中设置"形状填充"和"形状轮廓"的颜色。

（6）排列三角形。在三角形中输入数字，并排列成帆船。

3）制作其他幻灯片

其他幻灯片按照相同的操作方法，即先新建幻灯片，然后选择幻灯片版式，添加文字和形状，并进行版面布局，效果如图 8-15 所示。其中，第五张幻灯片中的帆船可以从第三张幻灯片中直接复制过来。

8.3.3 设置动画效果

在 PowerPoint 中，可以给幻灯片上的文本、图像和其他对象预设动画效果，如飞入、擦除等，以突出重点，引起观众的注意，同时增加课件的趣味性。

【跟我做】

1）打开动画窗格

单击"动画"选项卡，在"高级"组中选择"动画窗格"，在幻灯片编辑区右侧出现动画窗格。

2）设置标题幻灯片动画

（1）设置标题文字动画。选择标题文字"三角形的分类"，选择"动画"选项卡"动画"组的"浮入"效果。

（2）设置副标题文字动画。选择副标题文字"按角分"，添加"浮入"的动画效果，在"动画"选项卡"计时"组中，单击"开始"，在下拉列表框中选择"和上一动画同时"。

标题幻灯片和动画窗格如图 8-26 所示。

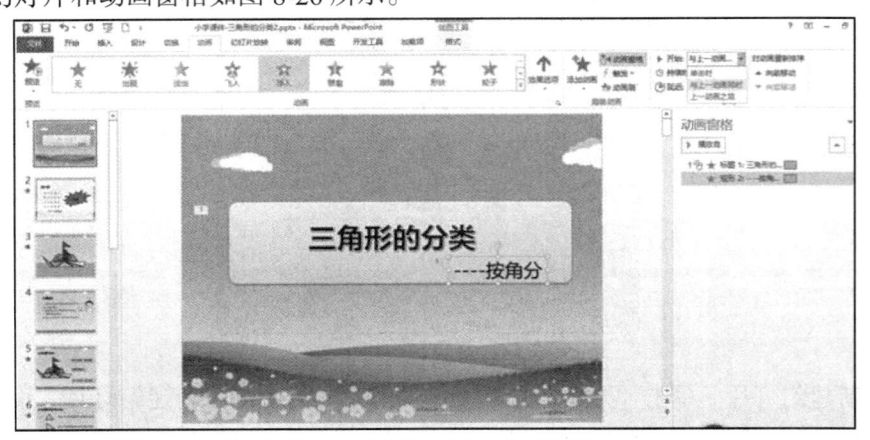

图 8-26 标题幻灯片动画窗格

3) 设置第二张幻灯片动画

选择"爆炸形状"对象,在"动画"组中选择"飞入"效果,单击"效果选项"按钮,在下拉菜单中选择"自右侧",如图 8-27 所示。

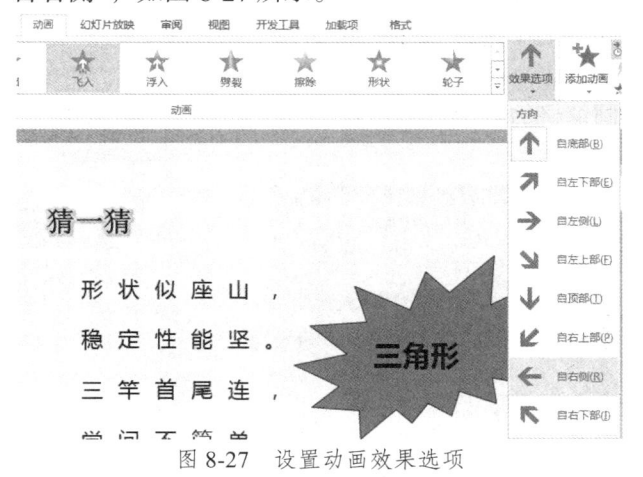

图 8-27 设置动画效果选项

4) 设置第三张幻灯片动画

选择"帆船"对象,在"动画"组中选择"飞入"效果,在"效果选项"中选择"自左侧"。

5) 设置第五张幻灯片动画

(1) 组合三角形。按住 Ctrl 键,单击两个直角三角形"三角形 1"和"三角形 2",右击,在快捷菜单中选择"组合"命令。按同样的方法分别将锐角三角形和钝角三角形组合起来。

(2) "直角三角形"组合的路径动画设置。选中"直角三角形"组合,单击"动画"选项卡"动画"组右侧的下拉按钮,在"动作路径"中选择"直线"选项,如图 8-28 所示,这时幻灯片上会产生直线路径。

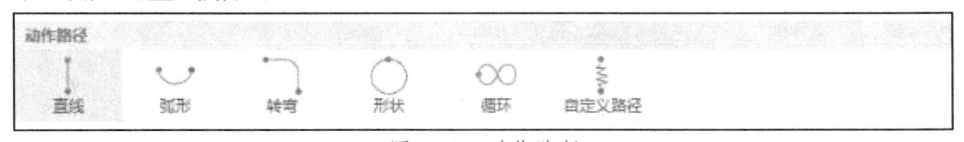

图 8-28 动作路径

单击幻灯片上的路径,路径两端变为圆形,向上拖动红色圆形,设置组合由下向上直线运动的效果,如图 8-29 所示。

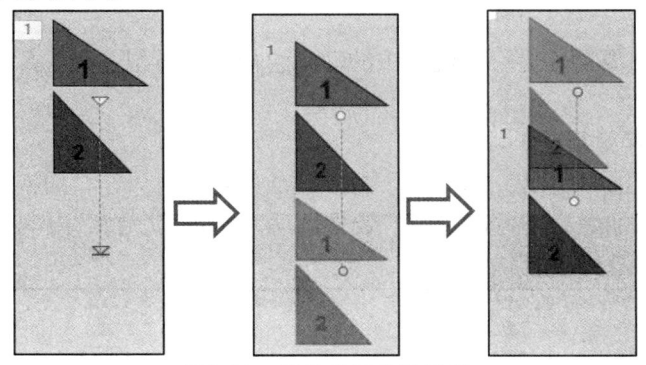

图 8-29 路径动画设置过程

(3) "钝角三角形"组合的路径动画设置。按上述相同方法为"钝角三角形"组合设置向下的路径动画效果。单击"动画"选项卡"计时"组"开始"后的下拉按钮，在下拉菜单中选择"与上一动画同时"。

（4）文本框动画效果设置。选择"文本框 1"，在"动画"组中选择"飞入"动画，单击"效果选项"，在下拉列表中选择"自左侧"，然后为"文本框 2"和"文本框 3"设置相同的动画效果。

图 8-30 所示为动画窗格的显示，图 8-31 所示为幻灯片放映效果。

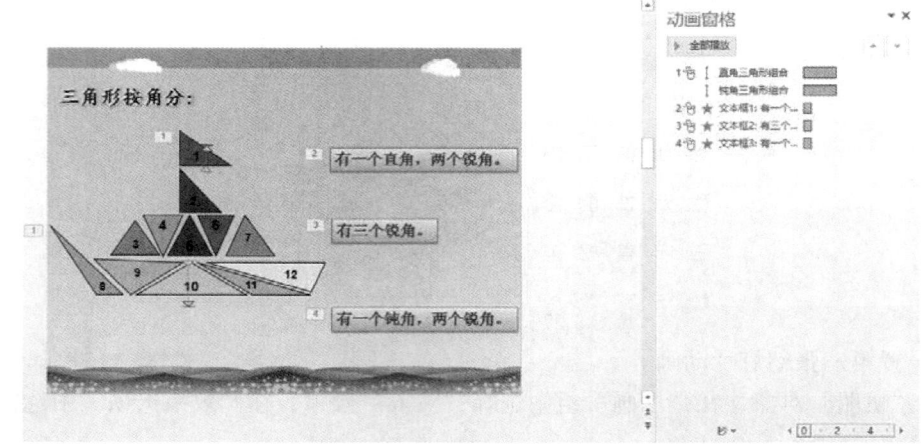

图 8-30　幻灯片动画窗格

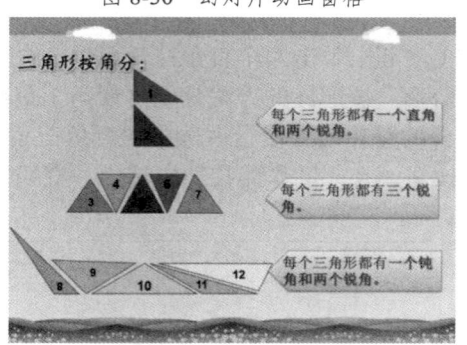

图 8-31　幻灯片放映效果

6）设置其他幻灯片的动画效果

按照相同的方法为其他幻灯片添加合适的动画效果，并设置动画的效果选项和开始方式。

【知识窗】

动画是 PPT 的重要功能之一，PPT 中的动画包括两种类型：幻灯片的切换效果和幻灯片对象的动画效果。

1）幻灯片的切换效果

选择幻灯片，单击"切换"选项卡，如图 8-32 所示，可以在"切换到此幻灯片"组中选择一种切换效果，添加之后还可以通过"效果选项""声音""持续时间"和"换片方式"等命令对当前切换效果进行设置。

图 8-32　"切换"选项卡

单击"全部应用"选项,可以将当前切换效果应用于所有幻灯片。

2)幻灯片对象的动画效果

(1)幻灯片对象的动画效果包括四类,如图 8-33 所示。

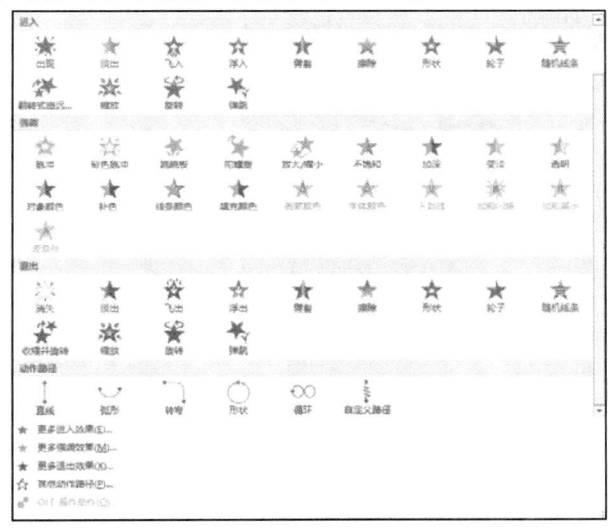

图 8-33　幻灯片的四种动画效果

- 进入动画:放映幻灯片时,对象进入放映画面时的动画效果。
- 强调效果:放映幻灯片时,已显示的对象的动画效果,主要是为了强调重要的对象。
- 退出效果:放映幻灯片时, 对象离开放映画面时的动画效果。
- 路径效果:设置对象沿着一定路径进行运动,可以进入,也可以退出。

(2)幻灯片对象动画效果的设置。

选中要添加动画的对象,在"动画"选项卡"动画"组中选择合适的动画即可。设置好动画后,还可以设置"效果选项",在"计时"组中还可以设置动画的开始方式、动画长度和动画播放的延迟时间等。

如果对象要插入多个动画效果,单击"高级动画"组中的"添加动画"按钮,选择动画。

幻灯片中的多个动画效果在动画窗格中按设置顺序排列并播放。若要改变播放顺序,只需在动画窗格中选择要改变顺序的动画,然后使用鼠标拖动到合适位置。

8.3.4　制作交互型练习

触发器是 PPT 动画中的高级功能,它就相当于一个"开关",可以触发动作。作为触发器的对象可以是任意的图片、图形、按钮或文本框,当单击触发器时,可以触发一个动作,这个动作可以是指定对象的动画播放,也可以是音频或视频的播放。

下面利用触发器制作小学数学课件《三角形的分类》中的交互式练习题"连一连"。

【跟我做】

1)使用"选择窗格"为对象重命名

选择第八张幻灯片,单击"开始"选项卡"编辑"组中的"选择",在下拉菜单中选择"选择窗格"。在选择窗格中,将六个三角形分别命名为"三角形 1""三角形 2""三角形 3""三角形 4""三角形 5"和"三角形 6",并且将六条线段分别命名为"线段 1""线段 2""线段 3""线段 4""线段 5"和"线段 6",如图 8-34 所示。

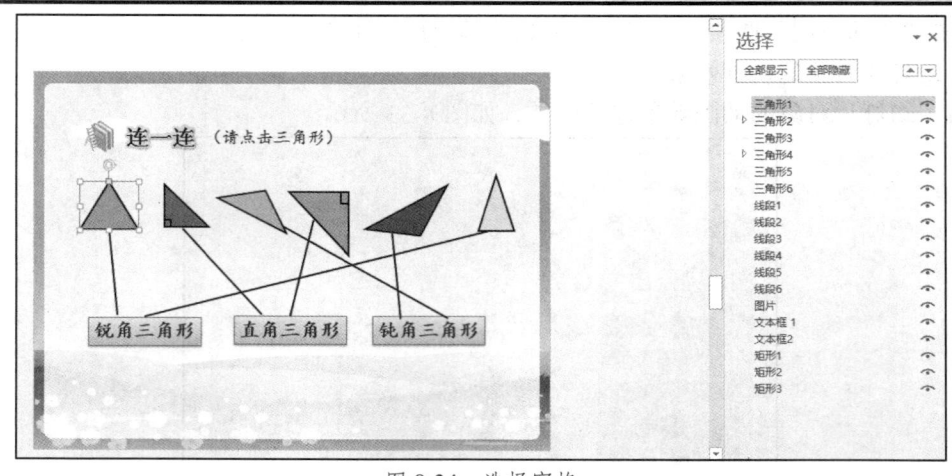

图 8-34　选择窗格

2）为六条线段添加触发器

选择"线段1",在"动画"选项卡"动画"组中选择进入动画"擦除","效果选项"选择"自左侧",在"高级"组中单击"触发",在下拉列表中选择"三角形1",使"三角形1"和"线段1"建立触发关系,如图 8-35 所示。对其他线段采用相同的方法进行设置。动画窗格如图 8-36 所示。

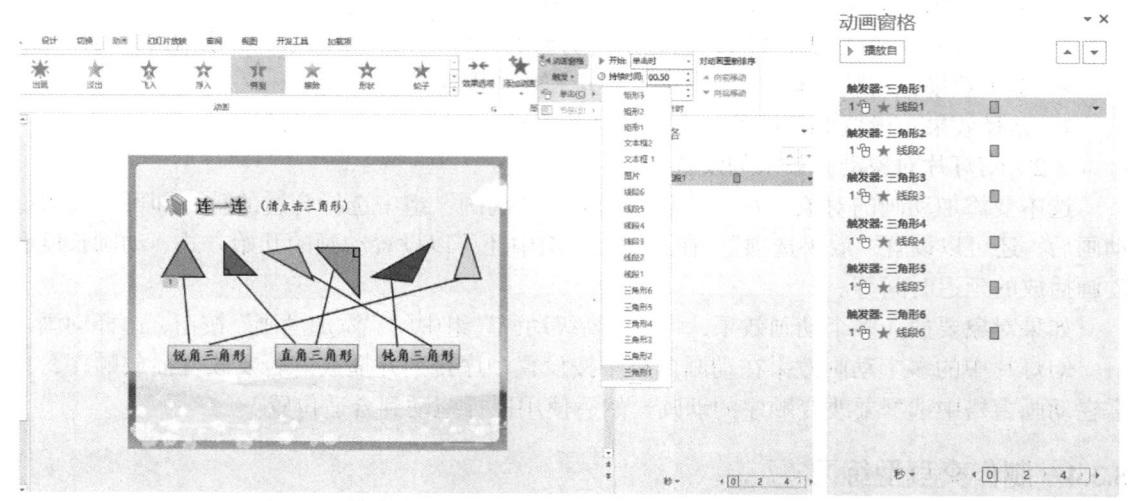

图 8-35　触发选项　　　　　　　图 8-36　添加触发器后的动画窗格

至此,"三角形分类"课件制作完毕,保存文件。

8.4　制作小学语文课件

根据小学语文新课程标准,语文课程应激发和培育学生热爱祖国语文的思想感情,引导学生丰富语言的积累,培养语感,发展思维,初步掌握学习语文的基本方法,养成良好的学习习惯,使他们具有适应实际需要的识字写字能力、阅读能力、写作能力、口语交际能力,正确地理解和运用祖国语文。

利用多媒体课件可以创造图文并茂、动静结合、声情融汇的教学环境，为教学提供逼真的表现效果，扩大学生的感知空间和时间，扩大主观对客观世界的认识范围；同时提供图形、声音、语言等交互界面和窗口，使学习者可以通过各种灵活方便的交互界面进行学习，从而提高教学效果。本节以小学语文《小池》课件为例，学习掌握小学语文课件的制作。

实例3 制作小学语文课件《小池》

【实例效果】

《小池》是人教版小学一年级语文下册《古诗两首》中一首古诗。课件首先使用图片创设情景进行导入并提出问题；通过单击按钮触发古诗的出现，并伴有朗诵声音；通过超链接实现古诗与作者介绍、文字读写、诗意解析等部分的跳转，并通过视频让学生对古诗的意境有更深入的理解。图8-37所示是课件中部分幻灯片的截图，包括课件封面、课件内容等。

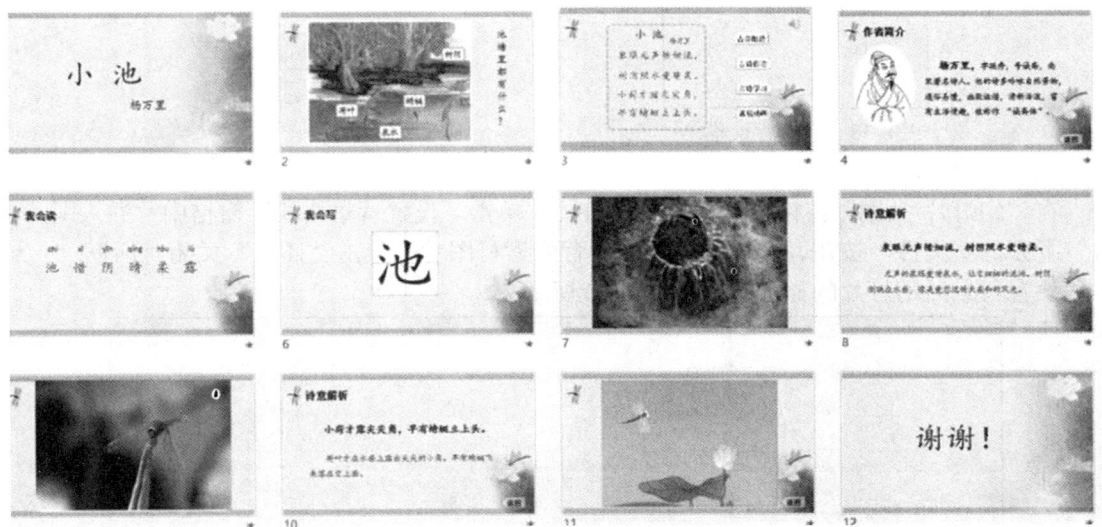

图8-37 小学语文课件《小池》

【实例分析】

本课件的制作过程包括创建演示文稿，利用"设计"美化课件外观；编辑课件内容使用了文字、图片、声音、动画等多种媒体素材；添加动画时课件动静结合；使用超链接实现课件的交互。

8.4.1 创建演示文稿 设置课件背景

【跟我做】

1）创建演示文稿

新建空白演示文稿，并保存为"小学语文课件-小池.pptx"。

2）统一设置所有幻灯片背景

选择"设计"选项卡，单击"设置背景格式"按钮，打开"设置背景格式"任务窗格，如图8-38所示。选中"图片和纹理填充"单选框，单击"插入图片来自"下方的"文件"按钮，在打开的对话框中选择幻灯片内页背景素材图片，单击"插入"按钮关闭对话框；单击"设置背景格式"窗格最下面的"全部应用"按钮，如图8-39所示。

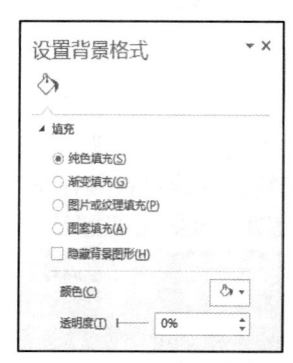

图 8-38　设置背景格式　　　　　　图 8-39　图片填充

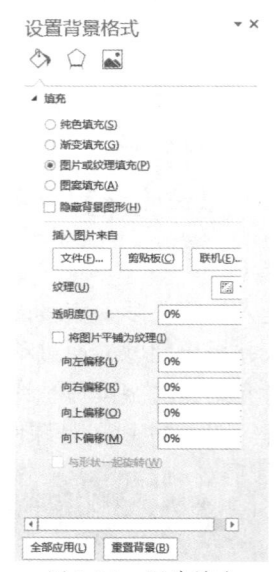

3）设置标题幻灯片背景

在"幻灯片/大纲"窗格中选择标题幻灯片，单击"设置背景格式"窗格中"插入图片来自"下方的"文件"按钮，选择标题幻灯片背景素材图片，单击"插入"关闭对话框。设置背景后幻灯片的显示效果如图 8-40 所示。

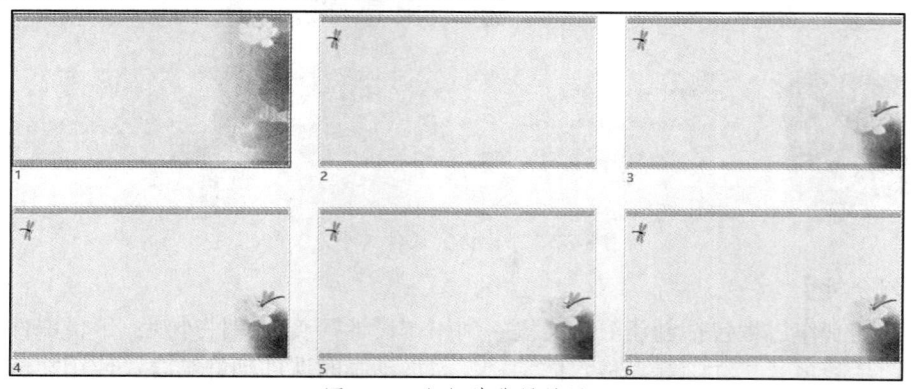

图 8-40　幻灯片背景效果

【知识窗】

背景格式设置功能可以用于设置主题的背景，也可以在空白幻灯片上设置背景。选择"设计"选项卡，单击"设置背景格式"按钮，打开"设置背景格式"窗格，可以设置的背景格式包括纯色填充、渐变填充、图片或纹理填充、图案填充等，如图 8-38 所示。

1）纯色填充

在"设置背景格式"窗格中，选择"纯色填充"单选框，单击"颜色"右侧的下拉按钮，可以选择单一的颜色来填充背景，也可以通过拖动"透明度"滑块设置填充颜色的透明度。

2）渐变填充

在"设置背景格式"窗格中，选择"渐变填充"单选框，如图 8-41 所示。单击"预设渐变"右侧的下拉列表框，可以选择预设渐变色。

在"类型"列表中，可选渐变类型，包括线性、射线、矩形、路径等。在"方向"和

"角度"选项中,可设置渐变的方向及角度。

"渐变光圈"的设置中,可以单击右侧的"添加渐变光圈"和"删除渐变光圈"来增加或减少渐变色的种类。选择一个渐变光标,可以设置颜色、位置、透明度和亮度等。

3)图片或纹理填充

在"设置背景格式"窗格中,选择"图片或纹理填充"单选框,可以进行图片或纹理的填充。

4)图案填充

选择合适图案,并且可以通过"前景"和"背景"列表框选择更改颜色,如图 8-42 所示。

设置好的渐变格式默认只应用于当前幻灯片;如果单击"全部应用"按钮,则应用于所有幻灯片;如果选择"重置背景"按钮,则撤销本次设置,恢复之前的状态。

图 8-41　渐变填充　　　　　图 8-42　图案填充

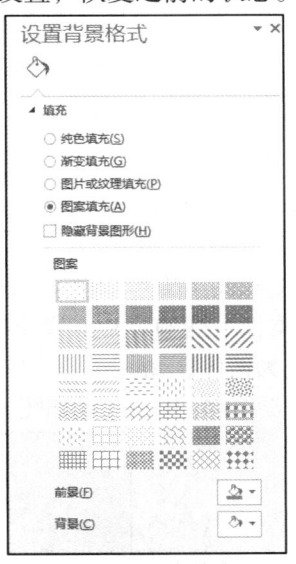

8.4.2　编辑课件内容

【跟我做】

1)编辑封面幻灯片

单击"插入"选项卡"文本"组中的"文本框"按钮,选择"横排文本框",在幻灯片上拖动鼠标绘制文本框,输入标题"小池",并设置字体格式为楷体、字号 120、加粗、阴影;按照相同方法添加副标题"杨万里",并设置字体格式为楷体、字号 48,如图 8-43 所示。

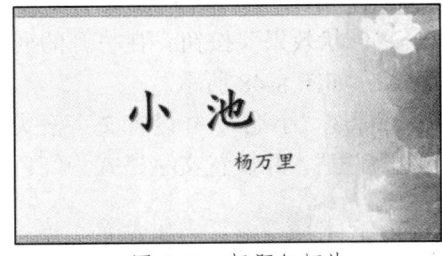

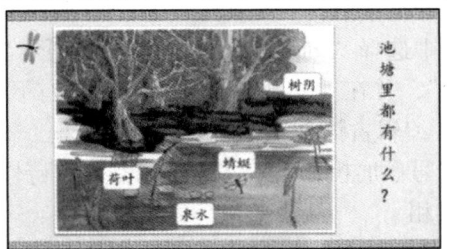

图 8-43　标题幻灯片　　　　　图 8-44　第二张幻灯片

2)制作第二张幻灯片(效果如图 8-44 所示)

（1）新建幻灯片。

（2）插入图片。单击"插入"选项卡"图像"组中的"图片"按钮，在对话框中选择素材图片"小池.jpg"，将图片插入到幻灯片中，在"图片工具/格式"选项卡"图片样式"组中选择"简单框架，白色"。

（3）插入形状。单击"插入"选项卡"插图"组中的"形状"按钮，在下拉列表中选择"圆角矩形"，在"绘图工具/格式"选项卡"形状样式"组中选择预设样式"彩色轮廓-橙色，强调颜色2"，如图8-45所示。

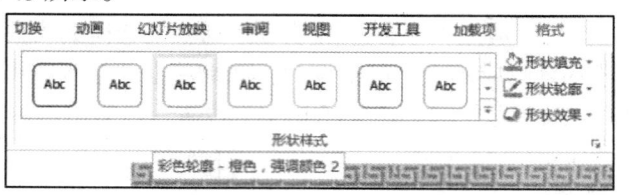

图8-45 设置形状预设样式

右击"圆角矩形"，在打开的快捷菜单中选择"编辑文字"，输入文字"荷叶"，设置文字格式为楷体、32号。

选中"圆角矩形"对象，复制三个相同的圆角矩形，将文字分别修改为"蜻蜓""树阴"和"泉水"。

（4）插入文本框。单击"插入"选项卡中"文本"组中的"文本框"按钮，在下拉菜单中选择"垂直文本框"，在幻灯片上拖动鼠标绘制垂直文本框，并输入文本"池塘里都有什么？"，并设置文本格式为楷体、40号。

3）制作第三张幻灯片（效果如图8-46所示）

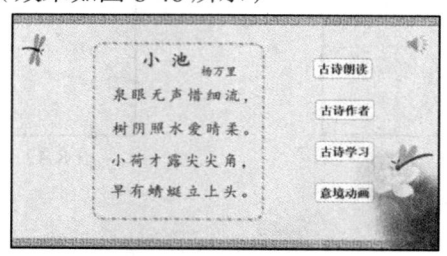

图8-46 第三张幻灯片

（1）新建幻灯片。

（2）插入圆角矩形。单击"插入"选项卡"插图"组的"形状"按钮，在"形状"列表中选择"圆角矩形"，在幻灯片上拖动绘制圆角矩形对象。

选中圆角矩形，单击"绘图工具/格式"选项卡"形状样式"组的"形状填充"按钮，在打开的列表框中选择"无填充颜色"；单击"形状轮廓"按钮，在打开的列表框中单击"虚线"，并在列表中选择"划线-点"，如图8-47所示。单击"形状效果"按钮，在打开的列表框中单击"阴影"，并在"外部"选项中选择"右下斜偏移"，如图8-48所示。

（3）编辑古诗文字内容。插入文本框，输入古诗标题"小池"，并设置文字格式为红色、楷体、44号、加粗；插入文本框，输入古诗作者"杨万里"，并设置文字格式为红色、楷体、36号、加粗。

再插入文本框，输入古诗第一句"泉眼无声惜细流，"并设置文字格式为红色、楷体、28号。选中古诗第一句的文本框对象，按住Ctrl键，并拖动该文本框，对文本框进行复制，选中复制的文本框文字，并更改为古诗第二句"树阴照水爱晴柔。"按同样方法复制两个文本框，并将文字分别更改为古诗第三句"小荷才露尖尖角,"和第四句"早有蜻蜓立上头。"对文本框进行排版布局,如图8-46所示。

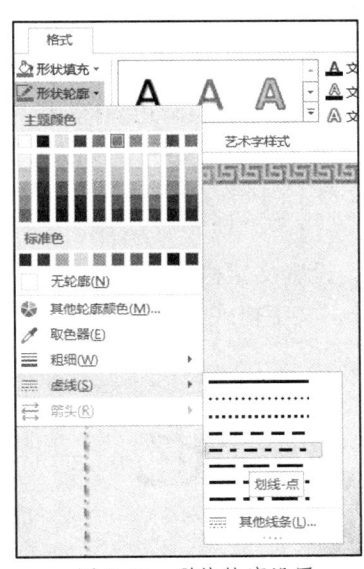

图8-47 形状轮廓设置　　　　　图8-48 形状效果设置

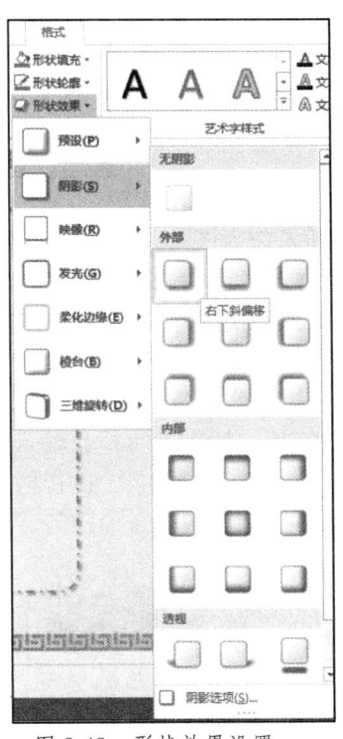

打开"选择窗格",将上述五个文本框分别重命名为"题目""作者""第一句""第二句""第三句"和"第四句"。

(4)制作形状按钮。插入形状"圆角矩形",设置形状轮廓为红色,形状填充为白色,选中圆角矩形对象,右击,在快捷菜单中选择"编辑文字",在圆角矩形中添加文字"古诗朗读",设置文字格式为宋体、28号。

选中"古诗朗读"形状按钮,复制三个相同的按钮,并分别输入文字"古诗作者""古诗学习"和"意境动画"。

在"选择窗格"中,将四个按钮分别重命名为"古诗朗读按钮""古诗作者按钮""古诗学习按钮"和"意境动画按钮"。

(5)插入朗读音频。单击"插入"选项卡"媒体"组中的"音频"按钮,选择"PC上的音频"(图8-49),在打开的对话框中选择准备好的素材文件"声音.mp3",选中幻灯片上的声音图标,在"播放"选项卡"音频选项"组中选择"放映时隐藏"复选框,如图8-50所示。

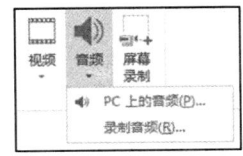

图8-49 插入音频　　　　　图8-50 音频选项

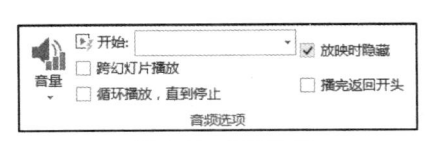

4)创建第四张幻灯片(图8-51)

(1)插入标题文字。插入文本框,输入文字"作者简介",设置文字格式为宋体、40号、加粗。

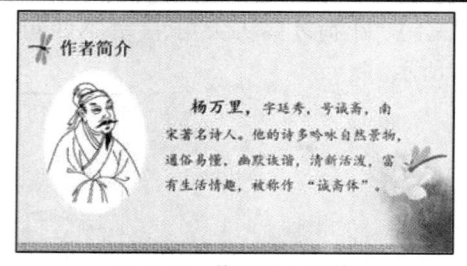

图 8-51　第四张幻灯片

（2）插入作者图片。插入素材图片"作者.jpg"，选中图片，单击"图片工具/格式"选项卡"图片样式"组右侧的下拉按钮，在打开的列表框中选择"柔滑边缘椭圆"。

（3）插入正文文字。插入文本框，输入作者简介文字，选中文字"杨万里"，设置格式为楷体、40 号、加粗，设置其他文字格式为楷体、32 号。

5）创建第五张幻灯片（图 8-52）

新建幻灯片，插入文本框，输入文字"我会读"，设置文字格式为宋体、40 号。依次插入文本框并输入拼音和文字，拼音格式为宋体、32 号，文字格式为楷体、32 号。

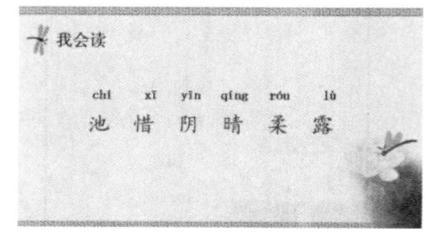

图 8-52　第五张幻灯片　　　　　　　图 8-53　第六张幻灯片

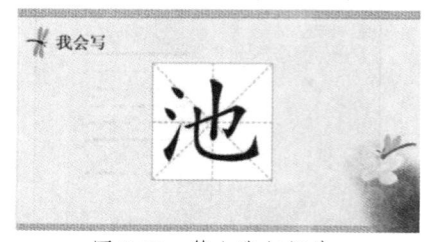

6）创建第六张幻灯片（图 8-53）

复制第五张幻灯片，删除所有文字和拼音，将"我会读"改为"我会写"，并插入图片"池.gif"。

7）创建第七张幻灯片

新建幻灯片，单击"插入"选项卡"媒体"组中的"视频"按钮，在下拉菜单中选择"PC 中的视频"，打开"插入视频"对话框，选择"前两句视频.mp4"，单击"确定"按钮将视频插入到幻灯片中，拖动控点调整大小，放置到中间位置，如图 8-54 所示。

图 8-54　第七张幻灯片　　　　　　　图 8-55　第八张幻灯片

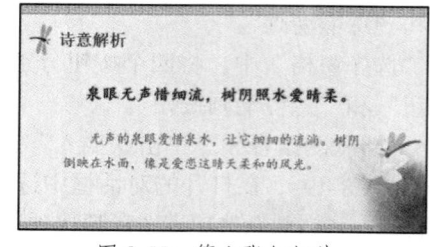

8）创建第八张幻灯片

新建幻灯片，插入文本框，输入标题"诗意解析"，设置文字格式为宋体、40 号。插入文本框，输入前两句古诗，设置文字格式为楷体、40 号、加粗、阴影。再插入文本框，输入古诗诗意文字，设置文字格式为楷体、32 号、绿色，如图 8-55 所示。

9）创建九、十张幻灯片

参考第七、八张幻灯片的制作方法。

10）创建第 11 张幻灯片

新建幻灯片，按照插入视频的方法插入 Flash 素材动画"意境动画.swf"。

11）创建封底幻灯片

新建幻灯片，将幻灯片背景设置为封面背景，并添加艺术字"谢谢！"。

【知识窗】

1）插入音频对象

PPT 中常用的音频文件格式包括 WMA、WAV、MP3 等。单击"插入"选项卡，在"媒体"组中单击"音频"命令，在弹出的快捷菜单中有两种插入音频的方式，分别为"PC 上的音频"和"录制音频"。选择"PC 上的音频"，在对话框中选择音频文件，幻灯片中会出现声音图标。

在"播放"选项卡中，可以剪裁音频文件以及设置音频播放方式，如图 8-56 所示。

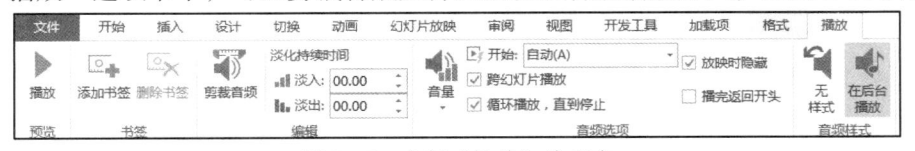

图 8-56 音频"播放"选项卡

2）插入视频对象

PPT 中常用的视频文件格式包括 WAV、AVI、MP4 等。单击"插入"选项卡"媒体"组中的"视频"命令，在弹出的快捷菜单中有两种插入视频的方式，分别为"PC 上的视频"和"联机视频"。选择"PC 上的视频"，在对话框中选择视频文件，就可以在幻灯片中插入视频。

在"播放"选项卡中，可以编辑视频和设置视频选项，如图 8-57 所示。

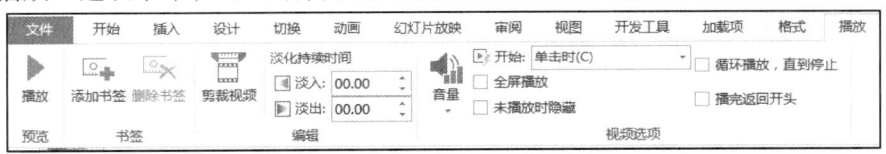

图 8-57 视频"播放"选项卡

8.4.3 设置动画效果

【跟我做】

单击"动画"选项卡中的"动画窗格"按钮，打开动画窗格。

1）设置第二张幻灯片动画效果

为"蜻蜓""荷叶""树阴"和"泉水"依次添加进入动画"淡出"，动画窗格如图 8-58 所示。

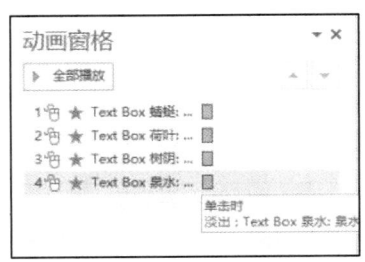

图 8-58 第二张幻灯片动画窗格 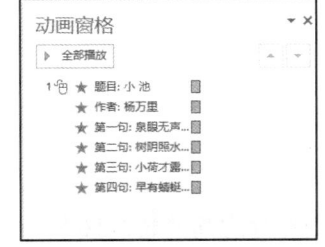   图 8-59 第三张幻灯片动画窗格

2）设置第三张幻灯片动画效果

同时选中题目、作者及四句古诗，在"动画"组中选择"擦除"动画效果，并设置"效果选项"为"自左侧"，此时动画窗格如图 8-59 所示。

8.4.4 设置课件交互

【跟我做】

1）设置第三张幻灯片的交互效果

（1）设置按钮触发音频。选中第三张幻灯片，选中"音频"图标，单击"动画"选项卡"高级动画"组中的"触发"按钮，在打开的列表框中选择"古诗朗读按钮"。

（2）为音频添加书签。选中"音频"图标，单击"播放"选项卡"预览"组中的"播放"按钮，在朗读到古诗题目、作者和每句诗朗读之前的位置单击"添加书签"按钮，如图 8-60 所示。添加书签后选中"音频"图标，如图 8-61 所示。

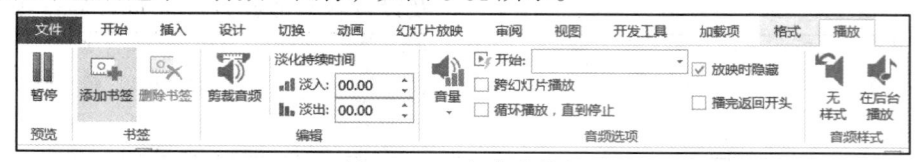

图 8-60　添加书签按钮

图 8-61　音频添加书签效果

（3）使用音频书签触发古诗文字。选中"古诗题目"文本框，选择"高级动画"中的"触发"选项，单击"书签"，在下拉菜单中选择"书签 1"，如图 8-62 所示。按同样的方法给古诗作者和四句诗句分别设置"书签 2""书签 3""书签 4""书签 5"和"书签 6"触发。动画窗格如图 8-63 所示。

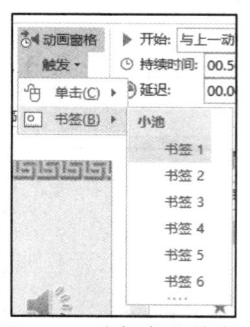

图 8-62　选择书签触发

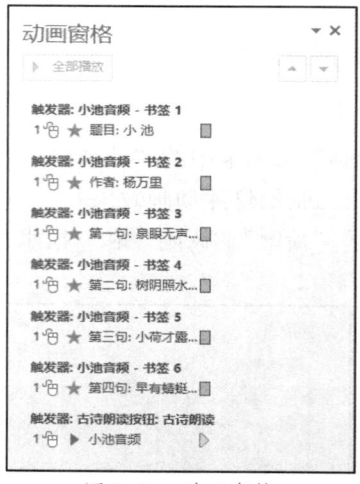

图 8-63　动画窗格

2）设置幻灯片之间的超链接

选择第三张幻灯片，选中"古诗作者按钮"，单击"插入"选项卡"链接"组中的"超链接"按钮，打开"插入超链接"对话框，如图 8-64 所示。选择左侧的"本文档中的位置"，并在"请选择文档中的位置"列表框中选择"幻灯片 4"。按同样方法分别将"古诗学习按钮"和"意境动画按钮"链接到第十、十一张幻灯片。

选择第四张幻灯片，绘制圆角矩形，添加文字"返回"。选中"返回"按钮，并设置超链接到第三张幻灯片。复制"返回"按钮到第十、十一张幻灯片。

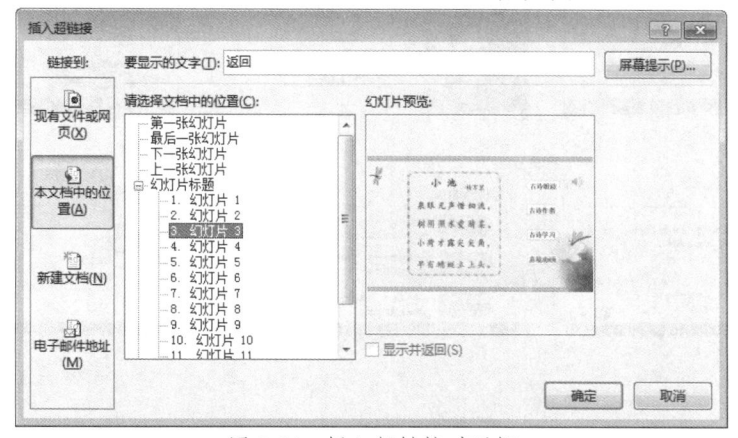

图 8-64　插入超链接对话框

至此，《小池》课件制作完毕，保存文件。

【知识窗】

超链接可以实现页面之间的跳转，链接源可以是图片、文字、形状、对话框等对象。选择链接源对象，单击"插入"选项卡"链接"组中的"超链接"命令，会弹出"插入超链接"对话框，如图 8-64 所示。

选择"本文档中的位置"，在"请选择文档中的位置"列表框中选择要链接的幻灯片。右击链接源对象，在快捷菜单中选择"编辑超链接"或"删除超链接"命令就可以编辑或删除超链接。

8.5　制作小学说课课件

说课是在备课的基础上，在规定的时间内，针对具体课题，采用讲述为主的方式，系统地分析教材、学生、教学目标、教学重难点以及教学过程等，并阐述自己的教学设想及理论依据，然后由同行评议，达到互相交流、共同提高的一种教研活动。说课课件要做到条理清楚、重点突出、布局合理，能辅助说课人理清思路，完成说课过程。

实例 4　制作《倍的认识》说课课件

【实例效果】

本课件包括封面、目录、说教材、说学情、说教学目标、说重点难点、说教法学法和说教学过程等幻灯片，目录页与对应幻灯片建立超链接，可以灵活地跳转到各页面。说课课件的部分幻灯片如图 8-65 所示。

【实例分析】

本实例通过使用母版进行格式的设置，使外观风格一致；使用 SmartArt 进行版面的布局；在目录和幻灯片之间建立超链接。

图 8-65 《倍的认识》说课稿

8.5.1 创建演示文稿，设置幻灯片外观

【跟我做】

1）新建空白演示文稿

选择主题"回顾"，在"变体"组中单击下拉按钮，选择"颜色"，在下拉列表框中选择"蓝色Ⅱ"。

2）使用母版统一幻灯片外观

单击"视图"选项卡"母版视图"组中的"幻灯片母版"，进入幻灯片母版的编辑模式，如图 8-66 所示。

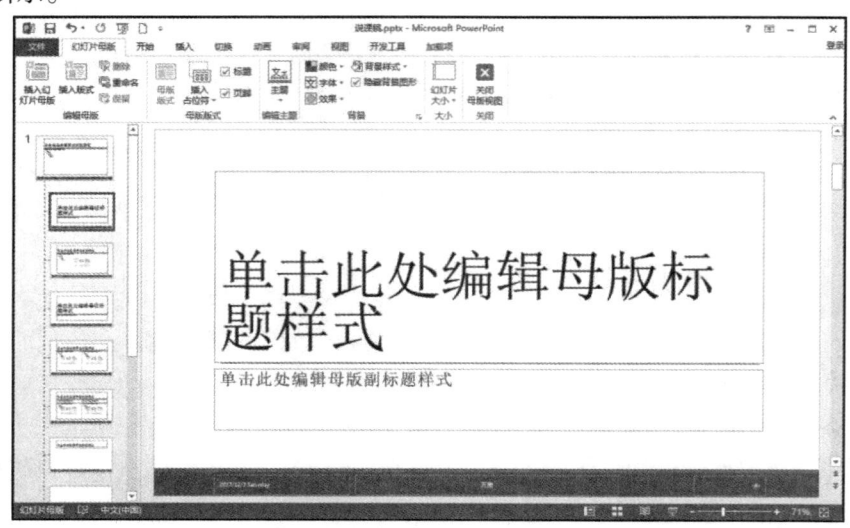

图 8-66 幻灯片母版编辑模式

（1）设置标题幻灯片版式。选择"标题幻灯片"版式幻灯片，在"插入"选项卡中设置母版标题字体格式为微软雅黑、48 号。

（2）设置标题和内容幻灯片版式。选择"标题和内容"版式幻灯片，设置母版标题格式为微软雅黑、48 号、加粗、白色，设置母版文本格式为微软雅黑、32 号。

（3）设置仅标题版式。选择"仅标题"版式幻灯片，在"插入"选项卡中设置母版标题格式为微软雅黑、40 号、加粗，左对齐。

（4）关闭母版视图。单击"关闭母版视图"按钮，关闭母版视图，进入普通视图模式。

8.5.2 编辑课件内容

【跟我做】

1）创建标题幻灯片

选择"标题幻灯片"版式，在占位符中添加标题"《倍的认识》说课稿"。

2）创建目录幻灯片

新建幻灯片，选择"标题和内容"版式，添加标题和文本文字，并调整占位符的大小和位置，如图 8-67 所示。

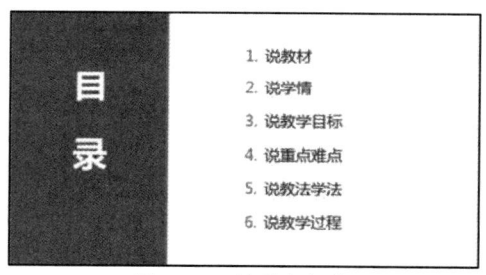

图 8-67　目录幻灯片

3）创建第三张幻灯片（图 8-65）

（1）插入幻灯片，选择"仅标题"版式，在标题定位符中输入文本"说教材"。

（2）选择"插入"选项卡，在"图像"组中单击"图片"，选择插入的图片。

（3）在"插图"组中，单击"SmartArt"按钮，打开图 8-68 所示对话框。选择"流程"组中的"垂直流程"，确定。在 SmartArt 的"文本窗格"中输入文字，按住 Ctrl 键，同时选中三个圆角矩形，并通过拖动控制点调整矩形大小，让文字都单行显示，如图 8-69 所示。

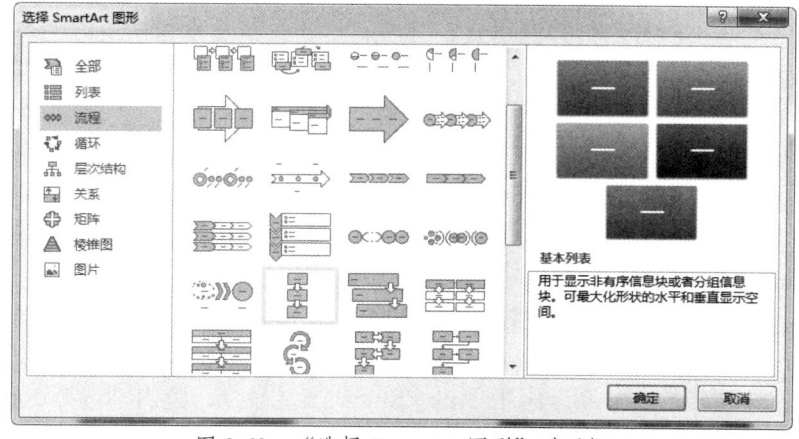

图 8-68　"选择 SmartArt 图形"对话框

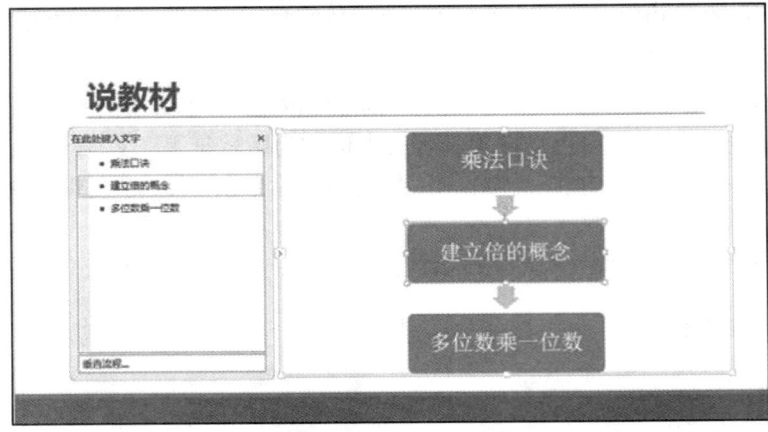

图 8-69　SmartArt 图形

（4）单击"SmartArt 工具/设计"选项卡中的"更改颜色"按钮，选择"彩色-着色"。

（5）插入图片"按钮.jpg"。

4）编辑其他幻灯片

编辑其他幻灯片，使用 SmartArt 并添加文字，如图 8-65 所示。

8.5.3　设置幻灯片超链接

【跟我做】

1）建立目录上的超链接

选择目录幻灯片，选中文字"说教材"，右击鼠标，在快捷菜单中选择"超链接"，打开"编辑超链接"对话框，选择"3.说教材"幻灯片。用同样的方法将目录中其他文字超链接到相应的幻灯片。

2）建立返回超链接

选择第三张幻灯片，选择返回按钮对象，并设置按钮超链接到目录幻灯片。将按钮复制到第四到八张幻灯片。

至此，说课课件制作完毕，保存文件，将文件命名为"说课.pptx"。

【知识窗】

1）母版

母版可以用来定义所有幻灯片的格式，其内容主要包括文本与对象在幻灯片中的位置、文本与对象占位符的大小、文本样式、效果、主题颜色、背景等信息。母版包括幻灯片母版、备注母版和讲义母版三种。

单击"视图"选项卡"母版视图"组中的"幻灯片母版"，进入"幻灯片母版"编辑视图，如图 8-66 所示。可以在母版幻灯片中插入版式、占位符，设置背景、文字格式，设置幻灯片大小等。

2）Smartart 的基本操作

SmartArt 图形是信息和观点的视觉表示形式。使用 SmartArt 可以创建各种图形图表，通过从多种不同布局中进行选择来创建 SmartArt 图形，从而快速、轻松、有效地传达信息。

在"插入"选项卡的"插图"组中单击"SmratArt"命令，弹出"选择 SmartArt 图形"对话框，可以选择需要插入的 SmartArt 图形。

选择插入的 SmartArt 图形，单击"设计"选项卡，可以设置的布局和样式，如图 8-70 所示。

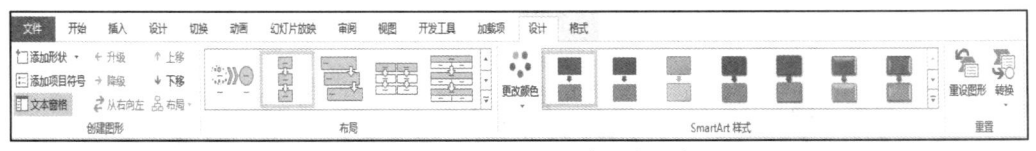

图 8-70　SmartArt"设计"选项卡

【创新园】

根据自己所学专业选择一个小学课题，按照课件制作的一般流程制作多媒体课件。要求：课件要图文并茂、风格统一、色彩搭配合理，根据内容的需要添加音频、视频等素材，并为课件合理添加动画和交互效果，保存为 PPT 文件。

第 9 章　微课的设计与制作

知识地图

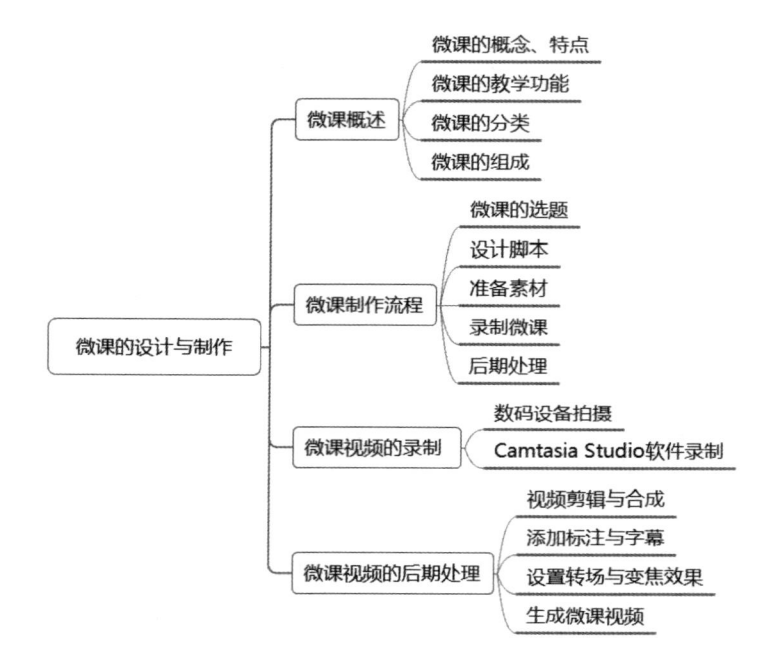

```
                            ┌── 微课的概念、特点
                            ├── 微课的教学功能
                 微课概述 ───┤
                            ├── 微课的分类
                            └── 微课的组成

                            ┌── 微课的选题
                            ├── 设计脚本
             微课制作流程───┼── 准备素材
微课的设计与制作             ├── 录制微课
                            └── 后期处理

             微课视频的录制 ─┬── 数码设备拍摄
                            └── Camtasia Studio软件录制

                            ┌── 视频剪辑与合成
                            ├── 添加标注与字幕
         微课视频的后期处理─┼── 设置转场与变焦效果
                            └── 生成微课视频
```

学习目标

1. 了解有关微课的定义、特点、教学功能
2. 了解微课的组成
3. 掌握微课制作的一般流程
4. 掌握常用的微课视频录制方法
5. 掌握对微课视频后期处理的方法技巧
6. 会生成易于网络播放的微课视频格式

　　随着科学技术的发展，教育教学方式也在不断更新。微课正成为一种新型教学模式和学习方式，给课堂教学带来新的变化，为课堂提供了一种更高效的教学手段。

　　本章介绍微课的概念、教学功能、组成及制作流程，通过制作小学一年级语文下册中的一首古诗《小池》的微课视频，介绍微课视频录制、合成及后期处理的方法技巧。

9.1 微课概述

9.1.1 微课的概念

从字面上看，微课与当今互联网时代流行的微博、微信、微电影等新技术形式一脉相承，是"互联网+课堂"的产物。简单地说，微课就是"微型课程"、短小精悍的课程，相对于传统课程，微课要在短时间内针对某个知识点呈现完整的教学活动。

教育部教育管理信息中心对微课的定义是：微课，即微型视频课程，它是以教学视频为主要呈现方式，围绕学科知识点、例题习题、疑难问题、实验操作等进行的教学过程及相关资源的有机结合体。

微课一般具有以下特点：（1）视频为主，时间短小。教学视频是微课的核心组成内容，根据学生认知特点和学习规律，微课的时长以 5~8 分钟为宜，最短的 1~2 分钟，最长的不宜超过 10 分钟。（2）主题突出，内容精炼。"微课"主要是为了突出课堂教学中的某个知识点，如教学中重点、难点、疑点内容的教学，或是反映课堂中某个教学环节、教学主题的教与学活动。（3）资源多样，情景再现。微课视频可以将多媒体课件、教与学情景、教学反思、学生反馈等相关教学资源，整合成一个真实的"微教学资源环境"，使学习者在这种真实、具体、典型案例化的情境中易于实现"隐形知识""默会知识"等高阶思维能力的学习，从而提高学业水平。（4）基于网络，移动学习。微课视频格式需是支持网络在线播放的流媒体格式，如 RM、WMV、FLV 等，学习者可以随时随地通过移动终端（手机、平板、笔记本）流畅地观看学习。

9.1.2 微课的教学功能

1. 提供学生自主学习的环境

微课能更好地满足学生对不同学科知识点的个性化学习需求，可以按需选择学习，既能查缺补漏，又能巩固、强化知识，是课堂学习的一种重要补充和拓展。特别是随着移动设备和无线网络的普及，基于微课的移动学习、远程学习、在线学习也会越来越普及，微课必将成为未来最重要的学习资源之一。

2. 变革传统的课堂结构

基于微课的翻转课堂改变了传统的"先讲后学"课堂结构，实现了技术环境下的"先学后教"，有利于优化知识传授和知识内化的环节。

3. 促进教师专业发展

教师通过设计、制作微课可以提高教学设计能力、讲解能力及多媒体技术的应用能力；通过观看自己或别人的微课，突破传统的听课、评课模式，更加方便交流和学习。微课为教师提供了真实的课堂教学和超媒体环境，为教师研究课堂教学、进行反思、实现专业发展提供了有效的平台。

9.1.3 微课的类型

按照教学内容、教学方法以及制作手段等不同方法，可以有不同的分类。

1. 按照教学内容分类

按照教学内容可分为概念知识讲解类、案例/例题讲解类、技能训练类、微探究/游戏类等。

2. 按照教学方法分类

根据教学活动中常用的教学方法可分为讲授类、讨论类、启发类、演示类、练习类和实验类等。

3. 按照制作方法分类

按照常用的制作微课方法可分为录屏类、拍摄类、软件合成类、混合类微课等。

9.1.4 微课的组成

微课是面向学习者自主学习的资源，除了提供给学习者微课视频以外，还要有配套的微学案（学习任务单）和微习题（进阶练习）。所以，微课一般由三部分组成：微学案、微视频和微习题。

1. 微学案（学习任务单）

学习任务单是让学生明确学习目标、学习方式，让学生按照自己的步骤学习。学习任务单一般以表单的方式呈现，一般包括学习目标、学习方法、学习任务等。

2. 微视频（微课视频）

微课视频具有完整的教学结构，其组成包括学习目标设计，情景设计，核心概念（内容）的引入、阐述和解释，归纳与小结。

3. 微习题（进阶练习）

进阶练习是基于标准的测试，学习视频后完成相应的练习，用于检查学生对知识点的掌握情况，一般采用在线测试方式。

狭义的微课，一般指微课视频。以下内容中的微课，主要指狭义的微课。

9.2 微课制作流程

微课制作的一般流程包括微课选题、设计脚本、准备素材、录制微课、后期编辑处理等环节，如图 9-1 所示。微课要在短时间内呈现完整的教学内容，具有短、小、精、悍的特点。要制作好的微课，必须了解微课制作流程，选择合适的课题，做好设计和准备工作，掌握微课的录制和编辑技术。

图 9-1 微课制作流程

9.2.1 微课选题

微课选题是微课制作流程中关键的一环，良好的选题可以让微课实现事半功倍的教学效果，但不好的选题可能使微课变得平庸无用。

1. 选题要小且聚焦单个知识点

限于微课的时长一般不超过 10 分钟，微课选题要尽可能聚焦到某个知识点或技能点，切不可选题过大，内容复杂。

2. 选择教学中的重点、难点或疑点问题

教学中的重点、难点和疑点问题往往是教学中需要重点说明、反复讲解的点，也是学生学习中需要重点学习、反复温习的点。制作微课时以教学中的重点、难点或疑点作选题，既帮助教师突出重点、突破难点，又满足了学生的学习需求，使微课有更高的使用价值。

3. 内容要适合用多媒体技术手段表达

微课作为一种多媒体信息，内容的设计要适合加入丰富的图形、图像、声音、动画等多媒体信息，所以在确定选题时要考虑选题内容适合的传递方式。

4. 选题要考虑学习对象的学习基础和特点

微课的核心特点是面向学习者，所以微课的选题一定要首先考虑学情，适合学习对象的学习基础和学习特点，迎合学习对象的学习需求，即针对学习者定选题。

9.2.2 设计脚本

微课脚本是微课制作的指南和依据，脚本一般非常详尽，包括各个环节的录制时长、呈现内容、呈现形式等。设计脚本，既有利于教师理清微课教学的思路，又为制作微课提供依据。微课制作者根据脚本设计，配合软硬件以及应用相应的技术就可以成功录制微课。表 9-1 是人教版小学一年级语文《小池》微课视频的脚本设计。

表 9-1 《小池》微课视频的脚本设计

微课结构	教学环节	呈现内容	呈现形式
片头 （3~10 秒）	呈现微课信息	1. 展示微课主题、学科、教材版本、年级等。 2. 展示主讲教师姓名、单位、职称等信息。 3. 搭配淡淡的背景音乐。	1. 使用 Camtasia Studio 8 软件动态展示文字信息或以炫目的视频展示。 2. 文字展示的同时配有舒缓的背景音乐，营造轻松愉快的学习氛围。
导入 （10~60 秒）	揭题设问 激趣导入	背景音乐停。 1. 教师出镜激趣导入。 "你知道吗？在距今八百多年前的一个初夏时节，南宋大诗人杨万里走在郊游的路上。这天风和日丽，万里无云，他走到一个小池塘边，（大屏幕出示小池的图片）……这时，几只蜻蜓飞来了，轻轻地落在尖尖的荷叶上休息呢，看到这里，杨万里不仅脱口吟诵起'泉眼……'。今天，我们就来学习这首诗。" 2. 导入部分有字幕。	1. 使用手机或摄像机拍摄。 教师自然站立在大屏幕前，情绪饱满，声情并茂，导入课题。 2. 保存为视频格式，如 MP4 格式。 3. 后期编辑时添加字幕。

续表 9-1

微课结构	教学环节	呈现内容	呈现形式
主题讲解 （2~5分钟）	围绕诗句 随文识字 创设意境 引发思考 品读感悟	1. 大屏幕放映《小池》PPT 课件，同时教师进行讲解。 重点通过 PPT 课件中的图片、音频、视频引发学生思考想象，从而理解作者要表达的意境和心情。 2. 第二张幻灯片出现后，跟随教师讲解，在恰当时间放大蜻蜓、荷叶。 3. 第三张幻灯片出现后，跟随教师讲解，添加标注"大声朗读"，提醒学生。	1. 使用 Camtasia Studio 8 的录屏功能，对 PPT 课件及教师讲解进行录屏，教师不出镜。 2. 保存为"讲解.trec"。 3. 后期编辑时，利用 Camtasia Studio 8 的变焦功能，放大蜻蜓、荷叶，并适时还原。 4. 后期编辑时，利用 Camtasia Studio 8 的标注功能，添加标注。
片尾 （20秒以内）	版权信息和致谢	1. 先展示：课件制作人、脚本设计者、微课编辑者的名字。 2. 展示"谢谢欣赏"。 3. 同时搭配淡出的背景音乐效果。	使用 Camtasia Studio 8 的标注功能添加文字，同时导入媒体"雨中印记.mp3"添加背景音乐，根据文字呈现的时间对音乐进行裁剪，并做淡出效果。

9.2.3　准备素材

配合脚本，准备相应的文字、讲稿、图片、音乐、视频和 PPT 课件，甚至是教学场地、学习者情况等教学环境。

9.2.4　录制微课

根据制作工具的不同，录制微课的方法有录屏软件录制、数码设备拍摄录制、综合类混合制作。软件录屏是目前最简单常用的录制微课的方法，录屏类微课主要通过录制电脑屏幕的显示过程，配合声音的添加来制作微课，操作方便，可一人独立完成制作。录屏软件有许多种，比如 PPT、屏幕录像专家、FSCapture 以及 Camtasia Studio 等。

9.2.5　后期处理

后期处理一般包括对已经录制好的微课视频进行编辑和美化，如添加比较炫的微课片头、删除视频中不需要的片段、连接多段视频、添加转场效果、添加字幕、搭配背景音乐以及生成 MP4 或 FLV 视频格式等。

【创新园】

按照微课制作流程，从小学数学或语文中确定一个选题，进行脚本设计、素材准备，为后面的录制微课做准备。

9.3　微课视频的录制

微课视频是微课的主要呈现方式和表现形式，视频质量直接影响学习效果。好的微课视频可以增加学习者的学习兴趣，因此，熟练掌握微课视频的录制技术至关重要。

本节以人教版小学一年级语文下册《古诗两首》中的古诗《小池》的微课视频为例，介绍使用 Camtasia Studio 8 软件录制和使用数码设备拍摄录制微课视频的方法。Camtasia Studio 8 是专业微课录制软件，不仅可以进行屏幕录制，还可以进行微课的后期编辑，添加片头、字幕、视频剪辑、视频特效、配音及消除噪音等。录制前，设置好音量、话筒、屏幕分辨率等。

实例1　录制小学语文《小池》的微课视频

【实例效果】

《小池》微课视频的四部分画面截图，如图 9-2 所示。

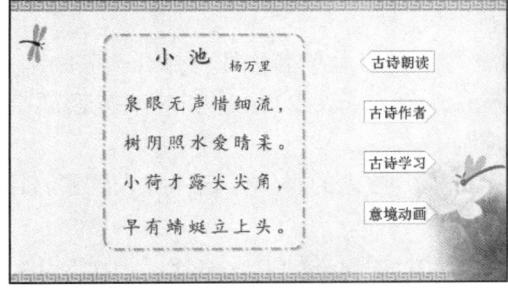

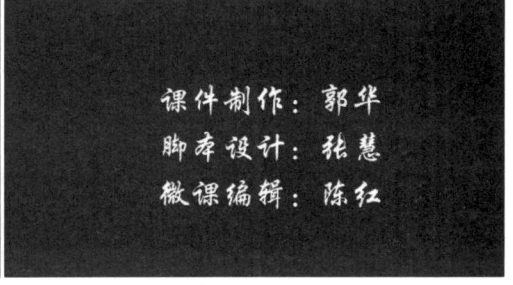

图 9-2　《小池》微课视频截图

【实例分析】

《小池》微课视频分成片头、导入、讲解和片尾四部分，采取分段录制的方法制作完成。根据表 9-1 脚本设计，片头、讲解和片尾部分采用专业的微课制作软件 Camtasia Studio 8 录制，导入部分使用智能手机拍摄完成；后期使用 Camtasia Studio 8 对四段视频进行剪辑、合成完善，最终生成易于网络播放的 MP4 微课视频格式。

下面分别介绍片头、导入、讲解和片尾各部分的录制方法。

9.3.1　使用 Camtasia Studio 8 库内视频录制片头部分

微课视频的片头用来说明微课的名称，作者的单位与姓名，以及该微课的学科、教材版本、年级等信息，一个生动活泼的微课片头可以让学生耳目一新，激发学生学习的兴趣。

《小池》微课视频片头是使用 Camtasia Studio 8 提供的库内视频进行简单的文字编辑排版后生成的，是一个动感十足的微课片头。

【跟我做】

1）启动 Camtasia Studio 8 软件

双击桌面上的图标 启动 Camtasia Studio 8 软件，出现"欢迎使用"界面后，单击"关闭"完成启动，进入 Camtasia Studio 8 工作界面，如图 9-3 所示。

图 9-3　Camtasia Studio 8 工作界面

下面介绍 Camtasia Studio 8 工作界面各部分的功能。

（1）菜单功能区：包含了可以执行的各种命令，单击菜单名称即可打开相应的菜单。

- 录制屏幕 录制屏幕 ：包含了录制屏幕和录制 PowerPoint，单击该按钮就会弹出 Camtasia Studio 8 工作界面，即将开始录制。
- 导入媒体 导入媒体 ：单击该按钮，可以选择要导入的媒体，媒体导入到素材区的空白区。
- 生成和分享 生成和分享 ：单击该按钮可将编辑的视频进行生成和分享。

（2）素材区：录制、导入的媒体文件都显示在这里。

（3）视频预览区：可以随时查看视频效果。

（4）编辑功能区：视频编辑时使用的功能和工具。

- 剪辑箱 ：录制的、导入的媒体都加入剪辑箱中。单击剪辑箱，会在素材区显示剪辑箱中的媒体文件。
- 库 ：单击库，会显示 Camtasia Studio 8 自带的音乐、主题文件，可以使用它添加片头、片尾。

（5）视频编辑区：也叫时间轴窗口，视频编辑处理时大量的工作都会在这里进行。

- 媒体轨道：只有将媒体拖放到轨道上，才可以在轨道上对其进行一系列的编辑操作。
- 播放头 ：拖动它可以定位视频的某一时刻，播放头在哪，预览视频时从哪开始播放。拖动绿色滑块和红色滑块可以选中时间轴上的某段视频。

2）打开库，选择片头视频

单击编辑功能区中的"库"按钮，打开 Camtasia Studio 8 的素材库，在主题 Theme - Calling Lights 中选中 Basic Title，拖放到轨道 1 的起始位置，如图 9-4 所示。

图 9-4　选择片头视频

3) 输入微课视频名称并设置文本格式

先拖动播放头至 1 秒的位置，在预览区出现片头效果，在预览区双击"ABC"，出现图 9-5 所示的设置标注格式界面，输入微课视频名称"小池"，作者单位姓名"育英小学　张慧"；选中"小池"，设置字体为微软雅黑、90 号、红色，居中对齐；选中作者信息，设置字体为微软雅黑、20 号、红色，右对齐；设置标注填充为无色，并移动标注至合适位置。

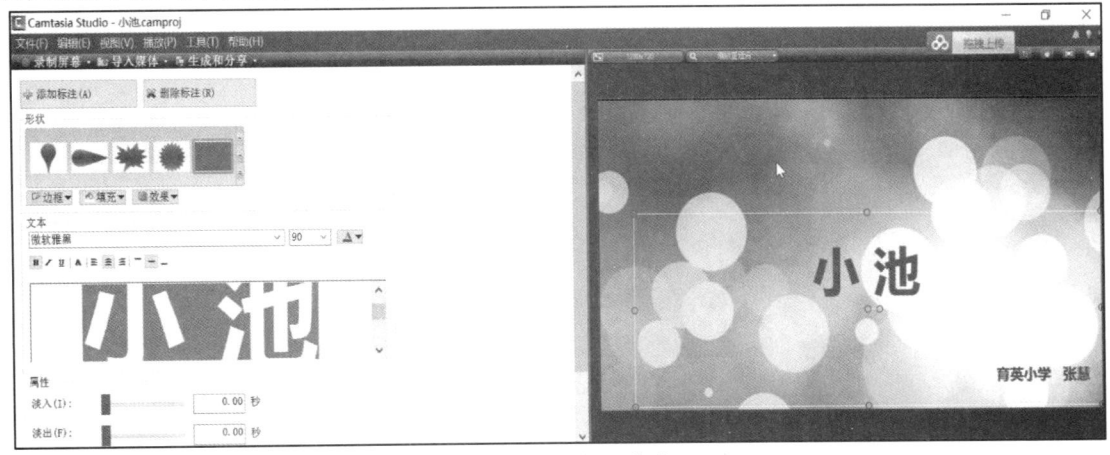

图 9-5　设置标注格式

4) 添加标注，输入微课其他信息

在图 9-5 的设置标注格式界面中单击"添加标注"按钮，在视频预览区双击新添加的标注，在左边选中的文字处输入"人教版一年级语文下册　课文 4 古诗两首"，设置合适的字体、字号、颜色，并移动标注位置至版面左上方，如图 9-6 所示。

温馨提示：单击添加标注，标注会自动添加在新轨道上播放头的位置，可以拖动轨道上的标注移动至轨道起始位置，如图 9-7 轨道 2 上的标注位置。

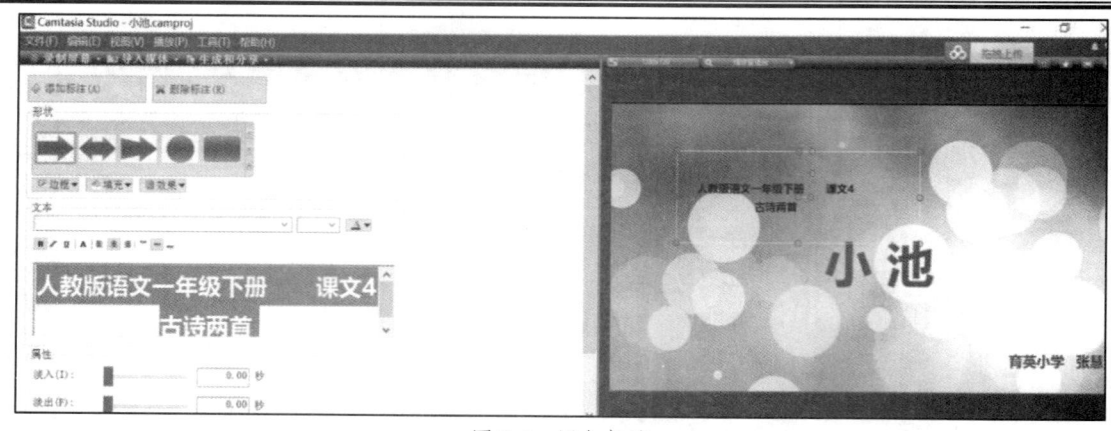

图 9-6　添加标注

5）设置片头长度

在视频编辑区的轨道 1 上，将鼠标指向轨道 1 中视频的末端，鼠标变成拉伸状拖动，如图 9-7 所示，设置片头视频持续时间为 6 秒；用同样的方法设置轨道 2 中文本的持续时间为 6 秒。

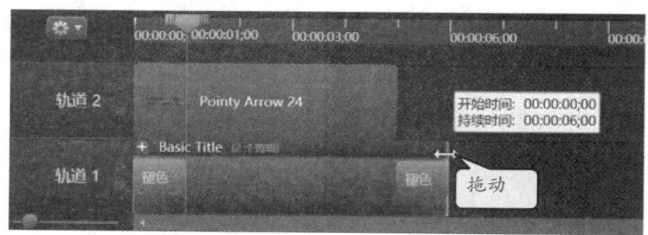

图 9-7　设置片头长度

6）播放预览

单击视频预览区的"播放"按钮，查看片头效果，如图 9-8 所示。

图 9-8　视频预览

7）保存项目

执行"文件"菜单中的"保存项目"命令，以"小池.camproj"为名保存项目，一个动感炫丽的片头就做好了。

8）退出 Camtasia Studio 8

执行"文件"菜单中的"退出"命令，退出 Camtasia Studio 8。

9.3.2　使用智能手机拍摄制作导入部分

《小池》微课视频导入部分设计为直接由教师出镜揭题设问，激趣导入。使用摄像头分辨率在 1 000 万像素以上的智能手机拍摄制作，操作简单方便，拍摄质量高清。

【跟我做】

1）拍摄准备

（1）使用手机支架固定手机，横着放在支架上，保持手机镜头的稳固性，如图 9-9 所示。

图 9-9　手机支架固定手机

（2）教师着装端庄得体，站立的位置在整个视频画面的约 1/3 黄金分割处。

（3）教师准备好讲解内容，打开导入部分的幻灯片，全屏幕放映。

温馨提示：用手机或摄像机直接拍摄时，最好选择摄像性能较好的手机或摄像机，选择光线均匀并且非常安静的场地。

2）开始拍摄

一切准备就绪，按下手机上的录像按钮，开始录制。

3）保存视频

录制完成后，再次单击录制按钮结束录制，将视频保存并上传至电脑端，保存文件名为"导入.mp4"。

这样，由教师出镜录制的微课导入部分视频就制作完成了。

9.3.3　使用 Camtasia Studio 8 录屏制作讲解部分视频

利用 Camtasia Studio 软件制作录屏类微课，其最大优点是录制屏幕清晰度高，录制的声音清晰无杂音。

【录屏效果】

使用 Camtasia Studio 8 的录制屏幕功能对《小池》讲解部分进行屏幕录制，效果截图如图 9-10 所示。

图 9-10　讲解部分视频

【录屏分析】

教师事先准备好演示 PPT 课件，设置好麦克风音量。启动 Camtasia Studio 8 录制屏幕功能，教师一边演示 PPT 课件一边进行讲解，这样就可将整个屏幕演示过程和教师的讲解录制下来。教师不出镜，一段有教师讲解、有小池意境的完美视频就呈现出来了。

【跟我做】

1）打开并放映 PPT 课件

运行 PowerPoint 软件，打开"小池.ppt"课件并全屏幕放映。

2）启动 Camtasia Studio 8，设置录屏参数

启动 Camtasia Studio 8 后，执行"文件"菜单中的"打开项目"，打开"小池.camproj"，如图 9-11 所示。在菜单功能区单击"录制屏幕"按钮，出现设置录屏参数窗口，如图 9-12 所示。单击"全屏幕"，选择摄像头关、音频开，拖动滑块调整话筒音量大小完成设置。

图 9-11　打开"小池.camproj"项目　　　　图 9-12　设置录屏参数

3）开始录制

单击图 9-12 中右边的"录制"按钮，开始录制，教师一边放映 PPT 幻灯片一边讲解。录制过程中，按 F10 键可以暂停/继续录制，录制结束，按 F10 键停止录制。

温馨提示：
① 教师讲解要思路清晰，情绪饱满，好似在真实的课堂上授课。
② 讲解过程中如果出现错误，请保持沉默 1 分钟，然后重新讲解，错误的后期处理可以剪辑掉。

4）预览保存文件

按 F10 键停止录制后，弹出图 9-13 所示预览保存窗口，单击右下角的"保存并编辑"，保存文件为"讲解.trec"。

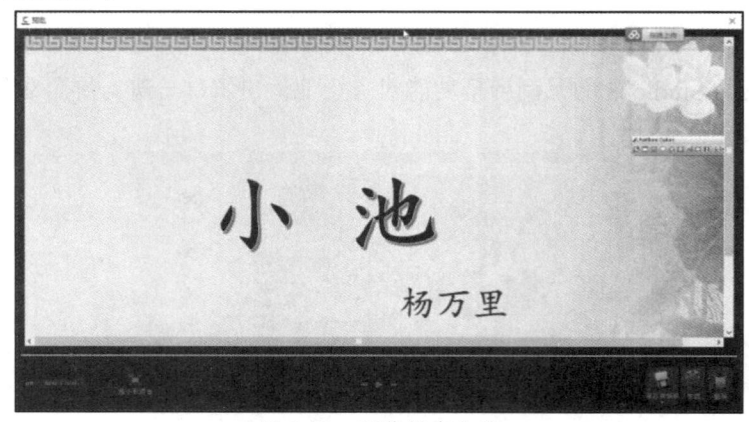

图 9-13　预览保存文件

5）保存项目

保存"讲解.trec"后，Camtasia Studio 8 返回图 9-14 所示主界面，讲解部分的视频和音频自动衔接在轨道 1 和轨道 2 片头视频后。执行"文件"菜单中的"保存项目"，将讲解的录屏视频保存至"小池.camproj"项目中。

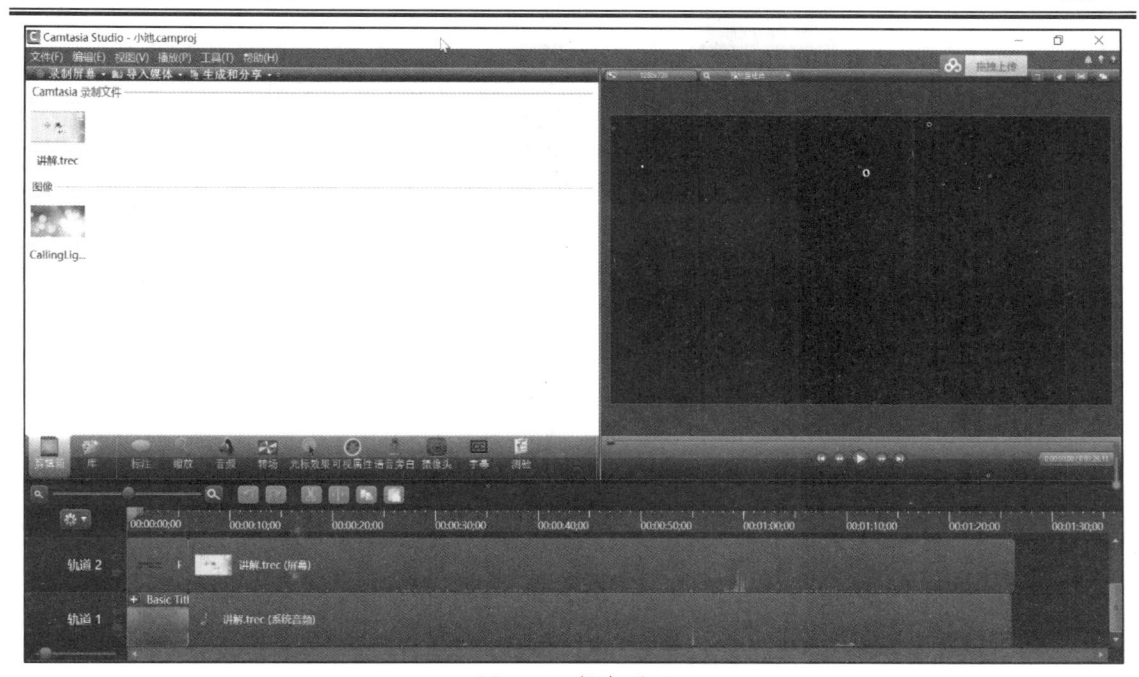

图 9-14　保存项目

至此，《小池》微课视频的讲解部分录制完成。

9.3.4　使用 Camtasia Studio 8 制作片尾部分

微课视频片尾部分是出示微课制作者信息以及致谢，配以悠扬轻松的背景音乐，长度 20 秒以内，标识微课视频的结束，为微课视频画上一个圆满的句号。

【片尾效果】

《小池》微课视频片尾效果如图 9-15 所示。

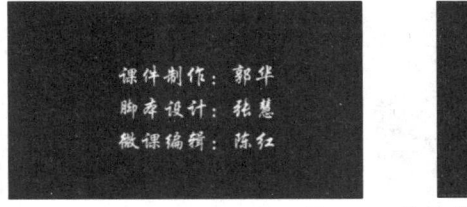

图 9-15　片尾效果

【片尾制作分析】

片尾部分使用 Camtasia Studio 8 的标注添加文字，插入背景音乐，并给文字和音乐添加淡入和淡出效果。

【跟我做】

1）打开项目

启动 Camtasia Studio 8，打开"小池.camproj"项目，界面如图 9-16 所示。

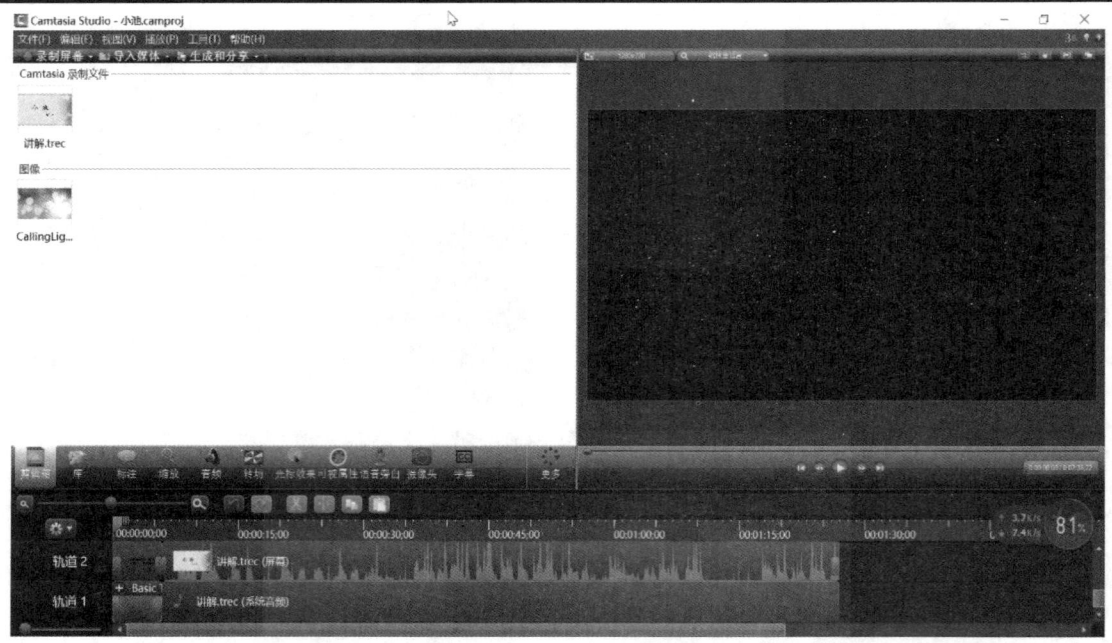

图 9-16 "小池"项目界面

2)添加标注,制作作者信息

(1)输入作者信息。单击编辑功能区的"标注"按钮,打开标注功能,拖动时间轴上的播放头,将其定位到要添加标注的时刻,单击"添加标注",选择标注形状为 Text,输入制作者信息,设置文本字体、字号、文本颜色(白色),调整大小和位置,制作好的标注出现在轨道 3 上,如图 9-17 所示。

图 9-17 添加标注输入制作者信息

(2)设置持续时间。右击轨道 3 右边的 T 标注,在快捷菜单中选择"持续时间"命令,弹出"持续时间"设置对话框,如图 9-18 所示,设置持续时间为 6 秒,单击"确定"按钮。

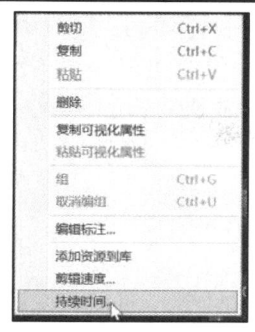

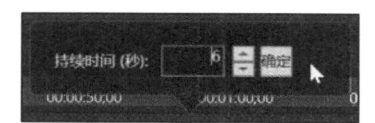

图 9-18　设置持续时间

3）添加标注，制作致谢信息

按照步骤 2）中的制作方法，输入致谢文字"谢谢！"，设置致谢文字持续时间为 4 秒钟。

4）设置文字标注出现的顺序

单击视频预览区的"播放"按钮，预览片尾文字效果，作者信息和致谢文字有重叠部分，如图 9-19 所示的框内部分，拖动轨道 4 中的 T 标注至轨道 3 Text 3 后，让标注首尾相接，如图 9-20 框内效果所示。

图 9-19　文字重叠部分

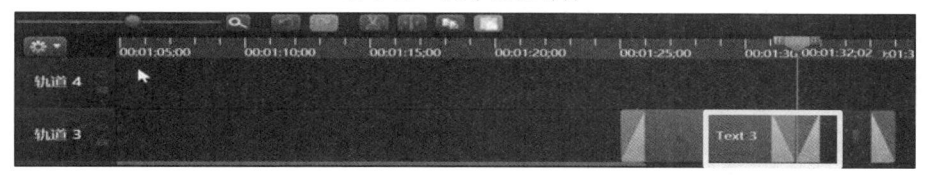

图 9-20　文字首尾相接

5）添加片尾背景音乐

在菜单功能区单击"导入媒体"，选中事先准备的"雨中的印记.mp3"，单击"打开"，将音频文件添加到项目中。拖动音频至轨道 4，与轨道 3 上片尾的文字在时间上对齐，如图 9-21 所示。

图 9-21　添加片尾音乐

6）裁剪音乐

添加的音乐过长，需要把多余的音频裁剪掉。

先拖动播放头定位到合适位置，然后单击选中轨道 4 中的音频，再单击图 9-22 中视频编辑区上面的"分割"工具，音频被分成左右两段，选中播放头右边的音频，按键盘上的 Delete 键删除多余的音频。

7）播放预览

单击视频预览区的"播放"按钮，预览片尾文字和音乐效果。

8）保存项目

执行"文件"中的"保存项目"，将制作的片尾部分保存至"小池.camproj"项目中。

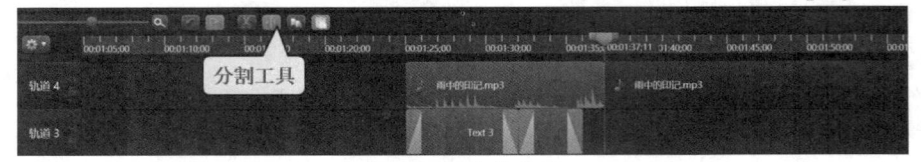

图 9-22 裁剪音乐

至此，《小池》微课视频的片尾部分制作完成。

【知识窗】

优秀的微课不仅要有清晰的画面，而且要有恰当的声音。声音的音量大小要适中，音质清楚无杂音。背景音乐不仅要长度合适，而且要自然进入，淡然结束，不要让背景音乐给人以突兀感和喧宾夺主的感觉。Camtasia Studio 8 中对声音的具体设置如图 9-23 所示。

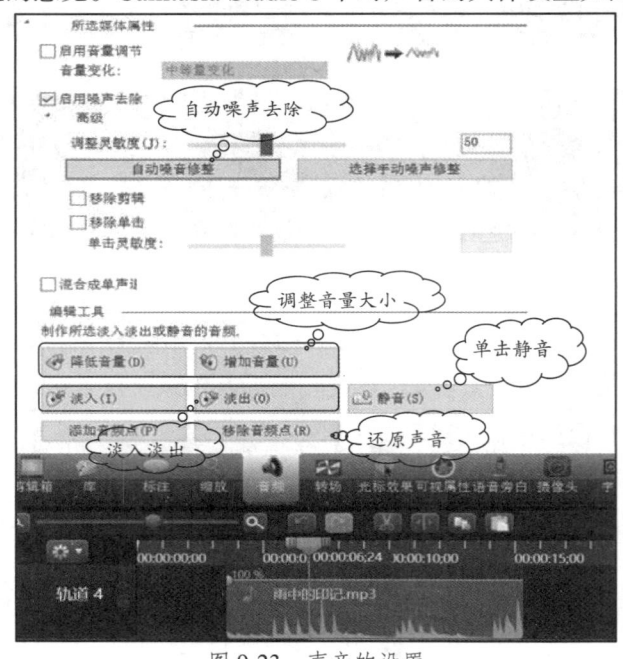

图 9-23 声音的设置

1）启用噪声去除

选中轨道上需要去除噪声的一段音频，单击"自动噪音修整"按钮，Camtasia Studio 8 会自动进行噪声去除。

2）调整音量大小

选中轨道上需要调整音量大小的一段音频，单击"降低音量"或"增加音量"按钮，调整音量大小。

3）淡入淡出

选中轨道上的背景音乐，单击"淡入"和"淡出"按钮，音乐会增加淡入和淡出效果，如图 9-24 所示。

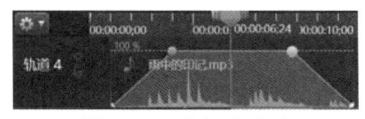

图 9-24　淡入和淡出

如果要取消淡入和淡出效果，单击"移除音乐点"按钮即可。

4）静音

选中轨道上需要静音的音频，单击"静音"按钮，声音便消失了。如要恢复声音，单击"移除音乐点"即可。

【创新园】

围绕选题，依据脚本设计，录制微课的片头、导入、讲解和片尾部分视频。

9.4　微课视频的后期处理

微课视频各部分录制完成后，需要对视频片段进行后期的编辑完善，如对视频的裁剪、合并、调整视频顺序等，还可以对视频添加标注、设置变焦、设置转场效果、添加字幕等，增强微课的观赏效果，提高微课的教学效果，从而增加学习者对微课的学习兴趣。

本节结合录制的《小池》微课视频，有针对性地介绍微课视频后期处理常用的编辑技巧，最后生成 MP4 视频格式。

实例 2　《小池》微课视频后期处理

《小池》微课视频后期处理效果截图，如图 9-25 所示。

字幕效果 　　　　　　　　　　转场效果

变焦效果 　　　　　　　　　　标注效果

图 9-25　后期处理部分效果截图

9.4.1　剪辑微课视频

在录制微课视频过程中，难免会出现口误或者操作错误，可以保持沉默 1 分钟，这时录

制的视频没有声音，使用 Camtasia Studio 8 很容易找到没有声音的这段视频，使用裁剪工具删除即可。

下面将录制的《小池》微课视频中不需要的视频裁剪掉。

【跟我做】

（1）启动 Camtasia Studio 8，打开项目"小池.camproj"。

（2）定位要裁剪的视频。预览视频，找到需要裁剪的视频开始位置，将播放头定位在此，然后拖动播放头右边的红色滑块至合适位置，这样绿色滑块和红色滑块之间的视频就被选中了，如图 9-26 所示。

（3）裁剪视频。单击视频编辑区上方的"剪切"按钮，选中的视频被裁剪掉。

图 9-26　裁剪视频

（4）保存项目。执行"文件"菜单中的"保存项目"，将裁剪后的视频保存至"小池.camproj"项目中。

9.4.2　合成微课视频

将手机录制的导入部分视频，添加到"小池"项目中，插入到片头视频和讲解视频之间，从而使片头、导入、讲解、片尾四段视频合并成一段完整的微课视频。

【跟我做】

1）打开项目

启动 Camtasia Studio 8，打开项目"小池.camproj"。

2）导入视频文件

在项目界面的菜单功能区单击"导入媒体"按钮，选中手机录制的"导入.mp4"视频，单击"打开"，导入视频至项目"小池.camproj"，素材区视频文件列表如图 9-27 所示。

图 9-27　导入视频文件

3）添加视频文件

在素材区拖动视频文件"导入.mp4"添加到时间轴的轨道 3 上，放置在片头之后，如图 9-28 所示。

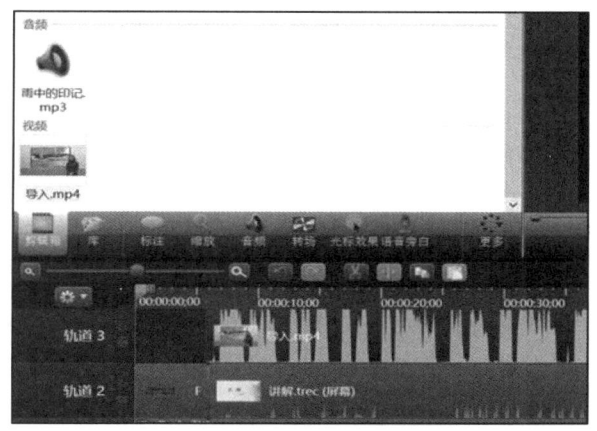

图 9-28　添加视频文件

4）调整视频顺序

按照片头、导入、讲解、片尾的顺序将视频首尾连接起来，形成完整的微课视频。

（1）单击编辑功能区的"缩小"按钮，缩小时间轴的时间刻度。

（2）按住 Ctrl 键，依次单击选中轨道 1 和轨道 2 的讲解.trec、轨道 3 和轨道 4 的片尾文字和片尾背景音乐，如图 9-29 所示。

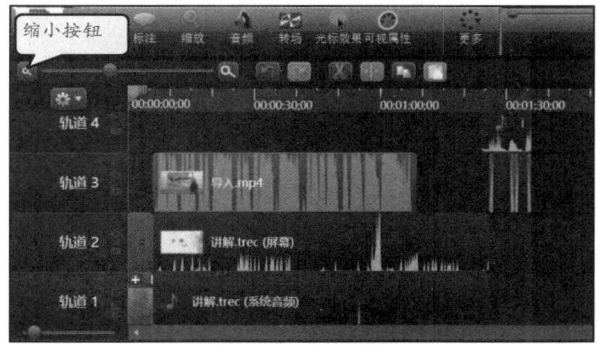

图 9-29　选中视频

（3）将"讲解.trec"等视频拖动至"导入.mp4"之后。

（4）将轨道 3 中的"导入.mp4"拖动至轨道 2 片头后，让"片头""导入""讲解"首尾相连，如图 9-30 所示。

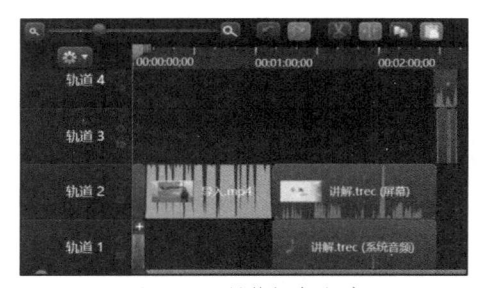

图 9-30　调整视频顺序

（5）适当调整各视频的位置，让各段视频首尾连接。

5）播放预览

单击视频预览区的"播放"按钮▶，预览合成视频后的效果。

6）保存项目

执行"文件"菜单中的"保存项目"，将合成的视频保存至"小池.camproj"项目中。

9.4.3 添加微课标注

Camtasia Studio 系统提供了许多标注形状，在某些时刻给微课视频添加标注，可以提醒学习者观看视频时注意的重难点内容，或者是起提示注意的作用，从而让微课视频看起来重点突出，清晰易读。

【标注效果】

《小池》微课视频讲解部分中，通过添加云彩标注"大声朗读"8 秒钟，标注以淡入效果 1 秒进入，淡出效果 1 秒退出，提示学生要大声朗读这首诗。标注效果如图 9-31 所示。

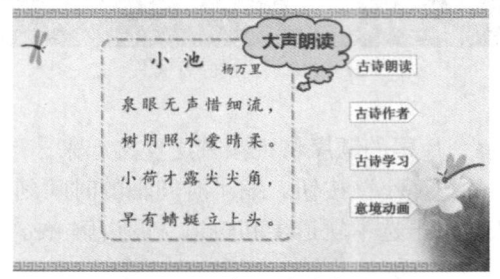

图 9-31 标注效果截图

【跟我做】

1）打开项目

启动 Camtasia Studio 8，打开项目"小池.camproj"。

2）添加云朵标注

单击编辑功能区的"标注"按钮打开标注功能，拖动时间轴上的播放头定位到要添加标注的时刻，单击"添加标注"，选择云朵标注，输入文字"大声朗读"，设置合适的字体、字号及云朵标注的边框和填充；设置云朵标注持续时间为 8 秒，设置淡入淡出时间为 1 秒，如图 9-32 所示。（方法参照"9.3.4"节"跟我做"中 2））

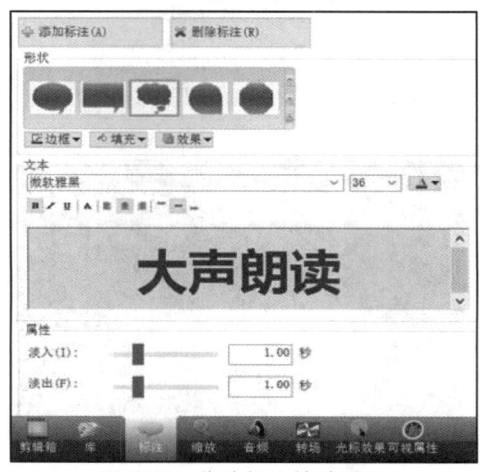

图 9-32 修改标注持续时间

温馨提示：如果要想删除已添加的标注，可以选中要删除的标注，单击"删除标注"按钮即可。

3）添加其他标注

用上面的步骤，在合适的时间与位置添加其他标注。

4）播放预览

单击视频预览区的"播放"按钮，预览添加标注后的视频效果。

5）保存项目

执行"文件"菜单中的"保存项目"，将标注保存至"小池.camproj"项目中。

9.4.4 设置视频变焦

视频变焦就是将视频中某个细节部分进行放大，突出显示。在微课视频中使用视频变焦，可以清楚地呈现教学内容，突出重点，从而引起学习者的注意。

【变焦效果】

《小池》微课视频讲解部分中，为了突出展示小池的画面感，将画面上的蜻蜓、荷叶、泉水进行视频变焦放大，让学生清晰地看到小池画面，引起学生的注意，效果如图 9-33 所示。变焦放大后，还要在合适的时刻还原变焦恢复到原始大小。

图 9-33　视频变焦效果图

【跟我做】

1）打开项目

启动 Camtasia Studio 8，打开项目"小池.camproj"。

2）添加变焦

拖动定位时间轴上的播放头到需要变焦的时刻，单击编辑功能区的"缩放"按钮，素材区出现设置变焦区域，被控点包围，如图 9-34 所示。

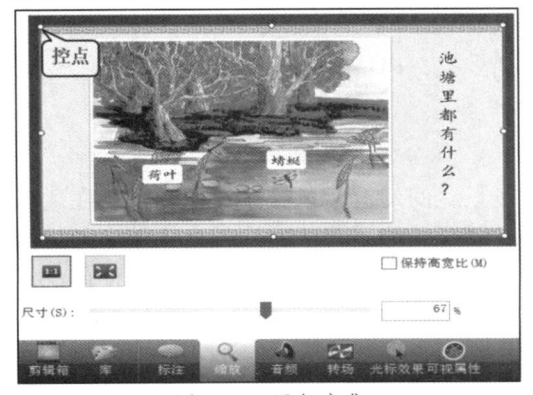

图 9-34　添加变焦

3）调整变焦区域

拖动控点，缩小控点包围的范围，移动框的位置调整变焦区域，变焦放大的区域显示在预览窗口，控点以外的图像将不显示，如图 9-35 所示。

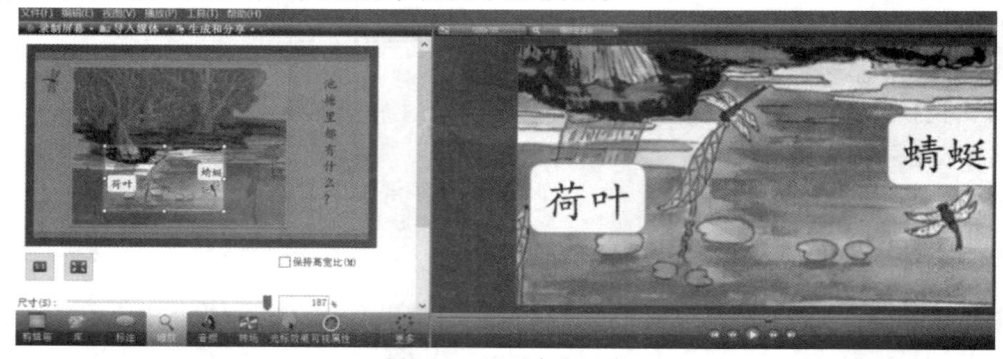

图 9-35 设置变焦区域

4）还原变焦

拖动定位时间轴上的播放头到需要还原变焦的时刻，单击素材区下方"媒体尺度，以适应整个画布"按钮或者再次拖动控点，还原变焦区域为原始大小，如图 9-36 所示。还原变焦后如图 9-37 所示。

图 9-36 还原变焦前　　　　图 9-37 还原变焦后

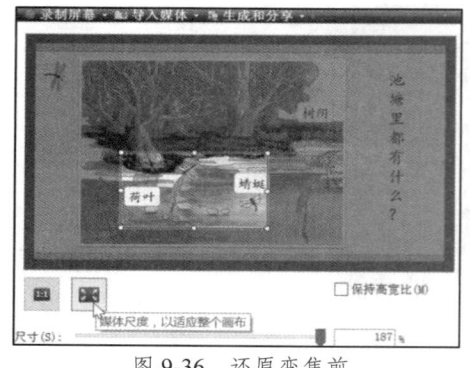

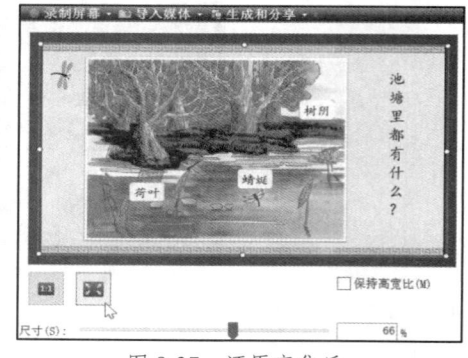

5）添加其他变焦

用上面的步骤，在合适的时间与位置添加其他变焦效果。

6）播放预览

单击视频预览区的"播放"按钮▶，预览添加变焦后的视频效果。

7）保存项目

执行"文件"菜单中的"保存项目"，将变焦效果保存至"小池.camproj"项目中。

9.4.5 添加转场效果

段落与段落、场景与场景之间的过渡或转换叫作转场。在微课视频编辑中，经常出现连接的两段视频场景不一样的情况，如果直接连接就会比较生硬，如果在不同场景之间添加一些转场效果，可使视频画面衔接流畅自然，好的转场效果能使两个不同场景连接得天衣无缝，给人以美的感觉。

【转场效果】

《小池》微课视频中，在片头和导入之间添加开门状转场，导入和讲解之间添加立方体旋转转场，讲解和片尾之间添加百叶窗转场，让视频的连接过渡更自然流畅，效果如图 9-38

所示。

开门状　　　　　　　　　立方体旋转　　　　　　　　百叶窗

图 9-38　添加转场效果

【跟我做】

1）打开项目

启动 Camtasia Studio 8，打开项目"小池.camproj"。

2）添加转场

单击编辑功能区的"转场"按钮，素材区显示所有转场效果。单击"放大"按钮，放大时间轴的时间刻度，然后选中"开门状"并将其拖放到片头和导入之间，选中"立方体旋转"拖放到导入和讲解之间，选中"百叶窗"拖放到讲解和片尾之间，效果如图 9-39 所示。

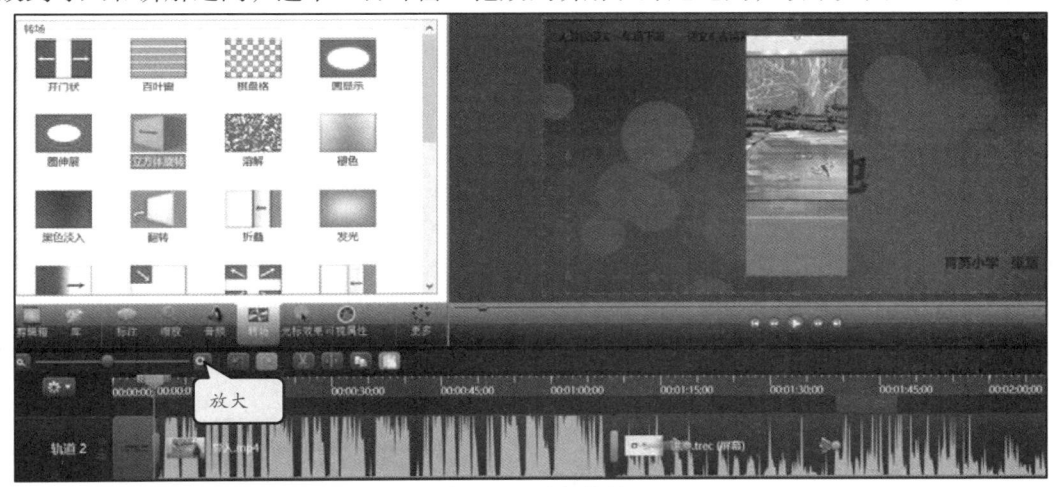

图 9-39　添加转场

3）调整转场时长

转场持续时间默认是 1 秒钟，如果感觉转场效果太快，可以通过调整转场时长来让转场进行得慢些。将鼠标放在转场效果边界上，鼠标变成拉伸状后向右拖动即可延长转场效果时间，如图 9-40 所示。

图 9-40　调整转场时长

4）播放预览

单击视频预览区的"播放"按钮，预览添加转场后的视频效果。

5）保存项目

执行"文件"中的"保存项目"，将添加转场后的效果保存至"小池.camproj"项目中。

【知识窗】

1）快速添加所有转场

按住鼠标左键拖动选中轨道 2 上的所有视频，右击"插页"转场效果，选择"添加到选定媒体"，为所有视频连接处快速添加相同的转场效果，如图 9-41 所示。

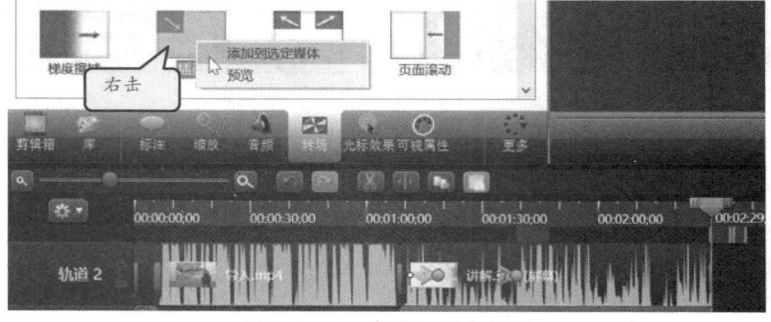

图 9-41　一次添加所有转场

2）删除转场效果

如果想删除已经添加的转场效果，在视频转场上单击，然后按 Delete 键即可。

3）替换转场效果

如果不满意已经添加的转场效果，直接拖动其他转场到不满意的转场上覆盖，就可以替换原来的转场。

9.4.6　添加微课字幕

在微课视频中添加字幕，则学生既可以听教师的语音讲解，又可以看屏幕上的文字信息，方便学生理解微课视频内容。在 Camtasia Studio 中可以添加单句字幕，也可以批量导入字幕。

【字幕效果】

《小池》微课视频中，为导入部分添加单句字幕，使诗句一句一句地出现，并设置每一句的播放时间与音频同步。效果如图 9-42 所示。

图 9-42　添加微课字幕

【跟我做】

1）打开项目

启动 Camtasia Studio 8，打开项目"小池.camproj"。

2）确定添加字幕的位置

拖动定位时间轴上的播放头到需要添加字幕的时刻。

3）输入字幕文字

单击编辑功能区的"字幕"按钮（如果找不到"字幕"按钮则单击"更多"），素材区出现"全局设置"，如图 9-43 所示。单击"点击粘贴脚本或添加字幕"按钮，输入"泉眼无声惜细流"。

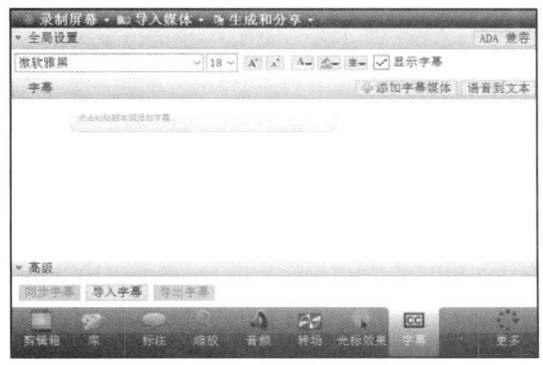

图 9-43　输入字幕文字

4）设置文字格式

选中字幕文字，设置字体为微软雅黑、20 号，颜色为白色，文字填充为无背景，字幕文字效果如图 9-44 所示。

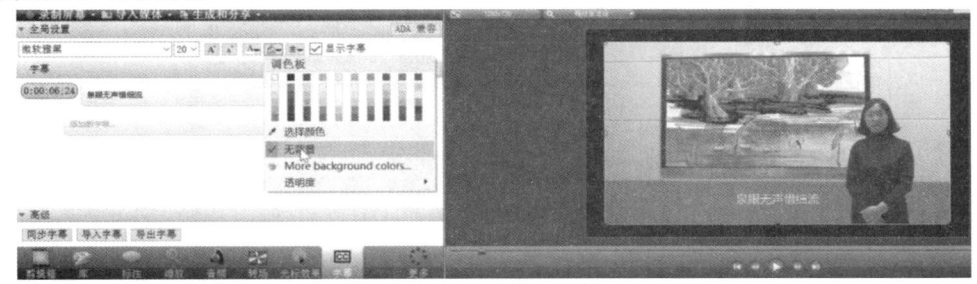

图 9-44　设置文本格式

5）调整字幕持续时间

字幕文字持续时间默认是 4 秒，即 4 秒后这行字幕文字消失。为和音频同步，有时需要调整字幕持续时间。将鼠标放至轨道 4 字幕边界，鼠标变成拉伸状，如图 9-45 所示。按住鼠标向左拖动，减少字幕持续时间；向右拖动，增加字幕持续时间。

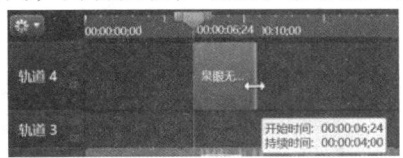

图 9-45　调整字幕持续时间

6）继续添加连续字幕

在图 9-44 中单击"添加新字幕"，输入第二句字幕文字"树阴照水爱晴柔"，第二句字幕与前面的字幕文字是连续的字幕，如图 9-46 所示。

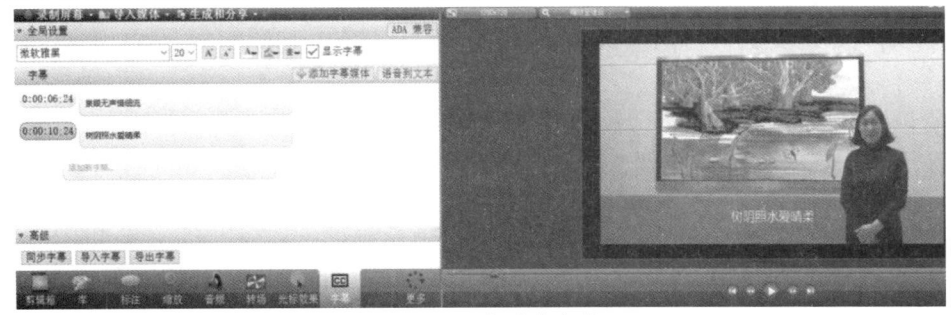

图 9-46　添加连续字幕

7）添加不连续字幕文字

如果要添加不连续字幕，如在 19 秒 17 的时刻添加字幕，先拖动播放头至 19 秒 17 的时刻，再单击图 9-47 右上的"添加字幕媒体"按钮，会出现一条新的字幕输入框，如图 9-47 光标位置所示。输入字幕文字，这样添加的字幕和前面的字幕是不连续的。

图 9-47　添加不连续字幕

8）播放预览

添加完字幕后，单击视频预览区的"播放"按钮，预览添加字幕后的效果。

9）保存项目

执行"文件"菜单中的"保存项目"，将添加的字幕保存至"小池.camproj"项目中。

【知识窗】

1）添加字幕媒体

添加字幕时，如果单击图 9-47 中的"添加新字幕"，添加的字幕和前一个字幕是连着的，时间轴上的效果如图 9-48 所示，即前一个字幕消失后，出现新添加的字幕。如果单击图 9-47 中的"添加字幕媒体"，字幕被添加在播放头的位置，可以和前一个字幕不连续，时间轴上的效果如图 9-49 所示，即前一个字幕消失后，过一段时间，才出现新添加的字幕。

图 9-48　连续字幕效果　　　图 9-49　不连续字幕效果

2）删除字幕文字

要删除某字幕文字，将其选中后按 Delete 键即可。

3）调整字幕文字位置

（1）字幕文字的对齐方式有默认、靠左、中心、靠右，如图 9-50 所示。

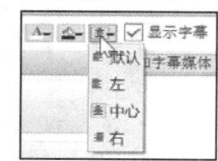

图 9-50　字幕文字对齐方式

（2）如果字幕文字位置过高，可以在输入文字前按 Shift+Enter（软回车），让文字下移一行，如图 9-51 所示。

图 9-51　字幕文字下移一行

9.4.7　生成微课视频

使用 Camtasia Studio 8 制作微课，在对微课视频进行编辑处理后，执行"生成和分享"命令，将项目生成视频格式，才完成微课视频的制作。

下面将编辑处理好的"小池.camproj"项目生成一段完整的 MP4 格式的微课视频。

【跟我做】

1）打开项目

启动 Camtasia Studio 8，打开项目"小池.camproj"。

2）生成和分享

单击菜单功能区的"生成和分享"按钮，弹出"生成向导"对话框，如图 9-52 所示。

（1）生成向导 1-自定义生成设置。在图 9-52 所示的下拉列表中选择"自定义生成设置"，单击"下一步"按钮。

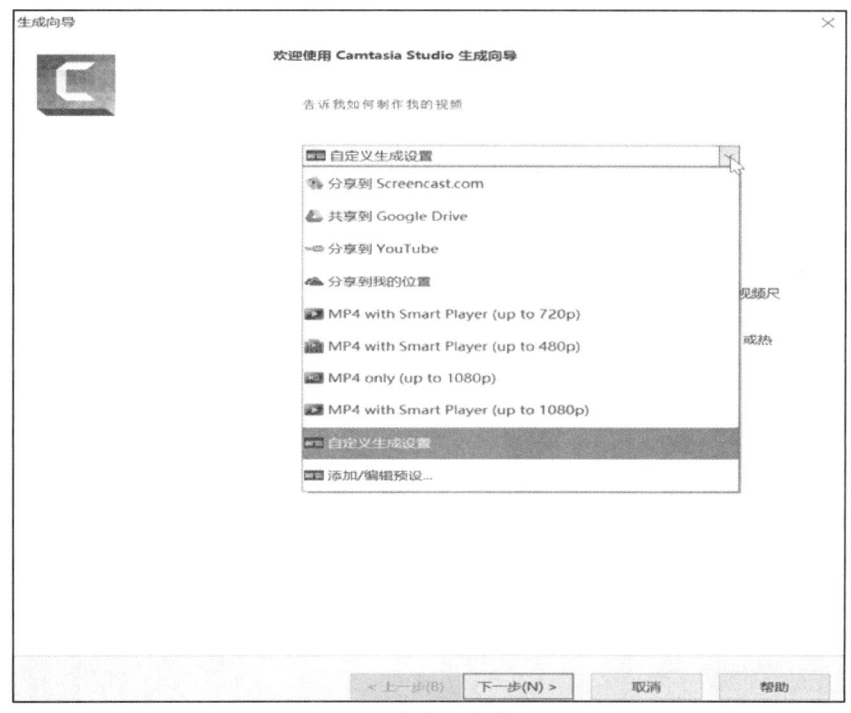

图 9-52　自定义生成设置

（2）生成向导 2-选择视频格式。选择生成的视频格式为"MP4-智能播放器"，如图 9-53 所示，单击"下一步"按钮。

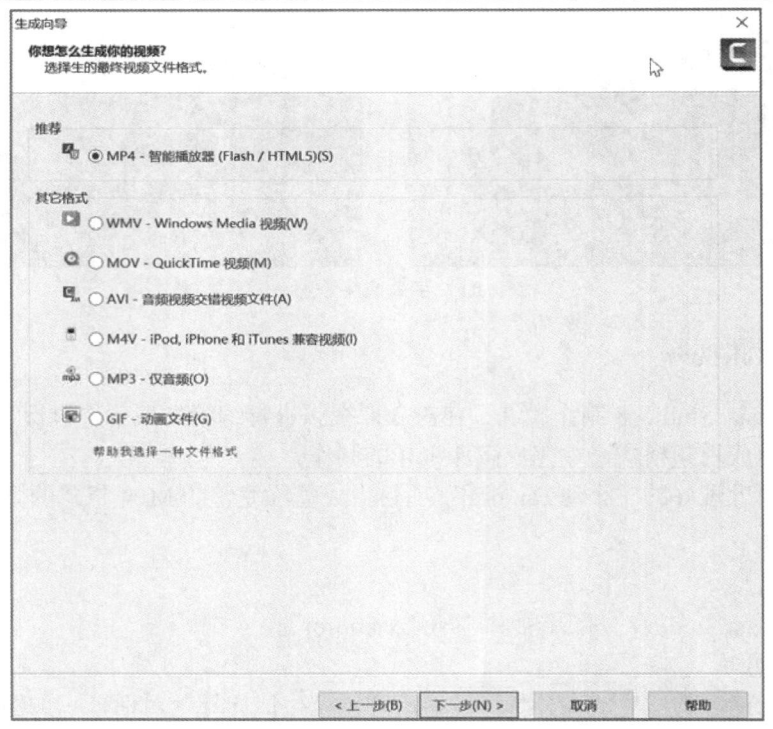

图 9-53　选择视频格式

（3）生成向导 3-选择包含字幕。单击"选项"选项卡，选择标题类型为"在标题中损坏"，这样生成的微课视频会包含字幕，如图 9-54 所示。单击"下一步"按钮。

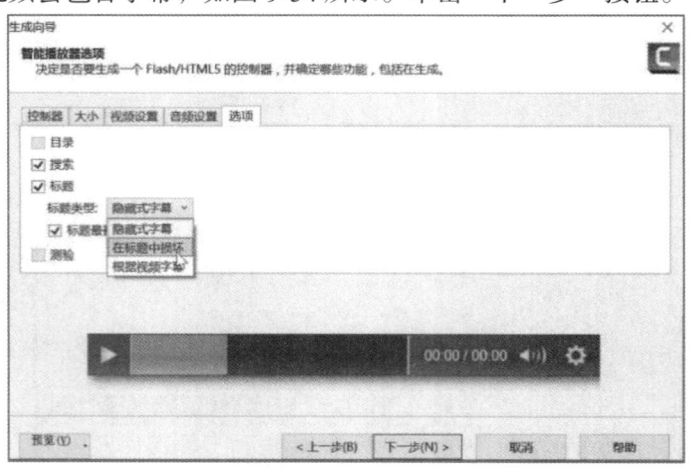

图 9-54　选择包含字幕

（4）生成向导 4-视频选项。在生成向导 4-视频选项界面中单击"下一步"按钮，进入制作视频文件。如图 9-55 所示，输出项目名称为"小池微课视频"，选择合适的文件夹，单击"完成"按钮，开始渲染项目，如图 9-56 所示。

3）制作完成

渲染完成后，会生成一个名为"小池微课视频"的文件夹，文件夹中有 MP4 格式和网页格式。

至此，完整的小学语文课文《小池》的微课就制作完成了。

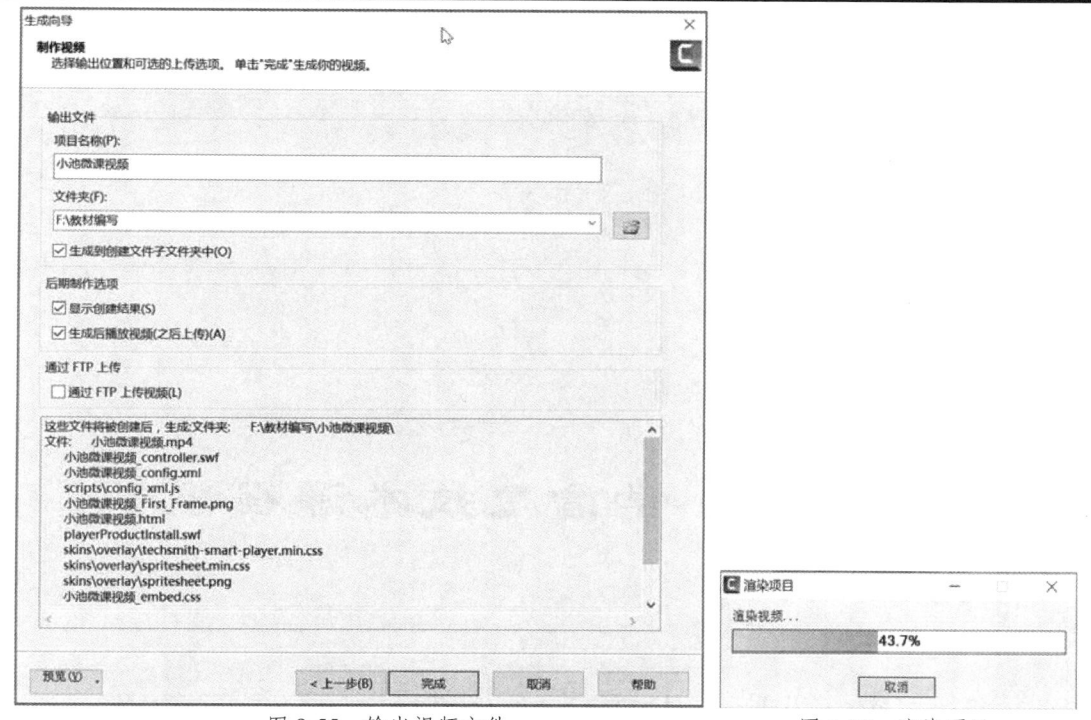

图 9-55 输出视频文件　　　图 9-56 渲染项目

【创新园】

将你录制的微课视频进行剪辑、合并等编辑，在恰当的时刻添加标注信息，添加变焦效果，以强化微课视频中的重难点内容，在各段视频连接处添加转场效果，让微课更流畅，在视频上添加字幕效果，让学习者更容易学习和理解，最后生成 MP4 格式的微课视频。

模块五 小学信息技术课程教学

第 10 章 小学信息技术课程教学

第 10 章　小学信息技术课程教学

知识地图

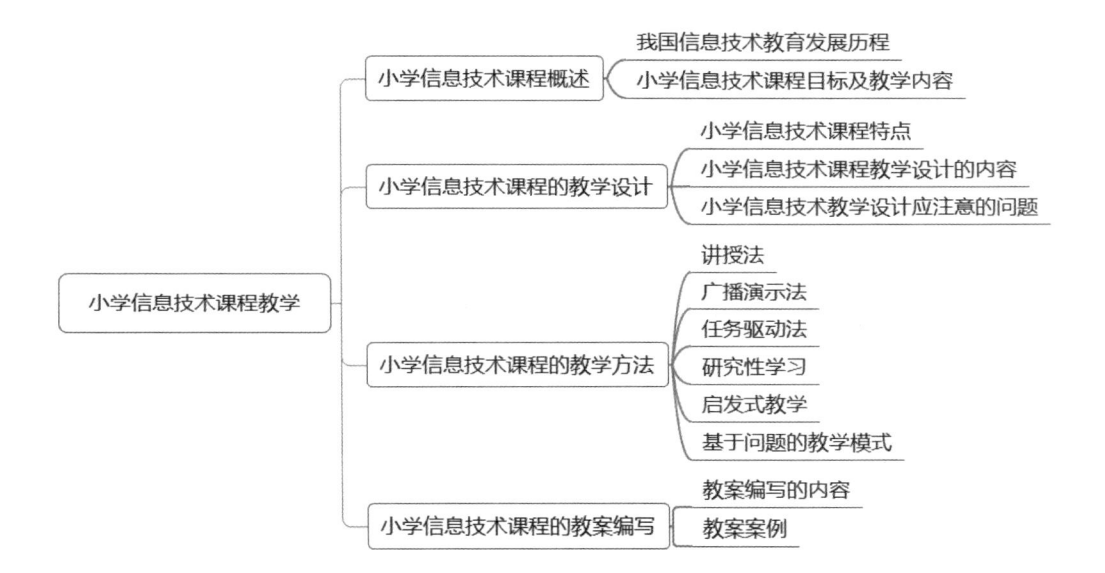

```
                                          ┌─ 我国信息技术教育发展历程
                  ┌─ 小学信息技术课程概述 ─┤
                  │                       └─ 小学信息技术课程目标及教学内容
                  │
                  │                             ┌─ 小学信息技术课程特点
                  ├─ 小学信息技术课程的教学设计 ─┼─ 小学信息技术课程教学设计的内容
                  │                             └─ 小学信息技术教学设计应注意的问题
                  │
                  │                             ┌─ 讲授法
小学信息技术课程教学 ┤                             ├─ 广播演示法
                  │                             ├─ 任务驱动法
                  ├─ 小学信息技术课程的教学方法 ─┼─ 研究性学习
                  │                             ├─ 启发式教学
                  │                             └─ 基于问题的教学模式
                  │
                  │                             ┌─ 教案编写的内容
                  └─ 小学信息技术课程的教案编写 ─┤
                                                └─ 教案案例
```

学习目标

1. 了解小学信息技术课程的目标、任务
2. 熟悉小学信息技术课程的教学内容
3. 掌握小学信息技术课程的教学设计内容
4. 掌握小学信息技术课程常用的教学方法
5. 会编写规范的信息技术教案
6. 能够开展小学信息技术教学

随着信息化社会的发展，信息的获取、传输、处理和应用的能力将作为人们基本能力和文化水平的标志。信息技术的掌握不仅对培养新世纪的人才具有重要的现实意义，同时对提高我们民族的整体素质也有着深远的意义。信息技术课程正是为了培养学生的信息素养而开设的。如何根据小学生的学习特点和教学内容进行教学设计，如何选取恰当的教学方法实施课堂教学，是信息技术教师急需解决的问题。

本章主要介绍信息技术课程的发展、小学信息技术课程的教学目标、教学内容、教学设计和教学方法的选择和应用，并提供典型的教学设计案例，以帮助学习者了解和掌握小学信息技术的课程教学。

10.1 小学信息技术课程概述

10.1.1 我国信息技术教育的发展历程

20 世纪 80 年代初期，在苏联学者提出的"程序设计是第二文化"（"文化论"的基础）的影响下，1982 年，教育部决定在清华大学、北京大学等 5 所大学的附中进行计算机选修课实验工作，由此开始了我国中小学计算机教育的历程。

1983 年，第一次全国中学计算机教育工作会议召开，制定了第一个以程序设计为主的试验性教学大纲——《中学计算机选修课教学大纲》，选修课内容除了简单的计算机基本工作原理以外，主要是 BASIC 程序设计语言。

1984 年，《中学电子计算机选修课教学纲要（试行）》颁发。

1986 年，第三次全国计算机教育工作会议后，受国际上通行的"工具论"的影响，原国家教委颁发了第二个试验教学大纲，教学大纲中增加了部分计算机应用软件的内容，如文字处理、数据库初步及电子表格等。

1994 年，原国家教委颁发《中小学计算机课程指导纲要（试行）》，同年 9 月，确定北京师范大学附属实验中学等 18 所学校为第一批全国中小学计算机教育实验学校，在我国中小学计算教育发展中起示范和带头作用，逐步建立了有中国特色的计算机教育体系。

1997 年，《中小学计算机课程指导纲要（修订稿）》颁发，把计算机课程分为可选的若干模块，开课年级从高中一直到小学。

2000 年 10 月，教育部召开全国中小学信息技术教育工作会议，颁发了《中小学信息技术课程指导纲要（试行）》《关于中小学普及信息技术的通知》等三个重要文件。课程的名称正式由"计算机课"改成定位更加准确、内涵更为宽泛、更国际化的"信息技术课程"。教育部决定从 2001 年开始，用 5~10 年的时间，在中小学（包括中等职业技术学校）普及信息技术教育，以信息化带动教育的现代化，努力实现我国基础教育的跨越式发展。

我国信息技术课程的发展经历了 30 余年的时间，教学内容及课程的教育观念都在发生变化，对发展阶段的划分也有不同的方法。按照发展规模可划分为：起步阶段（1982—1990 年）、逐步发展阶段（1991—1999 年）和全面发展阶段（2000 年至今）。按照课程内容的观念，王吉庆教授将信息技术课程的发展阶段分成四个阶段：计算机文化论、计算机工具论、计算机文化论的再次升温和信息素养论。目前的信息技术课程突出培养学生获取信息、传输信息、处理信息和应用信息的能力，提升学生的信息素养。

10.1.2 小学信息技术课程目标与教学内容

义务教育阶段的信息技术课程以培养学生对信息技术的兴趣和意识，培养学生的基本信息素养为根本目的。信息技术课程与其他小学课程有所不同，它是一门实践性很强的学科，在学习过程中，要求学生必须掌握一定的计算机操作技能和操作技巧。因而小学信息技术课程主要让学生初步学会计算机的使用，同时培养学生的创新意识和创新能力。

1. 信息技术课程的任务

中小学信息技术课程的主要任务是：培养学生对信息技术的兴趣和意识，让学生了解和掌握信息技术的基本知识和技能，了解信息技术的发展及其应用对人类日常生活和科学技术的深刻影响。通过信息技术课程，使学生具有获取信息、传输信息、处理信息和应用信息的能力，教育学生正确认识和理解与信息技术相关的文化、伦理和社会等问题，负责任地使用信息技术；培养学生良好的信息素养，把信息技术作为支持终身学习和合作学习的手段，为适应信息社会的学习、工作和生活打下必要的基础。

2. 小学信息技术课程的教学目标

信息技术课程的设置要考虑学生心智发展水平和不同年龄阶段的知识经验和情感需求，小学阶段的教学内容安排要有各自明确的目标。

（1）了解信息技术的应用环境及信息的一些表现形式。

（2）建立对计算机的感性认识，了解信息技术在日常生活中的应用，培养学生学习、使用计算机的兴趣和意识。

（3）在使用信息技术时学会与他人合作，学会使用与年龄发展相符的多媒体资源进行学习。

（4）能够在他人的帮助下使用通信远距离获取信息、与他人沟通，开展直接和独立的学习，发展个人的爱好和兴趣。

（5）知道应负责任地使用信息技术系统及软件，养成良好的计算机使用习惯和责任意识。

3. 小学信息技术课程的教学内容

2000年教育部颁发的《中小学信息技术课程导纲要（试行）》中，要求小学信息技术课程的教学内容以计算机和网络技术为主，教学内容分为基本模块和拓展模块，各地区可根据教学目的和当地的实际情况在两类模块中选取适当的教学内容。小学阶段信息技术课程不少于68学时，上机课时不少于总学时的70%。

2012年，中国教育技术协会信息技术教育专业委员会制定了《中小学信息技术课程标准》。系统地规划了整个基础教育阶段的信息技术课程体系，充分展现了基础教育阶段信息技术课程的整体框架。其中，小学阶段设一个"信息技术基础"模块，包含"硬件与系统管理""信息加工与表达"和"网络与信息交流"三个专题，共72课时，适宜在三、四年级开设；设两个拓展模块，分别是"算法与程序设计入门"和"机器人入门"，各36课时，适宜在五、六年级开设。具体内容如下：

1）基础模块

基础模块为信息技术教育的"入门"阶段，共包括"硬件与系统管理""信息加工与表达"和"网络与信息交流"三个专题，其下各有若干单元。其中，"硬件与系统管理"专题是操作、使用计算机的基础，是信息技术课程的入门，是学习后续内容的前提；"信息加工与表达"专题侧重信息的创造过程及利用过程；"网络与信息交流"专题旨在让学生掌握网络生存的基本能力，理解当今社会是网络社会与现实社会交织的社会。

专题一　硬件与系统管理

类别	内容
硬件与数码设备	1. 通过观察，能够说出计算机基本硬件设备的名称（如主机、显示器、键盘、鼠标等）。 2. 能识别和使用以计算机为代表的数码设备的开关和接口（如主机开关、复位键、USB 接口、音频接口等）。 3. 认识并能说出身边的数码设备及其功能（如平板电脑、触摸屏、打印机、扫描仪、数码相机和手机等）。 4. 熟悉键盘和鼠标，并掌握正确的键盘和鼠标操作方法。 5. 尝试使用可以接触到的数码设备采集信息。
计算机软件	1. 能列举计算机中的常用软件。 2. 能识别常用桌面图标并能对其进行正确操作。 3. 认识常见的文件类型，能够创建文件夹并存放文件，能对文件夹和文件进行有意义的命名。 4. 能够根据需要对文件和文件夹进行分类和管理。 5. 学会压缩和解压缩文件和文件夹。 6. 尝试使用和简单比较不同类别的操作系统（如 Windows、Linux 或 Android 等），能说出操作系统的基本用途。 7. 知道对话框、窗口的特点及用途。
信息安全	1. 了解病毒、木马的危害及传播途径，初步学会应用查杀木马和病毒的软件。 2. 养成及时并有效备份文件的习惯。 3. 树立计算机病毒防范意识。

专题二　信息加工与表达

类别	内容
文本	1. 熟练键盘输入，学会一种中文输入法，中文输入速度应达到 20 字/分钟或以上。 2. 尝试使用至少一种文本编辑工具对文档进行简单编辑，学会文本编辑的基本过程，知道文本编辑的基本方法。
表格	1. 能列举表格在日常生活中的应用。 2. 掌握在文档和幻灯片中插入表格的基本方法，并能进行简单编辑。 3. 学会制作表格管理简单的信息，并能进行简单运算。
图片	1. 能列举图片和图片加工在生活和学习中的应用。 2. 能使用简单绘图工具软件绘制基本形状，填充合适的色彩，能缩放、翻转、组合图片表达创意。
声音	1. 能列举声音和声音加工在生活和学习中的应用。 2. 使用简单工具软件播放与管理声音文件。 3. 体验简单的声音采集和编辑软件的使用，尝试采集、播放和裁剪、拼接声音文件。
动画	1. 能举例说明动画在学习和生活中的应用。 2. 初步学会使用工具软件制作简单的逐帧动画和补间动画。
视频	1. 能列举视频在学习和生活中的应用。 2. 能使用简单工具软件播放与管理视频文件。
综合	1. 结合实例理解用多媒体方式表达信息的特点。 2. 学会使用简单工具集成文本、图片、声音、视频等多媒体信息，并能对多媒体作品做出恰当的评价。

专题三　网络与信息交流

信息网络	1. 学会上网浏览信息，知道常用的知名儿童网站或学习的相关网站，感悟因特网的独特魅力。 2. 能进行文件共享，体验并初步认识基于互联网的资源共享的意义。
信息获取	1. 掌握常用浏览器的操作，能够浏览网络信息，能够借鉴文件管理的方法管理收藏夹。 2. 学会通过超文本阅读提取信息并能理解超文本的作用。 3. 体验几个常用的搜索引擎，能够使用搜索引擎查找信息。 4. 尊重知识产权，能复制、下载并合理使用网页中的文字、图片等信息。 5. 学会从不同渠道验证信息，养成从权威信息源获取信息的习惯。
信息交流	1. 能使用电子邮件和即时通信软件，开展网络交流，拓展生活空间。 2. 能够根据需求进行网络存储，并利用本地文件管理的经验对网络文件进行管理。 3. 尝试通过网络日志、微博等方式呈现信息、表达观点，参与信息交流。 4. 尝试比较因特网信息传播与其他信息传播方式的异同。

2）拓展模块

两个拓展模块分别是"算法与程序设计入门"和"机器人入门"。

拓展模块一：算法与程序设计入门。

本模块是义务教育阶段信息技术教育的传统内容。程序设计是基础，算法是核心，这是本模块的基本定位。其基本的价值取向，不以代码编写训练为要义，而以程序设计方法和算法思想的体验为旨归。

通过本模块的学习，学生应能借助积木式程序设计语言，理解生活中的算法问题，并与程序语言表达的算法形成关联；能设计算法并通过拖曳图标的方式编写程序，解决生活中的简单问题，初步体验程序设计的过程和算法概念。

拓展模块一　算法与程序设计入门

生活与程序	1. 结合生活中的具体问题，能够用自然语言及手工画流程图的方式描写解决问题的过程；能读懂流程图；与使用自然语言相比较，体验使用流程图方式的优点。 2. 熟悉一种积木式程序设计工具的图形化编程环境。 3. 结合实例，使用积木式程序设计工具体验程序设计作为一种特殊的信息加工处理方式的特点和优势。
结构与算法	1. 通过感悟生活中的顺序行为，学会拖曳相应图标编写具有顺序结构的简单程序。 2. 通过感悟生活中的选择行为，学会拖曳相应图标编写具有判断功能的简单程序。 3. 通过感悟生活中的重复行为，学会拖曳相应图标编写具有循环功能的简单程序。 4. 通过分析简单生活问题，设计混合程序结构解决问题，体验算法的思想和价值，了解程序设计的一般过程。 5. 能够读懂图形化编程环境中的程序流程图，能分析程序的功能并简单调试。 6. 能根据实际问题的需要，设计简单的程序并使之运行。

拓展模块二：机器人入门。

机器人是具备一些与人或生物相似的智能能力的自动化机器。随着科学技术的发展，机器人在各个领域的应用越来越广泛。机器人技术涉及多门学科，是世界强国重点发展的高新技术，也是一个国家科技发展水平和国民经济现代化、信息化的重要标志。

本模块具有鲜明的实践性，强调学生在直接经验和亲身经历的基础上，通过观察、思考、设计、制作、试验等活动获得丰富的学习体验，在实践中获得知识，培养能力，形成意识，在实践中检验设计、创意和成果。本模块旨在培养学生学习机器人的兴趣。

拓展模块二　机器人入门

结构与功能	1. 通过观看多媒体演示资料及教学机器人实物，了解机器人的基本功能和应用领域。 2. 通过观察各种教学机器人的组成部件，了解机器人的基本结构。 3. 认识机器人技术中涉及的电路、电子元器件、单片机等电子部件，知道其功能。 4. 了解动力源（如电池、外接电源等）和电动机的功能，并学会简单使用。 5. 了解常用传感器（如红外、声音、光敏、指南针等）的基本功能，并能与其模拟的人类功能相比较。 6. 初步了解与机器人装配相关的简单机械结构（如杠杆、轮轴等）和连接方式，体验简单机器人的组装。 7. 了解与机器人相关的指令、程序和算法的基本含义，能够读懂简单机器人程序的流程图。 8. 能在机器人软件平台上通过使用图形模块设计简单程序，并下载到机器人上执行，感悟控制系统的功能和重要性
设计与制作	1. 能够通过模仿，设计解决简单任务的机器人方案，体验机器人应用的广泛性。 2. 能够根据方案设计，选择合适的机器人组件，与他人合作完成简单机器人的装配及程序的编制。 3. 初步了解机器人程序、硬件部件的测试与调整的作用，能进行简单的调试。 4. 通过机器人学习实践，能体验和评价各类机器人的应用特点及其与实际生活的关系

各地市、各小学在开展信息技术教学中，以《中小学信息技术课程指导纲要（试行）》为指导，以《中小学信息技术课程标准》为重要参考，从实际出发，充分考虑自身条件和学生发展需要，制定相应的地方课程或校本课程标准，积极开展多样化的教学探索，进一步完善具有地方特色的信息技术课程内容体系。

山东省小学信息技术课程目前使用的教材有泰山出版社版、山东教育出版社版、青岛出版社版（内、外）。其中，青岛出版社新版教材结合当前信息技术的发展和学生的生活与发展需要，率先引入 Scratch、Python 等编程语言，将人工智能等作为重要内容，通过炫酷的数字动漫制作与分享、充满创意的 Scratch 编程、有趣的人工智能和开源机器人、奇思妙想的 3D 创新设计、神奇的物联网搭建等任务和情境创设，将"创新创客"元素内容与德育目标有机渗透，围绕核心素养重点培养学生创新思维与创新能力。

以机器人设计与制作为例，部分学校已经积累了具有鲜明特色的校本课程开设经验，其课程内容可能已经超越了《中小学信息技术课程标准》的要求，有条件设计更具特色的校本课程。

10.2　小学信息技术课程的特点与教学设计

信息技术作为一门新型的小学课程，有着独特的教学特点，教学实施也必然有其特殊性。了解其特点有利于小学信息技术教学设计和课堂组织。

10.2.1　小学信息技术课程的特点

小学信息技术课程的特点是由信息技术学科的性质和小学生的年龄特征共同决定的。它既不同于以往的小学计算机课，又不同于小学语文、数学等传统课程。它重在对小学生进行初步的信息意识、信息素养和信息技能的培养，集知识性和技能性于一体，体现出以下特点：

1. 基础性

小学开设信息技术课，主要是着眼于基础教育在培养人才方面的重要作用。在信息时代，信息技术已经和读、写、算等基本能力一样，成为现代社会每个公民必须具有的基本素质和基本能力。现实表明，以计算机和网络为核心的信息技术的发展速度是当今任何其他学科都未曾有过的，计算机硬件技术的高速发展带来的是软件的不断更新换代。这样，信息技术学科将在很长一段时间里处于高速度与高淘汰并存的发展状态。那么，如何在小学阶段为学生打好基础，使小学生在有限的在校学习期间学到的信息技术知识和技能，尽可能地对其长远发展起作用，而不至于随着信息技术的发展而很快过时，是小学信息技术课面临的突出问题。

认知心理学认为，越是基础的东西越具有普遍性和可迁移性，因此，我们应该从培养学生的信息素质角度出发，选取信息技术学科领域中具有一定稳定性的基础知识和基本技能，即学生将来能够利用的，或能迁移到其他领域中去的知识或技能。例如，什么是信息、信息的重要作用、计算机系统的组成、各个组成部分的有关概念及知识、计算机网络、多媒体的概念等都是信息技术课程中相对稳定的基础知识；又如，汉字输入、计算机绘图、制作演示文稿等都是计算机应用中的基本技能。

2. 应用性

小学信息技术课程是一门应用性学科课程，培养学生应用信息技术解决实际问题的能力是课程的核心目标。在小学信息技术教育中，要特别重视信息活用能力的培养，即应用信息技术方法解决问题的能力的培养。学生不需要死记硬背信息技术方面的术语和概念，不需要面对一张张枯燥的试卷，他们要接受的是真正的生活对他们的考试，是身处信息社会中是否具有生存能力的挑战。他们需要学的是如何对大千世界中浩如烟海的信息进行检索、筛选、鉴别、使用、表达和创新，以及如何用所学的信息技术知识来解决学习和生活中的各种问题。应用性是小学信息技术课程的显著特征。

3. 整合性

与小学其他学科课程相比，小学信息技术课程具有较强的整合性。整合性的根本在于它的学科交叉性和它支持知识联系的整体性。它涉及众多的边缘和基础科学，如信息论、控制论、美学、文学、外语、数学、物理、电子学等。小学阶段，主要是用计算机，而不是学计算机。也就是说，小学信息技术课程本来就不具备严格意义上的所谓计算机学科性，它兼有基础文化课程、劳动技术教育和职业教育的特点，也兼有学科课程、综合课程和活动课程的特点。信息技术作为认知工具的本质使它的教学内容不能脱离其他学科内容而独立存在，只有在利用信息技术工具学习其他学科内容的过程中才能学会使用信息技术。

4. 趣味性

小学信息技术课程是一门趣味性很强的学科，这一特点是与小学生的心智发展水平密切相关的。小学生进行学习的主要动机来源于他们强烈的求知欲和对所学内容的兴趣。兴趣越大，则学习的动力越大，学习的效果也越好。而且，在小学阶段是否能培养起小学生对信息技术的兴趣，对其一生关于信息技术的态度都有着重要影响，因此，小学信息技术课的教学要突出趣味性，无论是教学内容还是教学形式都应该重视挖掘和体现信息技术课程的趣味性，重视激发、培养和引导学生对信息技术的学习兴趣，让"趣味"贯穿整个教学过程。

10.2.2 小学信息技术课程的教学设计内容

教学设计是指在一定教学理论的指导下，基于教学过程中各要素的认识，优化教学资源，安排教学进程，运用教学方法和策略，促进有效教学。教学设计可以针对一个学期的教学或一个单元的教学，也可以针对某一堂课的教学。

小学信息技术课堂教学设计包括教学背景分析、教学目标分析、教学策略与教学方法选择、教学资源设计、教学过程与教学组织设计、教学评价设计等内容。下面结合小学信息技术《插入艺术字》一课的教学设计案例进行教学设计分析。

1. 教学背景分析

教学背景分析包括课程内容分析、学习者特征分析等。教师应认真分析课堂的教学内容，梳理其前后关系，找准课堂教学的重点和难点，以及这些知识对学生发展的重要性。同时，也要分析学生已有的知识水平、学习心理特征和学习能力，从而为教学资源设计、教学策略与教学方法选择、教学过程与组织设计提供依据。

《插入艺术字》一课的教学背景分析：

《插入艺术字》是字处理软件 Word 教学内容中的重要组成部分，是在学习了插入剪贴画、插入来自文件的图片基础上的后续内容，主要包括插入艺术字、编辑艺术字、设置艺术字形状等内容，使学生熟练掌握有关艺术字的基本操作，并了解其实际应用。由于该内容与前面学习的插入图片操作有很多相似之处，因此，学生学习插入艺术字的难度不大，可以放手让学生自主探究，教师加以适当引导。

2. 教学目标分析

教学目标是通过教学期望学生达到的学习效果。教学目标有多种分类方法。例如，布鲁姆将教学活动所实现的整体目标分为三类：认知目标、情感目标和动作技能目标。其中认知目标又分为识记、领会、运用、分析、综合和评价六个层次。我国基础教育新课程改革背景下普遍采用的是三维教学目标，即知识与技能、过程与方法、情感态度与价值观。

《插入艺术字》一课的教学目标确定为：

知识与技能目标——掌握插入艺术字的方法，会对艺术字进行简单的调整，能根据实际需要运用艺术字设计个性作品。

过程与方法目标——教师创设制作校园艺术字标语这一真实的情境，学生通过观察思考、尝试操作，培养自我探究、自主学习的能力；通过完成艺术字标语这一任务，培养学生自我创新的能力、合作交流的能力。

情感态度与价值观目标——通过创设学生熟悉的、感兴趣的情景任务，激发学生的学习兴趣，体验快乐学习，在设计、美化艺术字的过程当中，培养学生的审美情趣。

3. 教学策略与教学方法设计

教学策略和教学方法是解决教师"如何教"和学生"如何学"的问题，是教学设计的重点。教师在上课之前一般都需要考虑选择什么样的教学方法和手段，确定什么样的教学程序来实现教学目标。《插入艺术字》一课采用任务驱动教学方法，设计教学策略包括导入新课策略、任务设计、学习活动设计等。

情境导入设计——我们在公园、校园经常会看到一些标志牌，如"爱护小草""注意安全"等，这些标志牌上的文字漂亮吗？（教师用幻灯片展示几种标志牌）

任务设计——我们学校总务处想制作校园安全展示牌，需要我们来帮忙，看谁能完成这一任务？（让学生仔细观察文字有什么特点？）

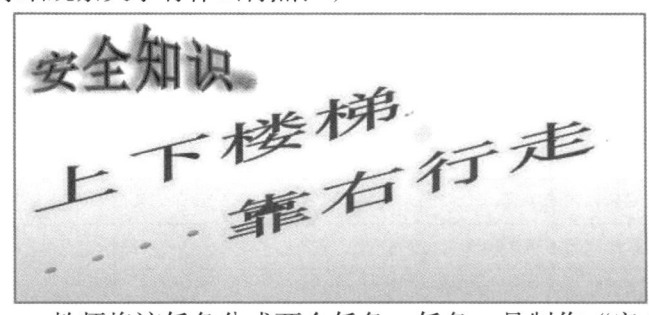

学习活动设计——教师将该任务分成两个任务：任务一是制作"安全知识"艺术字，任务二是制作添加艺术字"上下楼梯，靠右行走"。

完成任务一：初试锋芒，我会做。

采用小组合作、自主探究，学习艺术字的插入和设置，参考教材上的制作步骤完成"安全知识"的制作。如有困难，先由组长带领共同解决。教师巡视指导，解决学生学习中遇到的困难。

完成任务二：大显身手，我的设计更漂亮。

在学会了插入艺术字、艺术字样式、字体、大小调整的基础上，完成制作"上下楼梯，靠右行走"艺术字，看谁设计得更美观、更合理。学生独立完成。教师选择典型的作品让学生广播展示自己的作品，进行评价交流。

在教学活动设计中，任务一充分发挥学生的主体作用，发现方法，解决问题，最大限度地发挥学生的学习积极性、主动性。任务二激发学生的创作热情，充分发挥学生的创作才华，体验快乐学习。

4. 教学资源设计

教学资源用来支持教师的教和学生的学。教学资源包括文本资源、图片资源、课件视频等多种形式，是教师为特定的教学内容设计开发的教学资料、教学软件、网络学习平台等。教师在教学过程中将各类教学资源有序地组织起来，作为一个整体在教学中发挥作用。

在《插入艺术字》一课中教师需要设计的资源有：图片资源，了解艺术字的图片资源，如标志牌图片；课件资源，任务的提出、任务要求、关键的知识、操作制作多媒体课件；文本资源，教材的相关内容等。

5. 教学过程与教学组织设计

教师根据教学内容、教学策略和教学方法，设计课堂的教学过程，结合学生的特点和教学目标，设计课堂的组织过程。不同的教学内容、采用不同的教学方法，课堂的教学组织过程就不一样。例如，对于任务驱动教学法的课堂，课堂的组织过程一般是：导入新课、提出任务、介绍分析任务、通过教师示范或学生自主探究或小组合作完成任务、评价任务的完成情况（教师评价、学生自评或互评）、课堂小结、布置作业。每一个环节教师都要精心设计，但是课堂上也不是机械套用预先设计的过程，要根据课堂教学的实际、学生的学习情况及时调整，真正好的教学设计发生在课堂教学过程中。

6. 教学评价设计

传统的对学生学习情况的评价有测验法、调查法和观察法等，信息化教学中更注重学习过程的评价，教师对学生在课堂上的学习表现、学习成果给予及时评价，可以及时总结学生的学习效果，发现学生学习的不足，也能发现教师教学中的不足，促进教师和学生的共同发展。

《插入艺术字》一课中的任务评价，教师可以设计如下评价量表，采用学生互评和教师评价的方式。

评价项目	评价内容	学生互评	教师评价
操作的正确性 （40分）	能正确插入艺术字（10分）		
	能编辑修改艺术字（10分）		
	会使用字体、字号、字形修改艺术字（10分）		
	修改艺术字的颜色、底纹等（10分）		
创造性和艺术性 （40分）	使用合适的字体、大小、颜色，协调美观（20分）		
	样式新颖、有创意（20分）		
学习态度 （20分）	按时完成任务 积极主动探究解决完成任务中遇到的问题 积极展示作品、主动交流		
总分			
语言评价			

10.3 小学信息技术课程的教学方法

皮亚杰在《教育科学与儿童心理学》一书中提到，良好的方法可以增进学生的效能，乃至加速他们的心理成长而无所损害。教学方法是指在教学过程中，教师和学生为实现教学目的、完成教学任务而采取的教与学相互作用的活动方式的总称。包括教师教授方法和教师指导学生学习的方法。在小学信息技术教学中，教师采用的教学方法应该结合相关的教育理论、教学内容和小学生的特征选取。除了传统的讲授法、谈话法、讨论法以外，信息技术典型的教学方法有任务驱动法、研究性学习法、合作学习法等。在实际应用中，教师有时会根据需要采用几种教学方法的综合使用。下面介绍几种常用的教学方法。

10.3.1 讲授法

讲授法是指教师通过口头语言向学生描绘情景、叙述事实、解释概念、论证原理和阐明规律的教学方法。它是教师应用最广的教学方法，可用于传授新知识，也可用于巩固旧知识。讲授法也是信息技术学科中最基本的教学方法，对重要的理论知识的教学采用讲授的教学方法，直接、快速、精炼地让学生掌握，为实践打好坚实的理论基础。其他教学方法的运用几乎都要同讲授法结合进行。

1. 讲授法的具体形式

1）讲述

讲述侧重生动形象地描绘某些事物或现象、叙述事件发生和发展的过程，使学生形成鲜明的表象和概念，并从情绪上得到感染。在低年级，由于学生受形象性思维的限制，注意力不易持久集中，教师应较多采用讲述的方法。例如，介绍计算机的发展史、我国计算机教育的历程、计算机的组成、计算机的日常维护和病毒预防以及计算机的用途、网络道德等。这种教学方法也同样适用于计算机操作性知识的原理讲解和操作步骤的讲解，如操作计算机的坐姿、汉字输入法分析等。在教学中，教师要根据小学生的特点，教学语言要注意"生动""形象"，防止照本宣科，对教材的内容必须深加工，这样教师才能教得轻松，学生听得愉快，记得牢固。

2）讲解

讲解主要是对一些较复杂的问题、概念、定理、原则等，进行较系统而严密的解释和论证。这种方法通常用于计算机操作性知识的原理和操作步骤的讲解，如文件的复制、粘贴、软件的操作原理。当演示和讲述不能说明事物内部结构或联系的时候，就需要进行讲解。例如，在三年级上册山东教育版《电脑小画家》一课的教学中，学习工具箱、调色板、画布的概念时，教师可以把这三个概念写在黑板上，然后结合学生美术课所用到的工具进行举例，也可以结合学生的铅笔盒、作业本进行讲解，这样学生就很容易明白。

3）讲演

讲演是教师不仅要描绘事实，而且要深入分析和论证事实，并在这个基础上对事实做出科学的结论。讲演所涉及的问题比较深广，所需时间比较长，它要求有分析、有概括、有理论、有实际。如教师就教材中的某一专题进行有理有据、首尾连贯的论说，就是讲演。

【经典案例】

师：同学们，愿意听计算机键盘的小故事吗？

生：愿意！

师：不过，除了听故事，我还要给大家提个要求，请大家边听边在脑海中把这个故事幻化成电影画面。我相信大家都是"杰出摄影师"，一定能够把画面在大脑中构想得场景逼真，而且每人都能够确实地身临其境。能做到吗？

生：能！

师：我开始讲述。（语速缓慢，满怀感情）

QWERTY 键盘的发明者叫克里斯托夫·肖尔斯（C. Sholes），生活在 19 世纪美国南北战争时期，是《密尔沃基新闻》编辑。肖尔斯在好友索尔的协助下，曾研制出页码编号机，并获得发明专利。报社同事格利登建议他在此基础上进一步研制打字机，并给他找来英国人的试验资料。

在倾注了肖尔斯与两位合伙人数年心血后，1860 年，他们制成了打字机原型。然而，肖尔斯懊丧地发现，只要打字速度稍快，他的机器就不能正常工作。按照常规，肖尔斯把 26 个英文字母按 ABCDEF 的顺序排列在键盘上，为了使打出的字迹一个挨一个，按键不能相距太远。在这种情况下，只要手指的动作稍快，连接按键的金属杆就会相互产生干涉。为了克服干涉现象，肖尔斯重新安排了字母键的位置，把常用字母的间距尽可能排列远一些，延长手指移动的过程。

反常思维方法竟然取得了成功。肖尔斯激动地打出了一行字母（放音乐《打字机》的声音）："第一个祝福，献给所有的男士，特别地，献给所有的女士。"肖尔斯"特别地"把他的发明奉献给妇女，他想为她们开创一种亘古未有的新职业——"打字员"。1868 年 6 月 23 日，美国专利局正式接受肖尔斯、格利登和索尔共同注册的打字机发明专利。

2. 讲授法的注意事项

用讲授法教学时，要获得好的效果，必须注意以下四点：

（1）注意教学内容的科学性、思想性和系统性，关键是抓住重点和难点。讲授教学要根据一定的教学目的进行讲授，教师要对讲授的内容做合理的组织。

（2）讲授中教师起主导作用，语言要准确、清晰、简练、生动、通俗易懂，并符合学生的理解能力与接受水平，学生在倾听与反馈中建构知识。

（3）贯彻启发式教学方法，要让学生做到听课必须全神贯注、边听边记忆。记笔记可以帮助学生集中注意力，但是切忌只抄不听。教师要善于通过观察学生的表情来判断其是否注意听和是否听懂，以调整自己的讲授内容。

（4）精讲多练，讲练结合。精讲，主要是讲清基础知识、基本概念；多练，对基本技能要求加强练习。练习包括书面练习和上机操作练习。

认真钻研教材、分析教材、掌握教材是教师较好运用讲授法的关键。

10.3.2 广播演示法

信息技术课是一门实践性很强的学科，课堂教学不能仅靠说教式的讲授，而应结合演示教学。传统演示法是指教师在上课时出示实物、挂图进行示范性实验，或通过画图、投影、计算机等现代化教学手段使学生获得知识和学习实验技能的一种基本教学方法。信息技术中的广播演示法还可以让学生从教师的示范性操作中学习操作的步骤和方法。演示法常配合讲授法一起使用，它对吸引学生注意力、提高学生的学习兴趣、发展学生的观察能力和抽象思维能力、减少学生在学习中的困难有重要作用。

1. 广播演示法的应用

（1）按课堂时间进度，广播演示法可用于课前兴趣性广播演示、课中纠错性广播演示、课堂结尾时总结性广播演示。

课前兴趣性广播演示：在学生自主操作之前，将完成好的成果演示出来可以激发学生的学习兴趣。例如，在讲授 Word 之前，先给学生演示一篇图文并茂的电子板报，让学生感受 Word 的神奇魅力，从而激发自己动手操作的想法。

课中纠错性广播演示：在学生自主操作过程中，如果遇到困难的学生达到一定数量，个别答疑辅导时间不允许，就要及时进行广播演示。这样的课中纠错性广播演示可以让学生自己发现问题，在观看演示的过程中分析问题，最后自行解决问题。

课堂结尾时总结性广播演示：小学信息技术课堂结尾时，教师通常会进行总结性广播演示并小结本课内容，提出巩固练习的目标和要求，总结性广播演示的内容通常是本节课的教学重难点、学生出错比较集中的内容，也可以是学生的作品。

（2）按学生参与程度，广播演示法可用于教师示范性广播演示和学生成果展示性广播演示。

教师示范性广播演示过程中，教师通常展示作品效果并且示范正确的操作，对于重点问题要进行操作演示，辅以讲解说明，帮助学生理清思路，节约学生制作时间。比如，学生第一次接触文件夹的建立，教师可以广播演示其制作的详细过程：① 进入到指定位置；② 执行"文件"/"新建"/"文件夹"命令；③ 切换输入法；④ 输入文件名；⑤ 确定。

学生掌握了相关知识后都乐于去展示自己的学习成果，教师这时要让学生走上讲台，在教师机上广播演示学习的成果。演示完毕后，让其他同学进行评价，指出成功和不足。若有错误，可请其他同学帮忙纠正，教师要注意对学生给以积极的评价。

3）按广播形式可分为通过投影仪或大屏幕广播演示和通过网络教学软件的"广播"功能的广播演示。

采用投影仪或大屏幕广播演示形式学生相对比较自由，可以边看屏幕做笔记，也可以边观察学习边在自己的电脑上模仿操作。采用网络教学软件的"广播"功能的广播演示，学生用机被教师机控制，学生可以通过自己的电脑屏幕集中精神近距离的观察教师的操作。

在广播演示的过程中，教师要引导学生进行观察，使学生把注意力集中于对象的主要特征、作品效果、制作方法等主要方面；要针对重点的作品原理、操作技巧及注意事项，结合广播演示进行讲解。

2. 广播演示教学法注意事项

小学生模仿能力比较强，教师直观形象的广播演示法更容易帮助他们接收和掌握新知识。在进行广播演示时要做好广播演示前的准备，要讲究广播演示技巧，避免喧宾夺主，同时注意演示的时间、内容、形式和规范性，从而提高信息技术课堂教学效果。

1）广播演示内容要突出

演示时，为了避免学生将注意力分散在一些细枝末节上，教师应对演示对象进行必要的说明，告诉学生应着重观察什么，并提出一系列问题，把学生的注意力引导到应注意的内容上去。同时要尽可能地让学生观察被演示事物的变化，使学生获得深刻、完整的印象。在必要时，可暂停计算机所显示的画面，以便学生观察、教师讲解。

2）演示的时机要恰当

合理的演示时机是演示成功的前提。根据课堂小学生的实际情况适时地进行演示可以让学生更快地掌握操作技能，记忆也更加深刻。综合又精彩的复杂实例可以在学生制作前进行广播演示，激发学生自主探究的兴趣；出错比较集中的知识点可以在学生制作遇到困难时演示，学生比较容易抓住重点。这一点也呼应启发式教学"不愤不启，不悱不发"的思想，在学生求通而又不达的时候对其进行指点。

3）演示时长要适当

要使学生明确演示的目的、要求和过程，使学生主动、积极、自觉地投入观察与思考。一些画面比较新颖的软件或显示结果，要在广播演示结束时再回放或者定格，也可先将屏幕背向学生以免分散学生学习其他内容的注意力，观察完后，要及时清掉画面。

4）广播演示完成之后，要及时归纳总结，做出明确的结论。

5）广播演示不能取代上机实验，只看不练就不能掌握软件的操作方法，最好的方法是在演示结束后接着进行上机实验实习。

广播演示法在小学信息技术课堂教学中对于提高教学质量、提高教学效率、帮助学生理解知识、帮助学生巩固知识起着举足轻重的作用。

10.3.3 任务驱动教学方法

由于其课程内容的操作性与创作性较强，任务驱动教学方法得到了广泛的关注，成为小学信息技术教学中应用比较广泛的教学方法。

1. 任务驱动教学方法的含义

任务驱动教学法是一种建立在建构主义教学理论基础上的教学法。建构主义强调，学生的学习活动在教师创建的真实教学环境中通过自主或协作的学习方式达到意义建构的目标。任务驱动教学法，就是教师在课前设计有实际意义、符合学生认知水平、与学生的学习和生活密切相关的任务，把教学内容巧妙地隐含在每个任务之中，学生自己或者在教师的指导下提出解决问题的思路和方法，然后进行具体的操作，教师引导学生边学边做完成相应的任务。当学生完成这个任务后也就建构了本节课所学的新知识，同时也培养了创新意识和创新能力以及自主学习的习惯。

2. 任务驱动教学法基本步骤

1）创设情境

创设情境目的是使学生的学习能在与现实情况基本一致或相类似的情境中发生。教师需要创设与当前学习主题相关的、尽可能真实的学习情境，引导学习者带着真实的"任务"进入学习情境，使学习更加直观和形象化。

2）明确任务

教师引入任务后，需要对任务做适当的介绍，目的是让学生明确要完成什么样的任务、要达到怎么的目标，便于学生下一步的学习。

3）分析任务

分析任务是让学生明白完成任务所需要学习的知识，让学生面临一个需要立即解决的现实问题。分析任务可以使学生更主动、更广泛地激活原有知识和经验，来理解、分析并解决当前问题，问题的解决为新旧知识的衔接。通过问题的解决来建构知识，正是探索性学习的主要特征。

4）学习新知，完成任务

这是学生学习的重要环节。不是由教师直接告诉学生应当如何去解决面临的问题，而是由教师向学生提供解决该问题的有关线索，如需要搜集哪一类资料，从何处获取有关的信息资料等。根据任务的大小，可以是自主学习，也可以是小组协作学习。强调发展学生的"自主学习"能力，同时也倡导学生之间的讨论和交流，通过不同观点的交锋，补充、修正和完善每个学生对当前问题的解决方案。

5）效果评价

对学习效果的评价主要包括两部分内容：一方面是对学生完成任务的结果进行评价，即所学知识的意义建构的评价；另一方面是对学生完成任务的过程进行评价，如学习方法、自主学习及协作学习能力的评价。

3. 任务设计的原则

1）任务设计与知识点密切联系

任务涉及的知识能够涵盖教学内容的绝大多数知识点，要使知识点之间形成一个整体，让学生通过完成任务获得系统的知识与技能。

2）任务设计要符合学生特点

任务设计要紧密结合学生的学习和生活实际，选择学生感兴趣的主题，使他们知道通过完成任务将得到一个有价值、有意义的结果，才能更好地激发学生的学习动机。

3）任务设计要有明确的目标

教师在进行任务设计时，首先明确学生学习的总目标，在学习总体目标的框架上，把总目标细分为一个个的小目标，并把每一个小目标隐含到一个个的小任务中，通过这些小的任务来体现总的学习目标。

4）任务设计要有层次性

任务设计要有层次，难易程度要适中，既要确保多数学生能完成，又要给学有余力的学生留出创造性能力发挥的空间。

5）任务设计要具有可操作性

任务必须是可操作的，在当前教学条件下能够完成。

4. 任务设计实例

下面是泰山出版社的第二册第 11 课《美丽风景图说话》的任务设计。

任务：为短文"溪水"配上图片。

教师广播演示一个利用嵌入型与任意浮动式完成的图文并茂的溪水的作品，并且图片大小、形状不一，然后将任务分解成以下三个小任务。

任务一：给文章插入图片。

学生尝试完成插入图片。

遇到问题：图片大小、文字与图片布局。

小组协作解决问题。

教师总结性讲解：介绍相关的文字与图片布局的原理、图片大小的调整及嵌入型与浮动式的设置方法。

任务二：给图片加边框。

教师展示利用浮动式排版较好的学生作品，并对作品内的图片提出进一步的添加图片边框的要求，并作简单的提示，由学生根据要求完成作品。

任务提示：选中图片，单击"格式"选项卡"图片样式"组的"任意边框"按钮，也可以选择右侧图片边框下拉菜单的颜色、粗细、线型。

任务三：改变图片的形状。

展示一个利用"格式"选项卡裁剪完成的作品，教师不做任何提示，由学生通过对各种版式裁剪的不断尝试，完成作品。

任务提示：只告诉学生依旧是选中图片，然后使用"格式"选项卡内的命令。

任务驱动教学法是实施操作性与实践性教学内容教学的有效方法，但在利用这一方法时，要根据教学内容充分考虑它的适用性，对教学内容进行科学深入的分析，确保对这一方法运用的合理、恰当。

10.3.4 研究性学习法

研究性学习，是指在教学过程中创设一种类似科学研究的情境或途径，根据各自的兴趣、爱好和条件，让学生在教师的引导下，从学习、生活及社会生活中去选择和确定研究专题，用类似科学研究的方式，主动地去探索、发现和体验，同时，学会对信息进行收集、分析和判断，去获取知识、应用知识、解决问题，从而增强思考力和创造力，培养创新精神和实践能力的一种学习方式。这种学习方式的突出特征是以学生为主，坚持学生在学习过程中的自由选题、自主探究和自由创造。与以往学习方式相比，研究性学习更有利于培养学生创新能力。所以说，"让每个学生有进步"是研究性学习的核心价值取向。学生在研究性学习过程中始终处于主体地位，既学到了知识，又锻炼了直觉思维能力和创造思维能力，塑造了自信和自尊。

就其整个过程而言，研究性学习教学更加突出了学生的自主性和参与的过程性。在整个研究的过程中，从研究方案的提出、形成、方案的实施，到任务的完成都由学生自主进行，而教师仅对学生题目的选择和分析资料的方法等进行一般性指导。在整个学习过程中，学生作为学习主体，完全依靠自己的能力解决所遇到的一切问题，课题结束时也使学生扩充了自身在课内外的知识。课程内容、学习时间、组织形式可以独立研究，也可以小组研究；研究成果可以是论文、调查报告，也可以是模型、图片、声像、多媒体课件等多种形式。在研究性学习中"学什么"要由你自己选择，"怎么学"要由同学们自己设计，"学到什么程度"要由同学们自己做出预测和规定。

1. 研究性学习的特点

信息技术教学是以培养创新精神、研究能力和实践能力为目标取向的课程，要想让学生对信息课保持持久的学习热情，仅靠传授书本上的知识是远远不够的，更重要的是教师要有意识地开展信息与其他学科相联系的横向综合的教学。研究性学习通常是以项目、课题、主题或问题来组织课程的，它有以下特点：

1）强调学习的自主性

自主性是研究性学习最显著的特征。学生可以根据自己的兴趣、爱好、特长自主选择研究课题，从选题、收集资料到撰写报告、答辩、展示成果的全过程，都是学生自己的自主决断过程，教师往往只起到指导和协助的作用。

2）强调学生的学习过程及在学习过程中的感受和体验

对小学生来说，有创新的科学研究结论不是终极目的，经历过程、丰富经验、增强体验才是目的。发现问题、提出问题、解决问题是学生研究性学习的基本活动。研究性学习不仅重视学习过程中方法的掌握、能力的提高等，还十分重视学习的体验。其重点不在于科学研究，而在于学习，学习研究的方法，经历研究的过程，发展研究能力和创新精神。

3）强调学习的开放性

研究性学习的内容不是特定的知识体系，而是来源于学生的学习生活和社会生活，立足于研究、解决学生关注的一些社会问题或其他问题，涉及的范围很广泛。

4）注重学习的实践性

在研究性学习中，学生通过提出问题、解决问题来了解信息技术产生、发展、使用的过程。为了达到这个目的，学生可以到社会上进行自主研究（调查研究、实地考察、试验、查阅资料、上网、讨论等），在学习间接经验的同时，也积累了直接经验。强调理论与社会、科学和生活实际的联系，特别关注环境问题、现代科技对当代生活的影响以及与社会发展密切相关的重大问题。

2. 研究性学习的实施过程

研究性学习的实施一般可分为三个阶段：进入问题情境阶段、实践体验阶段和表达与交流阶段。这三个阶段并不是截然分开的，而是相互交叉相互推进的。

1）进入问题情境阶段

本阶段要求学生在教师的帮助或指导下，通过调查讨论提出需要探究的问题，再经过搜集相关资料，进一步确认问题、分析问题，拟定初步研究计划和方案。一般来讲，学生可以根据以下几个问题来制订研究计划："问题是什么？""你对这个问题已经了解多少？""为了解决这个问题你还需要了解什么？""为了得到你所需要的信息，你将要做什么？"当然，这个研究计划还会随着后面新想法、新信息的出现，而加以适时调整与修订

2）实践体验阶段

按计划采取行动，进入解决问题的过程，通过实践、体验，形成一定的观点态度，掌握一定的方法。本阶段的实践、体验一般包括：（1）搜集和分析信息资料。学生要学会搜集资料的方法，有效地获取相关资源，并对这些资料去伪存真、整理和归纳。（2）运用获取的资料解决问题。学生用搜集的资料解决问题，形成初步的研究成果。（3）初步交流，完善成果。学生将初步的研究成果在小组内或同学之间进行充分的交流谈论，相互取长补短，激发灵感，拓展思路，从而正确地认识自我并逐步丰富研究成果，培养科学精神和科学与态度。

3）表达与交流阶段

学生将研究成果进行归纳整理，总结提炼，形成书面材料或口头汇报材料，交流分享。这一过程让学生学会欣赏和发现他人的优点，学会理解和宽容，学会客观地分析和辩证的思维。

小学信息技术研究性学习教学是沟通学校与社会、书本与实际、人与自然的一种很好的学习方式，它与通过间接的传授途径去认识社会、认识自然的最大不同在于，它是通过学生的多感官参与完成的，是对于现实的感受和认知。同时，信息技术研究性学习一方面需要学生情绪、情感的参与，另一方面又是学生的情感发展和新的情感获得的过程。情绪和情感的获得会对学生的认识和行为产生潜移默化的影响，这是信息技术书本学习所不能比拟的。

10.3.5 启发式教学

众所周知，启发式教学自东方的孔子、西方的苏格拉底开始，至今已有两千多年的历史，所以说启发式教学是古老的，但它又是一个新的教学理念，随着社会进步，科学技术传承、创新、发展，人们又赋予启发式以新的内涵，各式各样和各种流派的启发式教学风靡全球，有人称其为现代启发式。

无论是古代还是现代，对启发式都没有一个通用的定义。甚至它是一种方法，是一个原则，还是一种思想，在教育理论和实践领域也都是见仁见智。一种具体的教学方法需要由一套固定的教学格式或者环节来体现，而启发式教学没有固定的教学格式和环节，因此，启发式是运用各种教学方法的指导思想，而不是一种具体的教学方法。之所以说它不是一种教学方法，而是一种教学思想，具体是指运用任何一种教学方法都要具有启发性。在课堂教学中，无论采取什么样的教学方法（讲授法、谈话法、发现法、自学指导法、广播演示法、实验练习法）进行教学，只要行之有效，体现启发、诱导，突出学生的主体地位，培养学生能力，就是启发式教学。

启发式教学是指教师在教学过程中根据教学任务和学习的客观规律，从学生的实际出发，采用多种方式，以启发学生的思维为核心，调动学生的学习主动性和积极性，促使他们生动活泼地学习的种种教学指导思想。

【经典案例】

三年级下册山东教育版《电脑小画家》。

教学内容：

学习放大镜的使用；学习运用文字工具给图片添加文字；改变字体字号、字体颜色等。

教学对话片段：

师：老师给大家看一些好看的图片（出示准备好的带有文字的图片），这些图片跟咱们之前看过的有什么不同啊？

生：太小看不清。

师：怎么样你们就能看清楚呢？

生：放大！

师：（很自然地引出教学知识点一）在工具栏，找到放大镜工具，然后用鼠标单击，调节放大倍数，将图画放大，问同学们看到了什么？

生：有字，有好多字。

师：对，这些图片上都有文字，大家相信这是用画图软件画出来的吗？

学生反应情况一——

生：不相信。

师：那么，接下来看老师给大家变个魔术啊！

（很自然地过渡到教学知识点二）首先，在工具栏找到文本工具"T"，然后单击，用键盘将字输入。神不神奇啊？

生：神奇！

学生反应情况二——

生：相信，我可以。

师：好，哪位同学来试一试，把老师的这幅画上加上文字吧。（同学上来用铅笔将字画在了图上）很好，看来这位同学有好好预习过，大家给他掌声鼓励一下吧。大家看，这样图上就有文字了吧。

继续教学……

生：我们看的图片上的字有粉色的、有蓝色的，而这些只是黑色，不好看。

师：是啊，那些都是彩色的，那么下面老师就把它们变成彩色的。（过渡到知识点三：给文字添加颜色）选择文本工具，然后在工具栏上面找到"文本"二字，就可以看到好多彩色的小方块，选择喜欢的颜色就可以把字体颜色改变了，但是在换颜色之前，一定别忘了把文字选中。下面大家自己试一下将文字添加到图片上吧。

（学生操作时，教师去巡视指导，了解学生普遍出现的问题）

师：大多数同学都已经给文字换了颜色，我看有个别同学在换颜色时忘记选中字，怎么也换不上，以后可要记住了。还有的同学用铅笔把字画上去，还能改变字的颜色，现在老师请他们上来，给大家演示一下怎么用铅笔添加彩色的字。（广播演示）首先选中铅笔或者刷子，然后去工具栏找到彩色的方块，然后选中喜欢的颜色。

在教师的启发引导下，学生自然地突破了各个知识点的学习。

10.3.6 基于问题的教学模式

爱因斯坦说："提出一个问题往往比解决一个问题更重要，因为解决一个问题也许仅仅是一个数学上或实验上的技能而已，而提出新的问题、新的可能，从新的角度去看旧的问题，却需要创造性的想象力，而且标志着科学的真正进步。"美国教育学家 A.C.奥恩斯坦曾说过："一个好的老师能告知他学生关于问题的许多良好答案，但最好的老师能够不直接说出，而帮助他的学生自己去思考出答案。"基于问题的教学模式是对"最好老师"的一种诠释。

1. 基于问题教学模式的含义

基于问题的学习模式（Problem-Based Learning，简称 PBL）最早是在 20 世纪 50 年代中期从美国医学教育中发展而来的。后来被其他领域所采用,如商业教育、建筑教育、法律教育等。PBL 能促进学生对新问题的概念迁移,提高学生对知识的综合运用能力与自主学习能力。随着不断的研究和实践,基于问题的学习也受到基础教育界的重视,并逐渐在中小学教学中得到应用。

问题是指在一定情境中人们为满足某种需求或完成某一目标所面临的未知状态。是心理学中一个特定意义的概念。纽威尔和西蒙认为,问题是一种情境,它具有三个主要组成状态:① 当前状态;② 目标状态;③ 从当前状态向目标状态转化所需要的一系列操作。基于问题的学习把学生置于混乱、结构不良的情境中,并让学生成为该情景的主人,让学生以小组合作的形式去分析解决复杂的、实际的或真实性问题,学习解决该问题所需的知识,一步一步地解决问题。教学过程中,老师把实际生活问题作为教学材料,采用提问的方式,不断地激发学生去思考、探索,最终解决问题。

基于问题的学习模式有三要素:问题情境、学生、教师。

2. 基于问题的教学模式实施过程

基于问题的教学模式实施过程一般要经过以下五个阶段:

1)创设情境,提出问题阶段

吸引学生注意力的一个有效办法是创设一个与学生生活密切相关、能够引起学生兴趣的情境,讲一个故事、放一段录像、听一曲音乐、观察一组调查数据、浏览一个网站、呈现一种现象,等等。提出的问题要求与学生密切相关,能够引起学生的兴趣,清楚整个学习的重心、焦点,有一定的难度,足以综合原有的知识。同时,教师可以提出一些引导性的问题,如为什么会出现这种现象?这种现象背后的实质是什么?如何促进或消除这种现象?

2)界定问题、分析问题、组织分工阶段

在此过程中,学生需要进一步仔细分析问题情境,可以与临近的同学讨论自己对情节和情形的理解,分析情境背后的问题实质,例如,电脑死机是硬件原因、软件原因、病毒入侵、操作不当还是其他原因。界定自己要研究的问题,例如,某个同学认为是硬件的原因,那么他可能继续研究:哪些硬件的原因会引起电脑死机?硬件引起电脑死机会出现什么现象?教师呈现的情境中有这种现象吗?有什么解决办法吗?等等。学生根据自己的经验或是观察在教师的指导下提出自己感兴趣的问题。

教师引导学生汇总问题,根据其相关程度对问题进行分类,将全班同学分成小组,小组成员进一步确定需要解决的问题,可以以列表的形式记录小组成员关于问题的意见,同时可以进一步讨论对于需要解决的问题已经知道了哪些信息,还需要搜集哪些信息,可以从哪些渠道获取这些信息,通过什么方式获取这些信息,有哪些可以利用的资源等。提出解决问题的假设,明确需要做的事情和确定研究计划后,进行小组成员分工。

3)探究、解决问题阶段

探究解决问题的过程就是"从当前状态向目标状态转化所需要的一系列操作"。仍以"电脑死机"为例,呈现的现象是:"开机后黑屏,听不到硬盘自检的声音,有时能听到喇叭的鸣叫"。探究解决问题的过程可能是:考虑是否是硬件接触不良,打开机箱检查设备连线、电源插座以及插接卡是否松动,如果需要,把各个插接卡拔下再重新插一遍等等一系列的操作。

如果原有的知识不能解决问题,可以通过各种途径(调查、访谈、查阅书籍、上网等)搜集相关的信息。将小组搜集的信息进行汇总、整理、分析、加工,评价判断信息的有效性、充足性,判断所搜集的信息是否能够解决问题。在获取信息的基础上,讨论、交流解决问题的建议、主张、方案。实施解决方案，查看效果。如果没有解决，可以继续寻找原因和解决办法。

学生要做出问题解决方案，方案必须以新的方式重组所收集的信息。

4）展示结果、成果汇总阶段

展示的具体内容：小组成果展示，小组活动的计划、任务安排，小组各成员是如何完成任务的，小组是怎样开展协作活动的等。

展示的结果可以包括小组对解决问题的建议、推论、方案等，也可以鼓励学生简单地阐述自己（或小组）解决问题的过程，例如小组成员是如何开展活动的，对于搜集的信息是如何分析处理的，怎样分析问题以及怎样根据搜集的信息确定解决方案等等。教师也可以询问学生的某个想法是怎样与事实相联系的。如果有些学生或者小组到汇报时依然没有成形的问题解决方案，则可以鼓励他们汇报目前的进展以及困惑，让所有的同学出谋划策帮助他们。通过小组之间的交流，在资源、方法、过程、成果等方面相互支持和共享。

如果必要，在展示之前，可以先将各小组的资料彼此交换和阅读，便于提问和讨论。在小组汇报完成之后，为了让学生从其他人那里获取更多的信息，可以尝试这样引导：请大家回忆一下其他小组的观点和论据，想想你有什么收获？想想你对自己的观点有什么更新？或者可以制作一份表格，包括"我学到了……""我开始以为……我现在认识到……""我不能同意……""关于……我想找出更多的……"建议学生使用多种方式表现成果，例如，可以是电子文档、多媒体、动画、表格、网页、程序设计等，也可以写成简单的书面报告，如调查报告、解决方案报告等。

5）评价、总结与反思阶段

对基于问题的学习评价采用自评、互评、师评相结合，以过程性评价为主，终结性评价为辅。采取多种方式对学生进行评价，如同伴互评、教师评价、自我评价等。除了对小组解决方案的评价，还需要对小组合作情况、活动开展情况、小组成员表现等进行评价。评价可以采取多种形式，如口头陈述、书面报告、作品集、实践考试、书面考试等等。

反思主要指学生对学习的内容和学习的过程进行反思。第一类关注内容，学生提出诸如"我现在已经知道什么""如何用这些信息满足项目目标""我学到了什么""这个概念我理解了吗"等问题。第二类是关于学习过程的反思，学生提出诸如"在此环境中我怎样做一个学习者——一个自主学习者，一个问题解决者，一个合作者""我的力量及缺点是什么""我如何改进提高"等问题。

以上是对信息技术常用教学方法的简单概述，除了以上教学方法以外，谈话法、讨论法、小组合作法、自主学习法也常用于小学信息技术课的教学当中。各种教学方法之间并非独立运用于课堂教学中，而是根据教学内容在同一堂课中不同教学阶段选用合适的教学方法进行教学，这样才能最大限度地发挥学生的潜能，收到更好的教学效果。

10.4　小学信息技术课程教案的编写

教学设计一般通过教案的形式来呈现，教师在课前要完成教案的编写，这个过程也叫备课。

1. 教案编写的内容

一个教案一般包括以下内容。

（1）课题：即课题名称。

（2）课时：属于第几课时。

（3）课型：新授课、复习课、实验课等。

（4）教学目标：根据新课标的要求，教学目标一般围绕知识与技能、过程与方法、情感态度与价值观三维目标分开来写，也可以综合起来写，但要包含三维目标的内容。

（5）教学重难点：教学重点是根据教学内容本节课必须掌握的主要知识点；教学难点是根据学生的学习水平，在教学中有可能产生困难和障碍的地方。

（6）教学方法：根据教材分析、学情分析确定教学方法。小学信息技术常用教学方法在上一节已经讲到。

（7）教学准备：包括教学设备和教学资源的准备。

（8）教学过程：说明教学进行的内容、方法和步骤。通常包含复习、导入、新授、小结、作业等。

（9）教学反思：教学反思是教师课后的自我总结，总结课堂教学的成功和不足之处，并分析其原因，这是教师自我提高的重要途径，也是开展教学研究非常重要的资料。

2. 教案案例

为了方便大家掌握教案的编写方法，特提供了两个典型的案例，其中案例 1 以表格的形式呈现，案例 2 以文本的形式呈现。

案例 1 小学信息技术《小小文字美化师》教案

科目：信息技术　　　授课人：鲁成美

课题	小小文字美化师	课时	第一课时
课型	新授课	教学方法	广播演示法、讲授法、任务驱动
教学目标	知识与技能 1. 学会设置文字的字体、字号、颜色。 2. 会设置段落对齐方式 过程与方法 1. 培养学生自主发现问题、解决问题的能力。 2. 培养学生自主探究的学习能力 情感态度价值观 1. 在学习活动中感受信息技术的实用性，增强学生的学习兴趣和自信心。 2. 提高学生的审美水平		
教学重、难点	重点：掌握调整段落对齐方式；掌握美化文字的方法 难点：能根据文字内容恰如其分地美化文档，提高学生的审美能力		
教学准备	1. 录入《在冬季》等文章，放置于电脑文件夹中，方便调用。 2. 对《在冬季》一文进行美化，供上课时对比演示。 3. 准备一篇美化了的文档供学生欣赏（古诗）		

续表

	教师活动	学生活动
教学过程	一、创设情境，激趣导入 1. 冬天来了，天气越来越冷了，同学们也都换上了厚厚的衣服，青青草原也越来越冷了，看看喜羊羊它们在干什么吧。同学们请看大屏幕（师读导入内容，喜羊羊的内容激发了学生的学习兴趣）。这里是同一篇文章的两种格式，你喜欢哪一种？说说喜欢的理由。这两种格式有什么不同？（大屏幕展示两篇《在冬季》文档，其中一篇进行文字美化） 2. 想不想把你的文章也变得这么漂亮？ 3. 通过这节课的学习我们每个同学都成为一个文字美化师，帮助喜羊羊解决问题。 （板书：第3课《小小文字美化师》） 二、布置任务，提出要求，引导学生完成任务 任务一：设置全文居中对齐 1. 出示任务一要求：将文章《在冬季》的全文设置为居中对齐。 2. 教师点拨：文字对齐是指文字所在的段落的对齐，用"开始"选项卡"段落"组中的命令也可以完成文字对齐。 3. 学生动手试其他对齐方式：右对齐、分散对齐、左对齐、两端对齐。 任务二：设置字体 1. 出示任务二要求：将文章《在冬季》的标题设置为黑体，正文设置为楷体。 2. 教师提示：选中文字后，设置字体要用到功能区中哪个选项卡哪个组中的按钮？ 学生尝试完成。 3. 教师记忆不提问：除了用浮动工具栏上的字体按钮，还可以怎样设置？ 学生讨论回答。 4. 教师演示操作，归纳总结设置文字字体的多种方法： （1）应用功能区的相应按钮进行设置。 （2）应用"字体"对话框进行设置。 （3）选定设置的文字，在浮动格式栏进行设置。 这三种方法是Word中常用的基本操作，我们可以根据需要选择合适的操作方法。 任务三：设置字号 1. 教师出示任务三要求：设置标题字号为四号，正文字号为小四号。 2. 学生自主学习，完成任务。 3. 学生汇报学习结果：边说边操作演示。 4. 教师点拨：Word对文字大小采用两种不同的度量单位，一种是以"号"为单位，从初号到八号，字号数越大，字就越小；另一种是用阿拉伯数字表示，数字越大，文字越大。（出示大屏幕任务三学习调整字号的知识点总结） 任务四：改变字的颜色 1. 教师出示任务四任务要求。 2. 学生阅读要求，小组合作完成《在冬季》其余内容。 3. 学生汇报学习结果：边说边操作演示。 4. 师：如果填色板中没有我们需要的颜色怎么办？学生回答后，师归纳总结。 三、总结评价 这节课同学们圆满完成了任务，学会了美化文字的方法，在以后编辑电子文档时要注意整段文字的协调，颜色的搭配要与内容相融洽。 四、作业布置 选一篇自己喜欢文章，用本节课学习的知识自由美化，看谁美化得最好。下节课学生展示。	观看大屏幕（通过比较，明确本课的学习目的，激发起的学习兴趣和动力） 回答问题 学生操作 1. 完成任务一的要求 2. 尝试其他对齐方式 同桌讨论、学生回答 动手操作：完成任务二 自主学习，完成任务三 学生汇报学习结果：边说边操作演示 1. 小组合作完成任务四。 2. 学生汇报结果：边说边操作演示 3. 回答老师的问题 学生谈学习体会

板书设计	第三课《小小文字美化师》 一、文字对齐 二、字体设置 三、字号调整 四、文字调色	

案例2　小学信息技术"画出多彩的图画"教案

课题：画出多彩的图画

课型：新授课

课时安排：1课时

授课人：张金秋

教学目标：

知识与技能——熟练掌握绘画工具箱中的涂色工具的用法；掌握调色板中前景色和背景色的设置方法。

过程与方法——通过问题创设，培养学生独立思考问题、解决问题的能力；通过小组合作的方式培养学生的合作能力；通过实践体验工具的作用，感受工具的实用性，同时培养学生动手操作及创新能力。

情感态度价值观——激发学生学习信息技术的兴趣和欲望，培养其认真细致、相互合作的科学态度，培养学生的绘画兴趣，提高其审美能力。

教学重点：涂色工具的应用，前景色和背景色的调配方法

教学难点：对封闭图形涂色的方法

教学方法：基于问题的教学方法

教学准备：计算机、网络及画图软件；教学课件及相关范例图片

教学过程：

（一）创设情境，提出问题，引导学生思考

师：同学们，上周我们学校举办了绘画比赛，我们班几个同学获奖了，老师看了你们的图画，感觉你们画的真好，老师忍不住拍了些照片，下面我们一起来欣赏一下好不好？（投影播放）

生：好！（观看演示）

师：看了这些照片，同学们有什么感想呢？

生：（异口同声地说）这些图画都五颜六色的，非常漂亮。

师：对，这些图画色彩都非常丰富，那同学们想不想用电脑也绘制这样的图画呢？

生：（异口同声地说）想。

师：那我们该如何绘制呢？或者说用什么软件呢？有没有同学能告诉老师？

生：（思考中）能画图的软件，最好还能涂颜色的软件。

师：我们今天就来学习《画出多彩的图画》。（板书课题）

设计意图：激发学生的学习兴趣，引出主题。

（二）提出问题、分析问题、组织分工阶段

师：（展示PPT图片，提出问题）

你们看老师这有一张鲸鱼图画，但是只有线条，特别单调，老师想让同学们帮助老师将这幅图画添加颜色，变得更漂亮，你们能帮我吗？老师提醒：你们可以运用预习知识和已有知识尝试完成，也可以在课本上、网上查阅资料，以小组为单位，帮老师完成这幅图画，好不好？

生：好！

师：（分析问题）

要想使图画变得更漂亮需要解决什么问题？

生：通过观察提出问题，如给图片添加颜色，如何添加？如何切换颜色？具体操作步骤如何？

师：帮助学生梳理问题后，组织分组。

教师协助学生将全班同学每4人分为一个小组，其中，小组长1人。

说明：尽可能根据学生的爱好、问题关注点进行分组，实际实施过程中，可能会依托于日常已经分好的学习小组进行。

师：完成任务时间为十分钟，十分钟后由小组代表展示你们的作品，请每位组长认真填写老师传给你们的情况汇报表，老师会把需要的材料发到你们每个人的电脑上。大家开始吧！

（三）探究、解决问题阶段

学生讨论、归纳问题，设计方案，开始制作，教师巡回指导。

小组长将小组搜集的信息进行汇总、整理、实验，判断所搜集的信息是否能够正确涂色。在获取信息的基础上，讨论、交流有没有更简单快捷的涂色工具或者方法。实施解决方案，查看涂色效果。如果没有解决涂色或者颜色溢出问题，可以继续寻找原因和解决办法，可以向老师请教。

（四）展示结果、成果汇总阶段

十分钟后……

师：刚才老师看见同学们在给鲸鱼涂色的时候非常有兴趣，也非常认真，绝大多数组的同学完成了彩色鲸鱼的制作，有的小组做出的图画可漂亮了，接下来该你们上台来展示了。注意：汇报内容包括本组所制作的鲸鱼作品，演示在鲸鱼上添加颜色的操作过程，并出示本小组的汇报文档。每组的四名同学同时上来分工配合，让你们的汇报更全面，其他组的同学在下面认真观看。老师先请一组同学来汇报你们的成果吧！

一组学生展示作品，并作相应的汇报。

生：学生相互配合展示本组所制作的鲸鱼作品，演示在鲸鱼上添加颜色的操作过程，并出示本小组的汇报文档。文档内容包括：小组各成员是如何完成任务的？遇到的问题是什么？解决方法是什么？有何新的方法和技巧？学到了哪些知识？

其他小组点评：指出优点及需要改进的地方。

师：适当的肯定和鼓励。一组同学的文档记录中遇到颜色溢出问题，找到了原因和防止溢出的技巧，非常好！并且提出了不同的解决办法。

师：老师发现一组作品中鲸鱼和背景都是蓝色。其他小组有没有跟他们做的不一样的呢？（有）

师：二组同学，来汇报你们的成果吧！

二组学生展示，并作相应的汇报。

有了前者的经验和教训，学生配合得更加谨慎了。教师运用激励和幽默的语言鼓励参加展示的学生，让其放松心情，建立信心。

生：相互配合展示汇报。

师：二组同学汇报表上写到，他们在涂色过程中涂色出错了，遇到了问题，后来他们查阅资料，完成了最终的作品。同学们看，是不是也特别好？

生：是！

师：这真是一个善于独立解决问题的小组，我们鼓励他们一下好不好？（老师学生同时鼓掌奖励）

师：从二组的作品同学们是不是得到了一定的启发？（出示 PPT）如果涂错色，我们可以撤回操作，涂色图形必须是封闭的，否则颜色会漏出，这就要求我们一定要熟悉画图软件各个工具的功能。

其他小组汇报……

设计意图：各小组的汇报各具特色，不同的学习方法，不同的完成效果，相互欣赏，相互学习，共同提高。

（五）评价、总结与反思阶段

课堂小结：

师：我们一起来总结一下我们今天学的知识吧！

（同学、教师一起说，教师板书）我们今天主要学了用颜色填充工具给图画填充颜色，我们一起来回顾一下具体步骤（板书步骤），我们还知道了涂错颜色可以撤回，涂色图形必须是封闭图形。

设计意图：课堂小结有利于让同学们将本节课知识系统化，便于以后回忆。

课后作业：

同学们，这节课我们共同学习了用画图软件给图画涂色，老师给同学们布置一个作业，将下面这幅风景画涂上颜色，下节课老师展示同学们的作品（教师提供风景图画等素材）。

最后，有一句话，老师要和同学们共勉：不断尝试，不断探索，这就是信息技术的魅力。

设计意图：巩固学生本节课所学知识，发挥学生的创造力。

课后反思：

这个内容其实不难的，这样设计的意图主要是通过观察培养学生发现问题的能力，通过尝试探索培养学生解决问题的能力，通过成果的展示汇报增强学生的自信心。该内容操作性较强，安排较多时间上机操作，有利于学生掌握涂色工具的用法。在实际操作过程中，学生会出现涂色操作不正确，必要时需要教师的示范演示。

参考文献

[1] 教育部门户网站.基础教育课程改革纲要（试行）[ED/OL].
[2] 中小学教师信息技术应用能力标准（试行）[ED/OL].
[3] 小学教师专业标准（试行）[ED/OL].
[4] 张雪萍. 信息技术教育应用[M]. 东营：中国石油大学出版社，2012.
[5] 解福. 计算机文化基础[M]. 东营：中国石油大学出版社，2014.
[6] 赵呈领，万力勇. 教育信息化发展与师范生教育技术能力培养[M]. 北京：科学出版社，2013.
[7] 王卫军，郭绍青. 现代教育技术应用[M]. 北京：科学出版社，2013.
[8] 柯清超. 现代教育技术应用[M]. 北京：高等教育出版社，2016.
[9] 付钢善. 现代教育技术[M]. 北京：高等教育出版社，2015.
[10] 张仁贤. 教师信息技术应用手册[M]. 北京：中国轻工业出版社，2014.
[11] 方其桂. 中小学教师信息技术应用能力培训教程[M]. 北京：人民邮电出版社，2016.
[12] 方其桂. PowerPoint 多媒体课件制作实例教程[M]. 北京：清华大学出版社，2015.
[13] 张希文. 多媒体课件制作案例教程[M]. 北京：清华大学出版社，2016.
[14] 方其桂. Camtasia Studio 微课制作实例教程[M]. 北京：清华大学出版社，2017.
[15] 蔡跃. 微课程设计与制作教程[M]. 上海：华东师范大学出版社，2014.
[16] 李本友，吕维智. 微课的理论与制作技巧[M]. 北京：中国轻工业出版社，2015.
[17] 余胜泉. 信息技术与课程整合——网络时代的教学模式和方法[M]. 上海：上海教育出版社，2004.
[18] 杜鹃，钱宇旺. 现代教育技术与小学数学教学[M]. 北京：高等教育出版社，2009.
[19] 王馨，常娟. 现代教育技术与小学语文教学[M]. 北京：高等教育出版社，2009.
[20] 周敦. 小学信息技术教材教法[M]. 北京：人民邮电出版社，2013.
[21] 谢琪. 小学信息技术教学法[M]. 长春：东北师范大学出版社，2014.
[22] 张嘉志. 信息化教学方法与技术[M]. 北京：北京师范大学出版社，2012.
[23] 陈琳. 现代教育技术[M]. 北京：高等教育出版社，2014.
[24] 刘清堂. 教育信息化发展与师范生教育技术能力培养[M]. 北京：科学出版社，2013.